O *Direito Administrativo da Infraestrutura* é o fecho teórico que a intensa trajetória do autor lhe impôs. A obra reflete a ideia de que o direito administrativo merece um repertório específico para estudar a infraestrutura pública, especialmente no atual cenário, de profusão de parcerias entre o poder público e a iniciativa privada. A proposta é ousada e inovadora; toca em temas profundos com objetividade e senso prático. Com mais essa iniciativa, Augusto Dal Pozzo abre generosa janela para o diálogo e o incremento do estudo jurídico da infraestrutura pública no Brasil.

JACINTHO ARRUDA CÂMARA
Professor de Direito Administrativo da PUC/SP

Transformar uma tese de doutorado, fruto de um assunto tão complexo como os conceitos de infraestrutura e sua aplicabilidade no mundo jurídico, em um documento acessível ao entendimento das pessoas, é a melhor forma de definir esse belo trabalho. Explicar a funcionalidade do Direito Administrativo da Infraestrutura foi o grande desafio apresentado na escolha do tema e o resultado alcançado demonstra a alta qualificação e conhecimento de Augusto Dal Pozzo sobre essa matéria.

HENRIQUE CONSTANTINO
Fundador da Gol Linhas Aéreas
e do Grupo Comporte

O autor do livro é, obviamente, um homem de letras, um homem de estudo, um homem de observação empírica da realidade, um profissional do direito, um aplicador do direito, alguém que vive do direito e para o direito. Mas o Professor Augusto, além disso tudo, é um professor, e todo professor tem isso de interessante, porque embora lide com o saber, não perde de vista a necessidade de alguma sabedoria. Trata-se de um homem cheio de saber e cheio de sabedoria. E de certa maneira é uma espécie de prova viva que desmente a tese de que o saber e a sabedoria são incompatíveis.

CLÓVIS DE BARROS FILHO
Doutor e livre-docente em Ciências da Comunicação pela Universidade de São Paulo (2002). Autor de 31 obras, entre elas o best-seller "A vida que vale a pena ser vivida". Há 10 anos atua também como palestrante e consultor de grandes empresas.

O DIREITO ADMINISTRATIVO DA INFRAESTRUTURA

AUGUSTO NEVES DAL POZZO

AUGUSTO NEVES DAL POZZO

O DIREITO ADMINISTRATIVO DA INFRAESTRUTURA

São Paulo

2020

Copyright © EDITORA CONTRACORRENTE

Rua Dr. Cândido Espinheira, 560 | 3º andar
São Paulo – SP – Brasil | CEP 05004 000
www.loja-editoracontracorrente.com.br
contato@editoracontracorrente.com.br
www.editoracontracorrente.blog

Editores

Camila Almeida Janela Valim
Gustavo Marinho de Carvalho
Rafael Valim

Equipe editorial

Coordenação de projeto: Juliana Daglio
Revisão: Marcelo Madeira
Diagramação: Denise Dearo
Capa: Maikon Nery

Equipe de apoio

Fabiana Celli
Carla Vasconcelos
Fernando Pereira
Regina Gomes

Dados Internacionais de Catalogação na Publicação (CIP)
(Ficha Catalográfica elaborada pela Editora Contracorrente)

D136	DAL POZZO, Augusto Neves.
	O Direito Administrativo da Infraestrutura | Augusto Neves Dal Pozzo – São Paulo: Editora Contracorrente, 2020.
	ISBN: 978-65-884701-76
	1. Direito Administrativo; 2. Infraestrutura; 3. Estado Moderno; I. Título. II. Autor.

CDD: 346
CDU: 336.006

Impresso no Brasil
Printed in Brazil

@ @editoracontracorrente
f Editora Contracorrente
🐦 @ContraEditora

SUMÁRIO

LISTA DE SIGLAS.. 9

INTRODUÇÃO 10

**CAPÍTULO I – APROXIMAÇÃO AO CONCEITO DE
INFRAESTRUTURA PÚBLICA**... 16

1.1 A importância do estudo científico da infraestrutura 17

1.2 Infraestrutura: uma abordagem histórica do termo 21

1.3 Por um Direito Administrativo da Infraestrutura em oposição ao
Direito da Infraestrutura: um necessário resgate do Direito
Administrativo brasileiro 35

**CAPÍTULO II – AS INFRAESTRUTURAS PÚBLICAS COMO
PRESSUPOSTOS DO ESTADO MODERNO**........................... 44

2.1 O Estado moderno: gênese e significado 45

2.2 Para além da dicotomia entre Estado Liberal e Estado Social:
infraestruturas como verdadeiros pressupostos do Estado Moderno. 47

2.3 A imperiosidade do desenvolvimento e a Constituição Federal de
1988.. 49

CAPÍTULO III – PANORAMA DAS ATIVIDADES ADMINISTRATIVAS 59

3.1 Os fins do Estado e sua correlação com o exercício de função e atividades públicas 60

3.2 A insuficiência das clássicas atividades administrativas 62

CAPÍTULO IV – O RECONHECIMENTO DA ATIVIDADE DE INFRAESTRUTURA PÚBLICA COMO ATIVIDADE ADMINISTRATIVA 65

4.1 Conceito jurídico de infraestrutura 66

    4.1.1 Elemento subjetivo 69

    4.1.2 Elemento objetivo 71

        4.1.2.1 Infraestrutura e bem público (obra pública) 72

        4.1.2.2 Infraestrutura e serviço público 77

    4.1.3 Elemento teleológico 94

        4.1.3.1 Gênese constitucional 94

        4.1.3.2 O sentido da expressão "desenvolvimento" na Economia 96

        4.1.3.3 O sentido da expressão "desenvolvimento" no Direito 103

    4.1.4 Elemento formal 107

CAPÍTULO V – DA DELEGAÇÃO DA ATIVIDADE DE INFRAESTRUTURA 110

5.1 Considerações preliminares 111

5.2 Concessão de Infraestrutura 123

5.3 Concessão administrativa 132

5.4 Concessão Patrocinada 135

CAPÍTULO VI – PRINCÍPIOS DO DIREITO ADMINISTRATIVO DA INFRAESTRUTURA 138

6.1 Considerações introdutórias 139

6.2 Considerações necessárias acerca de normas, princípios e regras .. 150

    6.2.1 Diferenciando regimes jurídicos: os princípios do serviço público 154

6.3 Princípios do Direito Administrativo da Infraestrutura 160

    6.3.1 Princípio da indisponibilidade da atividade de infraestrutura . 160

    6.3.2 Princípio da indivisibilidade e princípio da inespecificidade. 161

    6.3.3 Princípio da intergeracionalidade 164

    6.3.4 Princípio da prospectividade 169

    6.3.5 Princípio da multilateralidade 174

    6.3.6 Princípio do planejamento estratégico 179

    6.3.7 Princípio da setorialidade 183

    6.3.8 Princípio da sustentabilidade 189

    6.3.9 Princípio da inovação tecnológica 192

CONCLUSÕES 200

REFERÊNCIAS BIBLIOGRÁFICAS 205

LISTA DE SIGLAS

ANA   Agência Nacional de Águas

ANAC   Agência Nacional de Aviação

ANATEL   Agência Nacional de Telecomunicações

ANEEL   Agência Nacional de Energia Elétrica

ANTAQ   Agência Nacional de Transportes Aquaviários

ANTT   Agência Nacional de Transportes Terrestres

ANP   Agência Nacional do Petróleo

PIB   Produto Interno Bruto

INTRODUÇÃO

É lugar-comum afirmar a importância das infraestruturas, nisto convergindo todos os matizes ideológicos. Os números também não mentem: o investimento em infraestrutura é decisivo para o desenvolvimento econômico e social dos Estados nacionais.[1] A premissa empírica fundamental desta obra é no sentido de que o Estado desempenha papel crítico no desenvolvimento econômico e social por meio do planejamento, investimento, provisão, manutenção, operação e fiscalização das infraestruturas.

Para demonstração da hipótese, desenvolvimento e conclusão, adota-se, como é curial na pesquisa jurídica, o método analítico, que se debruçará sobre o único objeto possível para a ciência do Direito: o ordenamento jurídico posto. Estudar-se-á a infraestrutura a partir das normas constitucionais, expressas e implícitas, que lhe dão feição deôntica, mas com o foco inovador de compreender a infraestrutura não como uma atividade tradicional de construção pontual de obras públicas, com o olhar circunscrito ao meio físico estruturante, mas como uma atividade administrativa em sentido estrito, portanto, uma competência dinâmica atribuída à Administração por força do texto constitucional. Portanto, o objeto do estudo é o ordenamento jurídico brasileiro em

---

[1] "Ao longo da última década, o investimento em transporte terrestre, eletricidade, telecomunicações e saneamento no país representou pouco menos de 2,5% do produto interno bruto (PIB). Segundo o Ministério do Planejamento, Desenvolvimento e Gestão, o investimento em infraestrutura chegou a 3,27% do PIB em 2010. Apenas a título de comparação, Anheier e Alter (2016) registram que, em 2009, a taxa média de investimento em infraestrutura dos países da Organização para a Cooperação e Desenvolvimento Econômico (OCDE) foi de 4,1% do PIB e, em 2014, 3,1%. A China, por sua vez, investiu cerca de 8,5% do PIB em 2013 (GOMIDE, Alexandre de Ávila; PEREIRA, Ana Karine. "Os desafios da governança da política de infraestrutura no Brasil: aspectos políticos e administrativos da execução do investimento em projetos de grande vulto". *In:* GOMIDE, Alexandre de Ávila; PEREIRA, Ana Karine (Coords.). *Governança da política de infraestrutura:* condicionantes institucionais ao investimento. Rio de Janeiro: Ipea, 2018, p. 13).

vigor, em especial, as normas dos artigos 3º, 37 e 170 a 175 da Constituição Federal, mas também serão objeto de exame as Leis Federais 8.987/95 e 11.079/04, que formam o cerne do regime jurídico da participação privada nos assuntos da infraestrutura.

Pretende-se oferecer, com franca vitalidade científica, uma contribuição eficaz ao estudo sistemático da infraestrutura e, com isso, pautar positivamente a conduta normativa do Estado no dever de proteção do interesse público que ela agasalha. Os benefícios coletivos auferidos com a boa infraestrutura são devastadoramente incalculáveis, de importância supina no meio econômico e social, são eles que permitem alcançar o ideal desenvolvimentista, devidamente tracejado como objetivo da república em nosso texto constitucional.

Paradoxalmente, entretanto, o grande problema a enfrentar consiste no fato de que o Direito Público brasileiro e, em especial, o Direito Administrativo, não se ocupam, cientificamente, da infraestrutura sob a perspectiva dinâmica, como uma verdadeira atividade, o que, certamente, contribui para o histórico *déficit* na matéria.[2] Em rigor, as infraestruturas sequer são tematizadas juridicamente no Brasil, o que, desnecessário dizer, deixa um campo aberto ao arbítrio e à insegurança jurídica. Os raros estudos acabam descambando para outras ciências, não se delimitando um conceito jurídico de infraestrutura. Como salienta Hinnerk Wißmann, a disciplina jurídica das infraestruturas não constitui um direito setorial ou um tema da moda, senão que está no centro do Direito Administrativo.[3]

---

[2] Segundo dados do Banco Mundial, América Latina e África Subsaariana são os continentes que menos investem em infraestruturas em termos proporcionais ao PIB de seus países. O alerta, no entanto, fica por conta de uma questão umbilicalmente ligada a esta proposta: os países da América Latina, não necessariamente, precisariam "gastar mais", mas, sim, "gastar melhor" os recursos já investidos e isso, invariavelmente, está associado ao arcabouço jurídico dos países, em especial, o Brasil. Cf. FAY, Marianne; ANDRES, Luis Alberto; FOX, Charles *et al.* "Repensando a infraestrutura na América Latina e Caribe: melhorar o gasto para alcançar mais". *Banco Mundial – BIRD*, América Latina e Caribe, Sumário Executivo, [*s.d.*]. Disponível em: <https://openknowledge.worldbank.org/bitstream/handle/10986/26390/114110ovPT.pdf?sequence=9&isAllowed=y>. Acesso em: 19 de novembro de 2019.

[3] WISSMANN, Hinnerk. "Requisitos de um direito infraestrutural sustentável". *In:*

INTRODUÇÃO

Este é o desafio da presente proposta: seu objetivo precípuo consiste em revelar e traçar os contornos da infraestrutura como verdadeira atividade administrativa com vistas a enriquecer e ampliar o debate sobre seu regime jurídico sob a batuta do Direito Administrativo brasileiro. A hipótese consiste em postular que a Constituição Federal estabelece um regime jurídico específico para a atividade de infraestrutura, apartado e discernível das atividades administrativas tratadas como "clássicas". Almeja-se, então, postular que a atividade administrativa de infraestrutura traduz uma concepção que identifica um agir estatal específico de maneira a conferir benefícios à coletividade, em vistas da promoção do desenvolvimento nacional.

Dessa forma, o conceito postulado passa a englobar, na perspectiva de uma única função administrativa, atividades fragmentárias que são velhas conhecidas da doutrina: a gestão de bens públicos, a construção de obras públicas e a prestação de serviços públicos, sejam elas desempenhadas *diretamente* (via *desconcentração*), *indiretamente* (por *descentralização*) ou mediante *contratação tradicional* com a iniciativa privada, que passam a ser vistas como componentes de um todo rico e complexo. Esse todo é uma única e dinâmica atividade: prover, operar e manter ativos públicos, o que também alcança os chamados "serviços *uni universi*". Desse modo, todas essas atividades, passam a ter seu regime jurídico mais bem sistematizado, sobretudo, para orientar a administração sobre a melhor forma de prestação, direta, indireta ou por meio de delegação à iniciativa privada.

O propósito, como antecipado, é sustentar o entendimento que o denominado "Direito da Infraestrutura" consiste, na verdade, em um dos objetos de estudo do Direito Administrativo e, como tal, submete-se ao regime jurídico-administrativo, apartado, todavia, das demais atividades estatais postas. Para se confirmar tal compreensão, diversos capítulos serão desenvolvidos. Em cada qual, serão abordados conceitos imprescindíveis para a sistematização proposta.

BERCOVICI, Gilberto (Coord.). *Direito, infraestrutura e desenvolvimento:* o debate alemão. São Paulo: Editora Contracorrente, 2021 (no prelo).

No capítulo 1, o tema da infraestrutura será analisado, inclusive com breve escorço histórico, sob a perspectiva de uma aproximação com o seu sentido jurídico, denotando a necessidade de figurar como objeto de estudo do Direito Administrativo. Engata-se, então, o capítulo 2, no qual se examinará a infraestrutura como pressuposto desenvolvimentista no contexto do estado moderno, como dever que ultrapassa os limites entre o Estado Liberal e Social, de forma a conferir sua imperiosidade à luz dos preceitos constitucionais. No capítulo 3, será conferido um panorama das atividades administrativas, com o foco de evidenciar seus traços fundamentais para, ao final, constatar sua insuficiência, de modo a justificar a autonomização da atividade de infraestrutura, conferindo os elementos fundamentais para se aproximar do conceito jurídico de infraestrutura.

Adiante, no capítulo 4, será apresentado o conceito jurídico-positivo de infraestrutura adequado ao sistema normativo vigente, em especial o seu regime constitucional, com a discriminação dos seus elementos fundadores, que se organizam em elementos subjetivo, objetivo, teleológico e formal. Há um esforço argumentativo para demonstrar a distinção dessa atividade em relação às demais que a ela se aproximam, de forma a clarificar sua autonomização. Na sequência, o capítulo 5 enfocará a temática da delegação da atividade de infraestrutura para o setor privado. Naturalmente, a delegação é uma das ferramentas à mão do administrador, visando alcançar o fim ótimo demandado pelo Direito. O propósito deste capítulo será compreender como a atividade de infraestrutura pode ser delegada e perpassar pelos modelos típicos delegatórios, de forma a evitar distorções que possam provocar a invalidação de tais emparceiramentos entre o setor público e o setor privado.

Em seguida, o capítulo 6 tratará da sistematização normativa postulada, reunindo os princípios específicos que conformam o alicerce conceitual da atividade de infraestrutura. Serão, enfim, oferecidas as conclusões extraídas das longas reflexões emanadas deste instigante e desafiador objeto de pesquisa, de forma a revelar o regime jurídico da infraestrutura, compreendido por tais princípios específicos em adição àqueles do regime jurídico-administrativo.

Não se pode olvidar de que o Direito é um discurso enunciado a disciplinar a conduta humana, ele que deve estar intimamente conectado

INTRODUÇÃO

com o mundo do ser, o que desponta seu inequívoco caráter *operativo*. O esforço aqui pretendido é de se construir uma interpretação que, levando em consideração essa ausência divisória entre o mundo do ôntico e do deôntico, auxilie na solução de incontáveis controvérsias que surgem no propulsionamento dessa atividade, alocando-o como um dever de Estado a ser concretizado, e não mera faculdade pretendida, de maneira a oferecer à coletividade os benefícios que dela exsurge.

A proposta ora revelada pretende trazer clareza ao conhecimento do conteúdo dos atos administrativos que devem ser emanados no contexto do desempenho da atividade de infraestrutura, de modo a contribuir para o avanço da interpretação jurídica em absoluta sinergia com os objetivos enunciados pela Constituição Federal, especialmente, o almejado desenvolvimento nacional.

CAPÍTULO 1

APROXIMAÇÃO AO CONCEITO DE INFRAESTRUTURA PÚBLICA

1.1 A importância do estudo científico da infraestrutura

Não resta a menor dúvida de que um dos pilares de desenvolvimento econômico de uma nação é sua infraestrutura. Ela assegura que o país detenha, no cenário internacional, uma margem de competitividade incomum, objetivando ganhos significativos para aqueles que se preocupam em desenvolvê-la em bases sólidas.

Além dessa fundamental importância, o desenvolvimento da infraestrutura gera benefícios concretos à população, elevando-se a qualidade de vida, garantindo-se maior longevidade para as pessoas e força de trabalho eficiente, num sistema de puro bem-estar coletivo.[4]

O *World Economic Forum*, ao estabelecer o ranking de competitividade entre os países do globo, estabelece a infraestrutura como um dos seus pilares. O Brasil, no *The Global Competitiveness Report*, de 2019, último estudo divulgado pela entidade, ostenta uma colocação tímida: a *septuagésima primeira* posição num total de *cento e quarenta* países (71/140).

---

[4] Nesse sentido é o posicionamento de Barbara Weber, Mirjam Staub-Bisang e Hans Wilhelm Alfen: "the quality and volume of infrastructure has a positive effect on the attractiveness, competitiveness and economic growth of countries, cities and municipalities. Infrastructure opens up new business opportunities and promotes trade and expansion of existing economic activity. It also improves the standard of living of the general public by given them access to essential resources such as water and electricity, schools, hospitals and markets". (WEBER, Barbara; STAUB-BISANG, Mirjam; ALFEN, Hans Wilhem. *Infrastructure as an asset class*: investment strategy, project finance and PPP. 1. ed. Chichester, West Sussex: John Wiley & Sons, 2011, p. 7). Também é o entendimento de Cláudio Frischtak, para quem "a infraestrutura de um país tem papel fundamental no desenvolvimento econômico, seja enquanto insumo no processo produtivo, seja como suporte ao consumo de serviços essenciais à produtividade dos indivíduos e bem-estar da população". (FRISCHTAK, Cláudio. "Infraestrutura e desenvolvimento no Brasil". *In*: VELOSO, Fernando; FERREIRA, Pedro Cavalcanti; GIAMBIAGI, Fabio; PESSÔA, Samuel (Coord.). *Desenvolvimento econômico*: uma perspectiva brasileira. Rio de Janeiro: Elsevier, 2013, p. 323).

Se analisarmos o *Report* sob a perspectiva da infraestrutura, o resultado é ainda pior, o Brasil ocupa a *septuagésima oitava* posição (78/140) do ranking global.[5]

Essa questão fica ainda mais grave quando se observa que o setor de infraestrutura atua, normalmente, por meio de um sistema de rede, ou seja, interconectado. Por isso o planejamento estratégico acerca da primazia de investimentos em infraestrutura deve ser realizado racionalmente e com extrema logicidade.

É o que se pode destacar, por exemplo, dos serviços de transporte e logística. De nada adianta termos rodovias magníficas para o tráfego de caminhões pesados ou mesmo ferrovias com trens de carga de alta velocidade se não tivermos uma infraestrutura portuária que promova o escoamento da mercadoria produzida.[6]

Mas, por que isso ocorre? Porque o Brasil, um país de dimensões continentais, gigante pela própria natureza, como afirma seu hino nacional e de fartíssima produção natural, ainda não consegue desenvolver adequadamente sua infraestrutura pública?

A essa complexa pergunta podem se vislumbrar inúmeras respostas. Todavia, a ponderação que se alvitra conduz em saber se uma potencial explicação para esse fenômeno repousa na escassez de estudos científicos que priorizem o exame multidisciplinar da infraestrutura pública, especialmente no que toca à sua dimensão *jurídica*. É preciso sistematizar, sob o ponto de vista jurídico, o fenômeno da infraestrutura.

---

[5] SCHWAB, Klaus. "The Global Competitiveness Report 2019". *World Economic Forum*, Genebra, 2019. Disponível em: <http://reports.weforum.org/global-competitiveness-report-2019/economyprofiles/#economy=BRA≥>. Acesso em: 15 abr. 2020.

[6] Gaspar Ariño Ortiz afirma que somente se está diante de uma realidade que se possa chamar de infraestrutura quando se encontre sistematizada em rede: "Se trata de que toda infraestructura es configurable como una red o parte de la misma, lo cual introduce un nuevo elemento en la definición. Un elemento que ha sido definido como la ordenación de las infraestructuras de una determinada manera, caracterizándose, precisamente, por la organización, esto es por la forma en que procede enlazar los distintos puntos de la red al servicio de una finalidad concreta. Todas las infraestructuras son redes o se encuentran conectadas a una red". (ARIÑO ORTIZ, Gaspar. *Principios de Derecho Público Económico*. 3. ed. Madrid: Comares, 2004, pp. 682-683).

CAPÍTULO 1 - APROXIMAÇÃO AO CONCEITO DE INFRAESTRUTURA...

Obviamente que esses estudos não devem ficar apenas no plano das ideias, numa perspectiva meramente teórica ou abstrata. É necessária a concepção de um estudo metodológico do fenômeno da infraestrutura, sob a perspectiva da Ciência do Direito, mediante uma linha de apreciação teórico-empírica, à luz do que os manuais mais modernos de metodologia científica recomendam.

É preciso examinar, com minúcia e profundidade científica, a temática da infraestrutura, de maneira a se promover o preenchimento de lacunas, para que as soluções teóricas possam ultrapassar os limites abstratos do dever-ser e transformar a realidade incidente. O Direito possui um inequívoco caráter operativo,[7] suas elucubrações encontram-se adstritas a disciplinar as condutas humanas, sendo que o intérprete que fecha os olhos para o factual proporá uma exegese amplamente caótica. Apenas com os olhos voltados para o ser é que se consegue descobrir o correto significado do dever-ser. É fundamental observar e compreender a realidade empírica, conhecer as adversidades da práxis e extrair a melhor interpretação do direito positivo, de maneira a encarecer o verdadeiro sentido e alcance do regime jurídico que lhe circunscreve. Está-se diante de um regime jurídico de direito público? Dentro dessa circunscrição, a noção deve ser examinada sob a incidência do regime jurídico-administrativo?

---

[7] Consoante observa Tercio Sampaio Ferraz Jr., a operatividade das ciências é revelada a partir de seu caráter criptonormativo: "Quer-nos parecer, porém, que, enquanto pensamento tecnológico, o dever-ser que acompanha implícita ou explicitamente as proposições da teoria jurídica dá-lhes o caráter criptonormativo a que já nos referimos, isto é, faz das teorias jurídicas teorias com função de resolver do modo mais satisfatório possível uma perturbação social" (FERRAZ JÚNIOR, Tercio Sampaio. *A ciência do direito*. 2. ed. São Paulo: Atlas, 2010, p. 55). Consoante adverte Ricardo Marcondes Martins: "O Direito não é uma especulação filosófica, é eminentemente operativo: é um discurso verbalizado tanto pelo prazer intelectual quanto para a disciplina da conduta humana. Disso decorre algo que Kelsen negou: o dever-ser está intimamente vinculado ao ser, inexiste separação absoluta entre os mundos ôntico e deôntico. Essa vinculação não se apresenta somente no campo da aplicação das normas mas também no campo da interpretação. Quem as interpreta com os olhos fechados para a realidade para a qual serão aplicadas, geralmente interpreta muito mal". (MARTINS, Ricardo Marcondes. "Coronavírus e ponderação". *In*: DAL POZZO, Augusto Neves; CAMMAROSANO, Márcio (Coord.). *As implicações da Covid-19 no Direito Administrativo*. São Paulo: Thomson Reuters; Revista dos Tribunais, 2020, p. 196.

Há características de direito peculiares que justificam sua autonomização em relação aos demais institutos do direito administrativo?

Com essas propostas, certamente se obterá uma melhor compreensão do fenômeno sob a perspectiva do Direito e, com isso, granjear-se-ão resultados concretos, sólidos e inequívocos no desenvolvimento da infraestrutura nacional. O caráter operativo do direito público ostenta contundência virtuosa: ele congrega a máxima de que a correta interpretação acerca das normas de conduta que incidem na atuação dos agentes públicos propicia um atingimento melhor do interesse público a ser salvaguardado, haja vista que influenciará positiva e incisivamente na concreção desses interesses de que toda a sociedade se beneficiará prodigiosamente, diferentemente do que ocorre em condutas de direito privado, cuja proteção está conectada a um interesse meramente individual.

Dessa maneira, a construção de um arquétipo jurídico consistente acerca da temática confere maior segurança jurídica para os aplicadores do direito, ensejando um verdadeiro ciclo virtuoso, uma agenda amplamente positiva, em que o pilar fundamental da infraestrutura permita que a coletividade receba seus inexoráveis benefícios.

Não há desenvolvimento tecnológico, nem há aperfeiçoamento sem o aprofundamento científico. Essa é a história das nações que atingiram um grau de desenvolvimento adequado: elas se empenharam no propósito firme de escapar da cilada da superficialidade e adentrar na densidade profunda dos estudos que auxiliam uma investigação vertebrada do instituto.

O eixo dessa proposta é como afirma Mangabeira Unger *"dar braços, asas e olhos à vitalidade brasileira"*, desprendidos do pecado imoral de estratificar o arcabouço institucional existente, mediante um repensar criativo e provido de honestidade intelectual, da fecunda realidade nacional, de molde a organizar melhor o sistema e se afastar de uma cilada que nós mesmos nos colocamos, de arruiná-lo, *"não só porque nele o sincretismo parece ser sempre ao mesmo tempo problema e solução, mas também porque ele transborda de vida"*.[8]

---

[8] Mangabeira Unger, professor da *Harvard Law School*, em seus estudos acerca do repensar e reorganizar o Brasil, afirma que a vitalidade brasileira depende de três grandes projetos

CAPÍTULO 1 - APROXIMAÇÃO AO CONCEITO DE INFRAESTRUTURA...

A solução encontra-se, sem dúvida, na perscrutação científica do temário da infraestrutura, compreendendo suas reais idiossincrasias, suas necessidades, suas especificidades setoriais. Com isso em mente, não há dúvida de que se atingirá uma melhora significativa na esfera de competitividade em relação aos demais países, bem como serão experimentados proveitos concretos, efetivos, que satisfaçam a coletividade em sua intensidade máxima.

Esse é o desafio proposto e que devemos superar, sendo necessário, para tanto, tracejarmos os aspectos jurídicos que norteiam a noção de infraestrutura no Direito brasileiro.

1.2 Infraestrutura: uma abordagem histórica do termo

O sentido da palavra infraestrutura foi se alterando ao longo do tempo. Trata-se de vocábulo historicamente empregado nos mais diferentes campos científicos[9] e que apenas recentemente passou a ser objeto mais minucioso do Direito – que se aproveitou das bases construídas em outras ciências. Malgrado as infraestruturas sejam utilidades compreendidas desde os primórdios da civilização – afinal, imprescindíveis a toda atividade empreendida pelo homem – a busca pelo seu exato significado, em sentido próximo ao que hoje está posto, é fenômeno recente, à luz do vasto relógio da História.

A primeira referência ao termo pode ser encontrada em meados do século XIX (mais precisamente no ano de 1875), quando foi utilizado casualmente, em França, para designar as instalações fixas necessárias

---

entrelaçados, "a qualificação e democratização do aparato produtivo do país rumo a uma forma inclusiva da economia do conhecimento, a construção da maneira de ensinar e de aprender no Brasil que aproveite nossos pensadores em vez de guerrear contra eles e a construção de uma democracia de alta energia". (UNGER, Roberto Mangabeira. *Depois do colonialismo mental*: repensar e reorganizar o Brasil. São Paulo: Autonomia Literária, 2018. Edição Kindle, pos. 857).

[9] Daí o alerta feito por Thiago Marrara de que "a significação do vocábulo infraestrutura varia de acordo com a ciência que o estuda". (MARRARA, Thiago. "Regulação sustentável de infraestruturas". *Revista Brasileira de Infraestrutura – RBINF*, Belo Horizonte, ano 1, n. 1, pp. 95-120, jan./jun. 2012, p. 95).

aos serviços de transporte ferroviário.[10] Todavia, o conceito de infraestrutura começa a ser mais bem sistematizado no início do século XX, nesse mesmo país, para se referir às *instalações permanentes de ferrovias*.

O vocábulo aparece no âmbito militar, nos idos dos anos cinquenta, abarcando o sentido de logística e integração econômica.[11] Todavia, ele se sobreleva a partir da década de sessenta. E isso não é um dado a ser desmerecido: como será visto, também, o conceito de desenvolvimento recebe maior *status* a partir desse período histórico. Isso demonstra uma clara preocupação, especialmente no âmbito das ciências econômicas, em se firmar um conceito de infraestrutura, correlacionando-o, diretamente, à busca em se construir um aparato teórico acerca da ideia de desenvolvimento.

Assim, *infraestrutura* e *desenvolvimento* aparecem como conceitos, nos tempos modernos, absolutamente conectados, é nisso que se baseiam os estudos sobre infraestrutura econômica apresentados à época, por exemplo, por Egon Tuchtfeldt.[12] Essa conexão é apta a justificar o que será devidamente constatado no presente trabalho: sem *infraestrutura* não há *desenvolvimento* e, por conseguinte, não há a satisfação de direitos que o ordenamento jurídico consagra à coletividade. Há, inequivocamente, a consagração de uma ideia de complementariedade entre ambos, que seguirá sempre de mãos dadas, como uma espécie de união indissolúvel.

---

[10] BERTHÉLEMY, Henry. *Traité élémentaire de droit administraif*. 9. ed. Paris: Rousseau, 1920, pp. 724-725.

[11] Tanto é assim que Barbara Weber, Mirjam Staub-Bisang e Hans Wilhelm Alfen sustentam que o termo "infraestrutura" foi originalmente utilizado no contexto militar para se referir a bens militares tais como os aeródromos. WEBER, Barbara; STAUB-BISANG, Mirjam; ALFEN, Hans Wilhelm. *Infrastructure as an asset class*: investment strategies, project finance and PPP. Chichester, West Sussex: John Wiley & Sons, 2011, p. 7.

[12] Segundo Egon Tuchtfeldt: "(...) sob o conceito de infraestrutura deve-se entender como a totalidade daquilo que é predominantemente levado a cabo nos investimentos pelo setor público e o requisito para a integração e capacidade de desenvolvimento da economia. O conceito de infraestrutura relacionado com crescimento, integração e suprimento para o desenvolvimento acabou prevalecendo na literatura". (*Tradução nossa*). (TUCHTFELDT, Egon. "lnfrastrukturinvestitionen als Mittel der Strukturpolitik". *In*: JOCHISMEN, Reimut; SIMONIS, Udo Ernst (Coord.). *Theorie und Praxis der Infrastrukturpolitik*. Berlin: Duncker & Humblot, 1970).

CAPÍTULO 1 - APROXIMAÇÃO AO CONCEITO DE INFRAESTRUTURA...

Conforme registra Dirk van Laak, infraestrutura aparece como um termo operacional que se apresenta como "uma categoria útil porque aparentemente apolítica-técnica para prestações fundamentais do Estado nas áreas econômica e social".[13] Na definição mais atual de infraestrutura, o papel da doutrina *econômica alemã* foi fundamental. Pode-se afirmar que não há muita controvérsia em dizer que as bases do sentido moderno de infraestrutura foram edificadas pelo exaustivo trabalho desenvolvido pelos economistas daquele país.

A proeminência alemã nesse debate está intimamente conectada ao seu momento histórico na década de 1960. Segundo Dirk van Laak, na República Federal Alemã desse período, os políticos entendiam que a ampliação da infraestrutura deveria ser a *ultima ratio* do Estado, a fim de conferir uma solução definitiva à questão social, garantindo-se aos indivíduos a mais ampla possibilidade de aproveitamento das liberdades (a partir das infraestruturas disponibilizadas pelo Estado).[14]

Com efeito, atribui-se ao economista Reimut Jochimsen a primeira formulação de um conceito sistemático de infraestrutura. Para o autor:

> (...) a soma de todos os ativos materiais, institucionais e pessoais, instalações e condições disponíveis para uma economia baseada em divisão de trabalho e suas unidades econômicas individuais que contribuem para a assimilação da remuneração dos fatores, a partir de uma alocação expediciosa dos Recursos. O termo "infraestrutura material" corresponde à soma de todos os ativos físicos, equipamentos e instalações e o termo "infraestrutura institucional" se liga às normas e regras que desenvolvem e são estabelecidos na sociedade ao longo do tempo; adicionalmente, o termo

---

[13] LAAK, Dirk van. "Infra-Strukturgeschichte". *Geschichte und Gesellschaft*, vol. 27, pp. 367-393, 2001, p. 16. (*Tradução nossa*).

[14] Segundo o mesmo autor, ainda: "Indicava-se como meta de uma 'política econômica de distribuição eficiente e orientada pela infraestrutura', que estaria no meio entre 'Marx e mercado', a 'ampliação das margens individuais de liberdade para todas as pessoas'". (VAN LAAK, Dirk. "Infra-Strukturgeschichte". *Geschichte und Gesellschaft*, vol. 27, pp. 367-393, 2001). (*Tradução nossa*).

"infraestrutura pessoal" é empregado para englobar a quantidade e as qualidades das pessoas em uma economia de mercado".[15]

Note-se, pois, que a concepção de infraestrutura de Jochimsen passa por uma das preocupações centrais da ciência econômica, concernente à identificação das condições básicas e necessárias para promoção do desenvolvimento de uma economia de mercado.

Nessa mesma linha, também vinculada à ideia de meios necessários ao desenvolvimento, o Banco Interamericano de Desenvolvimento (BID) formulou seu conceito nas seguintes bases: denomina-se infraestrutura

---

[15] JOCHIMSEN, Reimut. *Theorie der Infrastruktur.* Grundlagen der marktwirtschaftlichen Entwicklung. Tübingen: Mohr Siebeck, 1966, p. 145, (tradução nossa). Walter Buhr comenta o aludido conceito nas seguintes bases: "A primeira abordagem sistemática no contexto da economia de mercado é devida a Jochimsen. Para ele 'infraestrutura se define como a soma de todos os ativos materiais, institucionais e pessoais, instalações e informações disponíveis aos agentes econômicos e que contribuem para a realização da equalização da remuneração de insumos comparáveis no caso de alocação adequada de recursos, ou seja, a integração completa e nível máximo de atividades econômicas.' (Jochimsen 1966: 100). Essa definição baseada em material, institucional e pessoal é proposta por Jochimsen (1966: 31-39) a partir de sua crítica ostensiva da teoria de Eucken sobre a informação na economia (Eucken 1965: 127-162, Eucken 1955: 377-378). Contudo, a definição de Jochimsen apresenta a desvantagem de não demonstrar concretamente o fator da equalização dos preços o que, por sinal, teoricamente não pode ser mantida sob premissas realistas (cf. Christiaans 1997). Adicione-se o fato de que devemos apontar criticamente que Jochimsen (1966:103) compreende a infraestrutura material como uma enumeração de instalações essencialmente públicas caracterizadas por atributos específicos." (Tradução nossa). No original: "The first systematic approach for the market-economy we owe to Jochimsen. For him 'infrastructure is defined as the sum of material, institutional and personal facilities and data which are available to the economic agents and which contribute to realizing the equalization of the remuneration of comparable inputs in the case of a suitable allocation of resources, that is complete integration and maximum level of economic activities' (Jochimsen 1966: 100). This definition distinguishing between material, institutional and personal infrastructure Jochimsen (1966: 31-39) bases on his comprehensive critique of Eucken's theory on the data of an economy (Eucken 1965: 127-162, Eucken 1955: 377-378). However, Jochimsen's definition has the disadvantage of not making factor price equalization concrete which, by the way, theoretically cannot be maintained under realistic assumptions (cf. Christiaans 1997). Moreover, we must critically point out that Jochimsen (1966: 103) understands material infrastructure to be an enumeration of essentially public facilities characterized by specific attributes. (BURH, Walter. "What is Infrastructure?". *Volkswirtschaftliche Diskussionsbeiträge*, n. 107-03).

CAPÍTULO 1 - APROXIMAÇÃO AO CONCEITO DE INFRAESTRUTURA...

"o conjunto de estruturas de engenharia e instalações – geralmente de longa vida útil – que constituem a base sobre a qual são prestados os serviços considerados necessários para o desenvolvimento produtivo, político, social e pessoal".[16]

Ainda em consonância com essa postura econômica, vale as conclusões perpetradas por Gilberto Bercovici:

> Da teoria econômica e social advém o sentido geral de infraestrutura como "fundamento da atividade econômica" ("Unterbau der Wirtlëhqft"), o que implica dizer que os empreendimentos de infraestrutura são pré-condição para que as demais atividades possam se desenvolver. É a partir desta finalidade maior que se organiza toda a discussão contemporânea sobre infraestrutura".[17]

No mais, constata-se que os estudos que se sucederam não trataram de apresentar outros conceitos de infraestrutura no plano da economia, eles dedicaram-se mais precisamente a identificar quais seriam os setores econômicos da infraestrutura (fala-se em *tarefas ou ações de infraestrutura*).[18]

---

[16] INSTITUTO DE PESQUISA ECONÔMICA APLICADA. *Infraestrutura econômica no Brasil*: diagnósticos e perspectivas para 2025. Livro 6, vol. 1. Brasília: IPEA, 2010, p. 16. (Projeto Perspectivas do Desenvolvimento Brasileiro). Disponível em: http://repositorio.ipea.gov.br/bitstream/11058/3210/1/Livro6_InfraestruturaSocial_vol1.pdf.

[17] BERCOVICI, Gilberto. "Infraestrutura e desenvolvimento". *In:* BERCOVICI, Gilberto; VALIM, Rafael (Coords.). *Elementos de Direito da Infraestrutura*. São Paulo: Editora Contracorrente, 2015, p. 18.

[18] Anota Jacques Stohler: "As tarefas de infraestrutura são aquelas que, embora sejam efetuadas em benefício de bens públicos, só são consideradas como investimento na medida em que as despesas presentes revertam em benefícios futuros" ("Sind Infrastrukruraufgaben solche, die "zwar für offentliche Cüter getii tgt werden, j edoch in sofern Irwes titionen darstellen, ais gegegnwiirtigem Al,ifwand kiúiftige Ertriige entsprechen"). (STOHLER, Jacques. "Zur rationalen Planung der lnfrastruktur", *Konjunkturpolitik: applied economics quarterly; Zeitschrift für angewandte Wirtschaftsforschung*, Berlim, vol. 11, n. 5, pp. 279-308, 1965, p. 294). No mesmo sentido, Georg Hünnekens pondera: "(...) as ações no campo da infraestrutura não representam a sedimentação de um *status quo*, mas sim a propiciação do desenvolvimento presente e futuro da coletividade, (...) a infraestrutura é uma

categoria vinculada ao desenvolvimento, incluindo todas as instalações e demais ações, que constituem o fundamento material e institucional – necessário e tecnicamente apropriado – para o desenvolvimento econômico de cada indivíduo e disponibilizados, em razão do interesse público que atentem, para toda a coletividade" (HÜNNEKENS, Georg. *Rechtsfragen der wirtschaftlichen Infrastruktur*. Köln; Berlin; Bonn; Müchen: Carl Heymanns Verlag, 1995, p. 26, tradução nossa). Ainda, destaquem-se as palavras de Neil S. Grigg: "Much of the interest in infrastructure is focused on the construction industry, but infrastructure involves more than construction. One business letter, the Infrastructure Investor (2009), wrote that infrastructure 'covers the man-made facilities that ensure any economy can operate' and that it includes transportation (railways, roads, and airports), utilities (energy generation and distribution, water, and waste processing, and telecommunications), and social infrastructure (schools, hospitals, and state housing). Our definition varies from this, but the idea is the same. Investments in infrastructure target basic facilities that meet the needs of Society and the economy. One variation is the attention we give to the built environment itself, with its emphasis on residential and commercial buildings. If these are not included in the infrastructure sector, then a major share of construction spending is missed. Another important part of our approach is that we distinguish between infrastructure and operation of infrastructure-related services, which is important in analyzing the sector" (GRIGG, Neil S. *Infraestructure finance*: the business of infrastructure for a sustainable future. Hoboken, New Jersey: John Wiley & Sons, 2010, pp. 1-2). Por fim, registrem-se as palavras de Brett M. Frischmann: "The term infrastructure generally conjures up the notion of physical resource systems made by humans for public consumption. A list of familiar examples includes: (1) transportation systems, such as highway systems, railways, airline systems, and ports; (2) communication systems, such as telephone networks and postal services; (3) governance systems, such as court systems; and (4) basic public services and facilities, such as schools, sewers, and water systems. I refer to these resources as traditional infrastructure. The economics of traditional infrastructure are quite complex. This is reflected perhaps in the fact that economists sometimes refer to infrastructure 'opaquely' as 'social overhead capital'. Both traditional and modern uses of the term infrastructure are related to synergies, what economists call positive externalities, that are incompletely appropriated by the suppliers of goods and services within an economic system. The traditional idea of infrastructure was derived from the observation that the private gains from the construction and extension of transportation and communication networks, while very large, were also accompanied by additional large social gains (…). Over the past century, publicly regulated and promoted investments in these types of infrastructure have been so large, and the resulting spread of competing transportation and communications modalities have become so pervasive, that they have come to be taken as a defining characteristic of industrialized nations". (FRISCHMANN, Brett M. "Infrastructure commons in economic perspective". *First Monday*, [*s. l.*], vol. 12, n. 6, jun. 2007. ISSN 13960466. DOI: https://doi.org/10.5210/fm.v12i6.1901. Disponível em: <https://firstmonday.org/ojs/index.php/fm/article/view/1901/1783>. Acesso em: 14 jan. 2020).

CAPÍTULO 1 - APROXIMAÇÃO AO CONCEITO DE INFRAESTRUTURA...

Sem embargo, somente depois que o conceito de infraestrutura foi assentado no âmbito da economia é que começa o Direito a deter os olhos sobre eventuais aspectos jurídicos decorrentes. Preocupa-se, nesse sentido, com uma definição jurídica de infraestrutura, tomando-se por referência a construção econômica do conceito. Consoante afirma Hünnekens, não há um conceito estritamente jurídico para definir infraestrutura, muito porque houve um processo de apropriação do significado do termo desenvolvido no âmbito da economia.[19]

De qualquer modo, na tentativa de se encontrar um sentido jurídico para o termo, inicialmente, também calçada em uma perspectiva que leva em consideração o suporte necessário à realização de atividades de interesse geral, notadamente os serviços públicos, tem-se em foco precisamente tratar de infraestrutura como conceito aproximado de *obra pública*.

Essa visão mais estática centrada na obra como uma unidade concentrada, nos últimos anos, com o avanço tecnológico, tornou-se mais restrita. Conforme pondera Wille, o entendimento tradicional de infraestrutura focada em aspectos materiais, como construções, instalações e equipamentos, que se tem muito presente em setores como transporte, energia e comunicação, constitui uma noção, hoje em dia, limitada.[20]

Percebeu-se, afinal, que nem sempre os setores de infraestrutura são suportados por obras, mas haviam se ampliado para abarcar algo maior e dinâmico, acompanhando a evolução tecnológica. Daí muitos

---

[19] HÜNNEKENS Georg. *Rechtsfragen der wirtschaftlichen Infrastruktur.* Köln; Berlin; Bonn; Müchen: Carl Heymanns Verlag, 1995, p. 11 *et seq.*

[20] Pense-se no desenvolvimento das redes de telefonia móvel e de internet 4G e 5G. Não há, para o desenvolvimento de atividades desses setores, a necessidade de realização de obras propriamente ditas. A questão é bem examinada por Wagner Heibel. Tratando das mudanças ocorridas no setor de telecomunicações pelo advento de novas tecnologias, notadamente a internet, o autor destaca que "novas aplicações, apoiadas na infraestrutura das redes de telecomunicações passaram a competir com os serviços tradicionais, de forma totalmente inovadora". (HEIBEL, Wagner. "Desafios do setor de telecomunicações". *In:* OLIVEIRA, Gesner (Coord.). *Desafios da infraestrutura no Brasil.* São Paulo: Trevisan, 2018, p. 197).

autores consignarem uma nova compreensão jurídica de infraestrutura pública. Consoante sintetiza Gaspar Ariño Ortiz:

> Según el Diccionario de la Real Academia, la voz infraestructura tiene como acepción admitida la de "conjunto de elementos o servicios que se consideran necesarios para la creación y funcionamiento de una organización cualquiera". Evidentemente, lo primero que llama la atención es que no es referible, exclusivamente, a una construcción artificial, que era el significado más relevante de la expresión obra pública. Lo que diferencia el viejo concepto de obra pública del más moderno de infraestructura es la posibilidad de que en este último se integren elementos no tangibles (servicios) y, sobre todo, su contenido finalista en el sentido de que engloba todo lo indispensable para que funcione una organización. De esta forma se admite que formen parte de las infraestructuras elementos materiales e inmateriales (que, por cierto son una parte muy importante de las infraestructuras de telecomunicaciones), haciendo patente que se trata de una ampliación de la expresión tradicional de obra pública.[21]

No Brasil, a doutrina passou a examinar o tema da infraestrutura mais recentemente. Essa maior atenção está vinculada às mudanças no

---

[21] ORTIZ, Gaspar Ariño. *Princípios de Derecho Público Económico*. Madrid: Comares, 2004, pp. 651-652. Esse é o sentido também apresentado por André Saddy: "A expressão infraestrutura (a pública) não era utilizada, até há pouco tempo, pelos juristas. A expressão consagrada sempre foi obra pública, pelo menos até o final do século XX. Com as transformações que o Estado passou a vivenciar, o termo obra pública como toda construção, reforma, fabricação, recuperação ou ampliação de bem público foi substituído pela expressão infraestrutura pública. O que diferencia o velho conceito de obra pública do moderno conceito de infraestrutura pública é a possibilidade de este último integrar elementos não tangíveis (serviços) e, sobretudo, seu conteúdo finalista no sentido de englobar todo o indispensável para que uma organização funcione. Desse modo, admite-se que fazem parte do conceito de infraestrutura pública elementos e imateriais, o que torna patente a ampliação quando se compara com a clássica concepção de obra pública. Conclui-se, portanto, que expressão infraestrutura pública denota algo além da construção, reforma, fabricação, recuperação ou ampliação de bens públicos. Ou seja, indica algo além do tangível". (SADDY, André. "Perspectivas do direito da infraestrutura com o surgimento das novas tecnologias (inovações) disruptivas". *Revista de Direito Administrativo e Infraestrutura,* Rio de Janeiro, vol. 6/2018, pp. 23-47, jul./set. 2018, p. 26).

CAPÍTULO 1 - APROXIMAÇÃO AO CONCEITO DE INFRAESTRUTURA...

perfil do Estado nos últimos vinte e cinco anos e de seus mecanismos de ação administrativa.[22]

A partir dos anos 1980, o Estado brasileiro perde as condições de promover investimentos no setor de infraestrutura. Com efeito, entra em colapso um modelo no qual o Estado concentrou grande parte da responsabilidade pelo desenvolvimento do país, assumindo o compromisso de empreender diretamente uma série de atividades econômicas e de prestar serviços públicos.[23] Assistiu-se a uma política que não valorizou articulações entre o Poder Público e os particulares: as concessões de serviço público e de obra pública, por exemplo, institutos históricos, não foram instrumentos vistos durante esse período.

Nos anos 1990, anunciou-se uma mudança de postura estatal. A partir de então, seguindo uma tendência mundial (sobretudo na União Europeia), investiu-se cada vez mais em uma política de desestatizações.[24] Diversos instrumentos de emparceiramento entre o *Poder Público* e os *particulares* são difundidos, tendo-se em mira não só permitir um alívio fiscal dos entes federativos, como buscar, na iniciativa privada, apoio

---

[22] Ver, entre outros: BRESSER-PEREIRA, Luiz Carlos. "Os primeiros passos da reforma gerencial do Estado de 1995". *Revista Brasileira de Direito Público – RBDP*, Belo Horizonte, ano 6, n. 23, pp. 145-186, out./dez. 2008; BARROSO, Luis Roberto. "Agências Reguladoras: Constituição e transformações do Estado e Legitimidade Democrática. *Revista de Direito Administrativo*, Rio de Janeiro, vol. 229, pp. 285-311, jul./set. 2002; TACITO, Caio. "A reforma do Estado e a modernidade administrativa". *Revista de Direito Administrativo*, Rio de Janeiro, vol. 242, pp. 159-165, out./dez. 2005; HERMANN, Jennifer. "Auge e Declínio do Modelo de Crescimento com Endividamento: o II PND e a Crise da Dívida Externa". *In*: GIAMBIAGI, Fabio; VILLELA, André; CASTRO, Lavinia Barros; HERMANN, Jennifer (Coord.). *Economia brasileira contemporânea [1945-2010]*. 2. ed. Rio de Janeiro: Elsevier, 2011, p. 73 *et seq*.

[23] Trata-se do período denominado, por Floriano de Azevedo Marques Neto, do período de "desenvolvimento autoritário" do Estado brasileiro (Cf. MARQUES NETO, Floriano de Azevedo. *Concessões*. Belo Horizonte: Fórum, 2015, p. 94).

[24] FERRARI, Giuseppe Franco. "Direito e infraestrutura no cenário europeu". *Revista Brasileira de Infraestrutura – RBINF*, Belo Horizonte, vol. 3, n. 6, pp. 13-36, jul./dez. 2014; MARQUES, M. M. Leitão; MOREIRA, Vital M. "Desintervenção do Estado, privatização e regulação dos serviços públicos". *Economia e Prospectiva*, Lisboa, vol. 2, n. 3/4, pp. 133-158.

logístico e de recursos, no afã de se consolidar uma postura mais eficiente do que aquela até então empreendida.

Nesse sentido, reclama-se também do Direito a definição de parâmetros claros para o delineamento dessas parcerias. É o Direito que coordena as ações estatais e que disciplina a relação jurídica travada entre os respectivos setores, tudo de forma a encarecer a infraestrutura. Os particulares, ao atuarem em nome do Estado, mantêm viva a preocupação do Poder Público com o tema, de maneira a não se esquivar do seu comprometimento. Assim, como assevera Gilberto Bercovici:

> A infraestrutura deve ser compreendida sob a perspectiva do Estado. Afinal, toda e qualquer decisão sobre infraestrutura é uma decisão política, inserida na estratégia estatal de promoção do desenvolvimento. O planejamento estatal para a criação, ampliação, manutenção ou atualização da infraestrutura é, portanto, essencial. A infraestrutura não é um fim em si mesma, é um meio para o cumprimento de algum objetivo estatal.[25]

A verdade é que o Direito brasileiro não se ocupou da temática conceitual de uma maneira própria, sistemática, à luz das suas especificidades normativas. Como é curial em várias esferas do pensamento brasileiro, importamos *desorientação* e, com isso, impedimos o avanço dessa realidade empírica.

Não há dúvida de que o estudo comparado é importante, ele nos proporciona a reflexão, ele nos direciona para relevantes ponderações. Mas, isso não é tudo. Não é próprio do pensamento crítico e acurado contentar-se com a mera reprodução, como se todas as idiossincrasias mundanas fossem universais. O estudo comparado serve de estímulo, jamais de verdade indiscutível. É imprescindível que se promova um raciocínio próprio, genuíno, consubstanciado no pensar, no vigor da realidade normativa brasileira.

---

[25] BERCOVICI, Gilberto. "Infraestrutura e desenvolvimento". *In*: BERCOVICI, Gilberto; VALIM, Rafael (Coord.). *Elementos de Direito da infraestrutura*. São Paulo: Editora Contracorrente, 2015, p. 22.

CAPÍTULO 1 - APROXIMAÇÃO AO CONCEITO DE INFRAESTRUTURA...

Consoante nos adverte Rui Barbosa, naquela que ficou conhecida como uma das mais importantes peças da literatura brasileira e que passou a ser chamada de *Oração aos moços*:

> Mas, senhores, os que madrugam no ler, convém madrugarem também no pensar. Vulgar é ler, raro o refletir. O saber não está na ciência alheia, que se absorve, mas, principalmente, nas ideias próprias, que se geram dos conhecimentos absorvidos, mediante a transmutação, porque passam, no espírito que os assimila. Um sabedor não é um armário de sabedoria armazenada, mas transformador reflexivo de aquisições digeridas.[26]

A transformação exigida por Rui Barbosa é a proposta da presente investigação: promover a mudança a partir da construção científica, de maneira a atingir a realidade, deixando o plano meramente abstrato para atingir algo tangível, de conversão, de transformação social.

Nas palavras de José Ortega y Gasset:

> (...) o vigor intelectual de um homem, como de uma ciência, se mede pela dose de cepticismo, de dúvida que é capaz de digerir, de assimilar. A teoria robusta se nutre de dúvida e não é a confiança ingênua que não experimentou vacilações; não é a confiança inocente, mas sim a segurança em meio da tormenta, a confiança na desconfiança.[27]

Por isso é preciso se arriscar: a vitalidade da ciência exige que nos arrisquemos, a inadvertência é natural, deve ser superada pela autoafirmação, em lançar-se, de corpo e alma, em águas nunca d'antes navegadas até que se encontre um pedaço de solo seguro, enraizado e frutífero, em que será plantada a semente de uma corajosa transformação.

---

[26] BARBOSA, Rui. *Oração aos moços*. 5. ed. Rio de Janeiro: Casa Rui Barbosa, 1999, p. 32.

27 ORTEGA Y GASSET, José. *Que é filosofia?* Rio de Janeiro: Editora Livro Ibero-Americano, 1971, p. 40.

Eis a razão da necessidade de um estudo sistemático da infraestrutura, que promova o enfrentamento real das questões postas, que supere a zona de conforto e que possa ser altamente sobranceiro, de molde a delinear o regime jurídico incidente, e dentro dessa perspectiva, o sentido e o alcance das normas que lhe servem de arrimo.

Não há na doutrina nacional muitos autores que se debruçaram sobre o tema, no sentido de conferir um conceito jurídico de *infraestrutura* e tracejar seus elementos e características próprios. Para que se tenha um panorama geral, no entanto, é possível enunciar alguns deles, não se tratando de adentrar os seus elementos, uma vez que, em nosso sentir, o endereçamento deve ser diametralmente outro, distante do que hodiernamente se apresenta.

Edmundo Emerson de Medeiros, por exemplo, afirma ser infraestrutura "(...) o conjunto de estruturas, equipamentos e instalações que constituem a base sobre a qual é produzida a prestação de serviços considerados essenciais para a vida e/ou para o desenvolvimento de fins produtivos".[28]

De maneira sucinta, Diogo Rosenthal Coutinho define infraestrutura como o aparato de suporte para muitas atividades econômicas desempenhadas em um país.[29] Luís Fernando Massonetto, por seu turno, conceitua da seguinte forma:

---

[28] MEDEIROS, Edmundo Emerson de. *Infraestrutura energética*: planejamento e regulação do setor elétrico. São Paulo: MP, 2009, p. 22.

[29] COUTINHO, Diogo Rosenhtal. "A universalização do serviço público para o desenvolvimento como uma tarefa de regulação". *In:* SALOMÃO FILHO, Calixto (Coord.). *Regulação e desenvolvimento*: novos temas. São Paulo: Malheiros Editores, 2002, p. 65. Thiago Marrara também apresenta um conceito de infraestrutura, a saber: "Simplificadamente, porém, quando se pensa em direito administrativo, direito econômico e direito ambiental e urbanístico, infraestrutura representa o aparato físico, tecnológico e humano fundamental para que as funções estatais ou atividades econômicas socialmente relevantes sejam devidamente exercidas. Assim, os recursos humanos de que dispõem as entidades administrativas, bem como seus edifícios, mobiliários, redes e outros aparatos físicos constituem a infraestrutura essencial para seu funcionamento. Em sentido ainda mais restrito, poder-se-ia excluir o fator humano do conceito, deixando-o somente como conjunto de elementos físicos materiais e imateriais, contínuos ou descontínuos, necessários a uma atividade econômica ou serviço público de caráter econômico-industrial ou social". (MARRARA, Thiago. "Regulação

CAPÍTULO 1 - APROXIMAÇÃO AO CONCEITO DE INFRAESTRUTURA...

> (...) infraestrutura é um capital social fixo, normalmente de natureza pública, que integra o capital global das economias nacionais. Possui uma íntima relação com o capital industrial, constituindo-se em um insumo importante para o aumento da produtividade de fatores, para o crescimento econômico e como parte da estratégia de desenvolvimento nacional.[30]

Outros autores, por outro lado, procuraram enfatizar os elementos componentes da infraestrutura, destacados nos mais diversos setores econômicos. Fernando Froés apresenta, nesse sentido, um elenco de elementos definidores que estão presentes em todos os setores econômicos de infraestrutura. Segundo o autor: (i) a infraestrutura pública é formada por conjunto de equipamentos e serviços necessários ao funcionamento de uma organização ou para viabilização de uma atividade; (ii) toda infraestrutura de um país é uma obra ou instalação, criada artificialmente; (iii) normalmente a infraestrutura encontra-se vinculada à exploração de um serviço público ou a um uso geral; e, (iv) tem-se como titular da infraestrutura pública, geralmente, a Administração Pública.[31] O autor replica o que foi sustentado por Gaspar Ariño Ortiz, quando este publicista analisa os grupos das atividades desempenhadas pela Administração Pública.[32]

Gilberto Bercovici também analisa os elementos caracterizadores da infraestrutura:

> A infraestrutura tem por característica a artificialidade, ou seja, é uma obra ou instalação artificial de titularidade do Estado, vinculada à exploração de um serviço público ou atividade econômica ou a

---

sustentável de infraestruturas". *Revista Brasileira de Infraestrutura — RBINF*, Belo Horizonte, ano 1, n. 1, pp. 95-120, jan./jun. 2012, pp. 95-96).

[30] MASSONETTO, Luís Fernando. "Aspectos macrojurídicos do financiamento da infraestrutura". *In*: BERCOVICI, Gilberto; VALIM, Rafael. (Coord.). *Elementos de Direito da Infraestrutura*. São Paulo: Editora Contracorrente, 2015, pp. 27-52.

[31] FRÓES, Fernando. "Infraestrutura pública: conceitos básicos, importância e a intervenção governamental". *In*: CARDOZO, José Eduardo Martins *et al*. (Coord.). *Curso de Direito Administrativo Econômico*. vol. II. São Paulo: Malheiros Editores, 2006, p. 220.

[32] ARIÑO ORTIZ, Gaspar. *Principios de Derecho Público Económico*, 3. ed. Madrid: Comares, 2004, p. 641.

um uso geral, remunerado ou não. Em geral, a infraestrutura constitui um monopólio natural controlado pelo Estado, fornecendo produtos ou serviços para um grande número de usuários, afetando, assim, o bem-estar da população e o desempenho das empresas e produzindo efeitos diretos e indiretos por toda a economia. A configuração da infraestrutura em rede é geralmente mais frequente em infraestruturas mais ligadas à tecnologia, permitindo o acesso simultâneo a vários usuários. Este sistema de interconexão de vários pontos fundamenta a conectividade e a indivisibilidade da infraestrutura, que deve ser concebida sempre em sua totalidade. A rede é uma característica da infraestrutura, não se confunde com a própria. As redes costumam ser de difícil duplicação ou substituição física, demandando uma intensa coordenação para o bom funcionamento dos serviços.[33]

A despeito dessas louváveis noções, parece-nos necessário conformar o conceito jurídico de infraestrutura de outra maneira: sistematicamente. Com isso, pretende-se erigi-lo ao *status* que merece, colocá-lo em total evidência, saindo da penumbra pegajosa e estática que se encontra inserto, para ostentá-lo junto ao centro nevrálgico das preocupações acadêmicas e pragmáticas. Fazendo isso, teremos desenvolvimento; fazendo isso, teremos uma sociedade que pode usufruir de uma vida coletiva em sua máxima plenitude.

Contudo, antes dessa revelação, vale algumas considerações a respeito da existência de um potencial *Direito da Infraestrutura*, expressão encontrada em algumas produções doutrinárias sobre o tema.[34]

---

[33] BERCOVICI, Gilberto. "Infraestrutura e desenvolvimento". *In*: BERCOVICI, Gilberto; VALIM, Rafael (Coords.). *Elementos de Direito da Infraestrutura*. São Paulo: Editora Contracorrente, 2015, pp. 17-26. Destaquem-se ainda as palavras de Brett M. Frischmann: "Two generalizations about traditional infrastructure are worth noting. First, the government has played and continues to play a significant and widely-accepted role in ensuring the provision of many traditional infrastructures. While private parties and markets play an increasingly important role in providing many types of traditional infrastructure (due to a wave of privatization as well as cooperative ventures between industry and government), the government's position as provider, coordinator, or regulator of traditional infrastructure provision remains intact in most communities". (FRISCHMANN, Brett M. "An Economic Theory of Infrastructure and Commons Management". *Minnesota Law Review*, vol. 89, n. 4, pp. 917-1030, 2005, p. 925).

[34] Cf., entre outros, SADDY, André. *Direito das infraestruturas*. São Paulo: Lumen Juris, 2011.

CAPÍTULO 1 - APROXIMAÇÃO AO CONCEITO DE INFRAESTRUTURA...

1.3 Por um Direito Administrativo da Infraestrutura em oposição ao Direito da Infraestrutura: um necessário resgate do Direito Administrativo brasileiro

Em torno do presente capítulo, cabem importantes ponderações. O ponto de partida é saber se haveria, de fato, uma disciplina jurídica denominada *Direito da Infraestrutura*, como alguns autores a designam.[35] A resposta, no sentido defendido no presente diagnóstico, parece-nos ser negativa. Vamos aos necessários esclarecimentos.

O direito positivo é uno e insuscetível de divisões. Ele conforma um sistema, integrado por um conjunto de normas jurídicas que se entrelaçam, que se inter-relacionam.

Consoante observa Paulo de Barros Carvalho:

(...) se pudermos reunir todos os textos do direito positivo em vigor no Brasil, desde a Constituição Federal até os mais singelos atos infralegais, teremos diante de nós um conjunto integrado por elementos que se inter-relacionam, formando um sistema. As unidades desse sistema são as normas jurídicas que se despregam dos textos e se interligam mediante vínculos horizontais (relações de coordenação) e liames verticais (relações de subordinação-hierarquia).[36]

O cientista do Direito se vê compelido ao encargo de examinar o conjunto de normas que conformam o ordenamento jurídico positivo e promover a interpretação que entenda ser a *mais correta*.[37] Fazer ciência do

---

[35] Cf. também CARVALHO, André Castro. *Direito da infraestrutura:* perspectiva pública. São Paulo: Quartier Latin, 2014.

[36] CARVALHO, Paulo de Barros. *Curso de direito tributário.* 28. ed. São Paulo: Saraiva, 2017, p. 43.

[37] Nesse particular, interessante observar a premissa teórica desenvolvida por Ricardo Marcondes Martins, em coluna veiculada no site Direito do Estado, intitulada Construtivismo ético, como método adequado para revelar a correção hermenêutica. O autor pode ser considerado o principal defensor desse método de interpretação na doutrina nacional. Segundo ele, o caminho para se compreender a adoção do construtivismo ético

35

Direito é justamente tentar descobrir essa interpretação correta, que será revelada a partir do esforço do intérprete em extrair do sistema normativo argumentos racionais que sustentem a sua edificação exegética.

Todavia, seria demasiada pretensão do sujeito que revelou a norma jurídica aplicada, pudesse ele reivindicar para si, com *status* de verdade, a interpretação universal, a qual deveria ser imposta a todos. Em verdade, não é assim que o direito é construído, trata-se de um processo de contínuo convencimento entre ideias rivais, de molde que, em dado momento, alguma delas prevalece, de maneira provisória, até que outra a substitua, por ter-lhe recebido maior consagração.

Vale a alusão a Karl Popper, de que a verdade é o resultado do "esgotamento momentâneo das objeções possíveis"[38], ou seja, é o

---

parte do reconhecimento do Direito enquanto ciência. Todavia, adverte o autor, a Ciência do Direito não revela a "verdade" por meio de fórmulas matemáticas ou experiências empíricas reproduzíveis em laboratório. A Ciência do Direito também não revela a interpretação correta por meio de um oráculo, de um sábio. Segundo o ilustre Professor, os juristas muitas vezes propõem uma interpretação em vista de um interesse. Daí que nenhum jurista detém a verdade. Sendo assim, rejeita o oráculo e propõe o modelo do Construtivismo ético, expressão cunhada por John Rawls em 1980. O Construtivismo ético aplicado ao Direito, então, funda-se em algumas características. A primeira é o fato de que, de um lado, o ordenamento, de certa forma, atribui ao juiz a palavra final sobre a interpretação no caso concreto. Ela pode não ser a interpretação correta, mas é assimilada como tal pelo Direito apenas para aquele caso concreto. Isso, segundo o autor, é a "regra de calibração" proposta por Tércio Sampaio Ferraz Junior. Cabe à comunidade jurídica continuar a busca pela interpretação correta, dado que todos são intérpretes: juízes, administradores públicos, legisladores e os próprios cidadãos. A segunda particularidade refere-se ao controle concentrado. A regra de calibração é diferente. Uma ação de inconstitucionalidade erroneamente julgada procedente não impede a edição de nova norma com teor idêntico pelo legislativo; já uma julgada erroneamente improcedente não impede o ajuizamento de uma nova ação. Em ambos os casos, no entanto, o controle concentrado tem efeito *erga omnes*. Isso faz com que as decisões do Supremo sempre estejam abertas à crítica científica. No entanto, a abertura não implica em que a interpretação correta seja aquela dada pela maioria. Por fim, arremata o jurista com a afirmação de que "dificilmente um jurista, à luz de suas convicções científicas, reconhecerá a existência de argumentos igualmente bons tanto para uma interpretação quanto para outra. O intérprete sério sempre forma uma convicção sobre qual seja a 'melhor interpretação'" (Cf. "Construtivismo ético". *Revista Eletrônica de Direito do Estado*, n. 78, 14 fev. 2016. Disponível em: <http://www.direitodoestado.com.br/colunistas/ricardo-marcondes-martins/construtivismo-etico-≥>. Acesso em: 7 jan. 2020).

[38] Segundo Karl Popper, "o conceito de verdade é indispensável para o criticismo aqui desenvolvido. O que criticamos é a pretensão de verdade. O que nós, como críticos

CAPÍTULO 1 - APROXIMAÇÃO AO CONCEITO DE INFRAESTRUTURA...

momento culminante em que os contendores aceitam uma exegese como a mais bem fundamentada perante o direito positivo. Como observa Robert Alexy, "a interpretação jurídica correta é a mais bem fundamentada num diálogo racional".[39] Há um verdadeiro processo de construção da resposta correta submetido a crítica da comunidade jurídica, de forma que o discurso que receber a argumentação mais robusta prevalecerá, até que uma ainda melhor lhe sobrevenha, em absoluto movimento de aperfeiçoamento científico ininterrupto.

A ciência do direito, por sua vez, para que possa ser mais bem compreendida, pressupõe uma disrupção em sua estrutura unitária. Paulo de Barros Carvalho sustenta que "toda ciência pressupõe um corte metodológico. O conhecimento jurídico não foge a esse imperativo epistemológico".[40] O cientista do Direito, como todos aqueles que se dedicam à ciência, deve promover uma ruptura no direito positivo de maneira a promover o seu estudo.

Todavia, como observa José Afonso da Silva:

> (...) convém afirmar a regra básica de que o Direito é uma unidade, ou um conhecimento unificado sobre uma realidade, com método e princípios independentes de outros conhecimentos, que também estudam o mesmo material. Qualquer ramo do

---

de uma teoria, tentamos mostrar é evidentemente que sua pretensão de verdade não está correta – que é falsa. A ideia metodológica fundamental que aprendemos com nossos erros não pode ser compreendida sem a ideia reguladora da verdade: o erro que cometemos consiste em não termos alcançado nosso objetivo, nossa norma, com base no critério ou no princípio-guia de verdade. Denominamos uma proposição 'verdadeira' quando ela concorda com os fatos ou corresponde aos fatos, ou quando as coisas são tais como a proposição descreve. Esse é o assim chamado conceito absoluto ou objetivo de verdade, que cada um de nós emprega constantemente. Um dos resultados mais importantes da lógica moderna consiste em ter reabilitado com enorme êxito esse conceito absoluto de verdade" (Cf. POPPER, Karl. *Em busca de um mundo melhor*. Tradução de Milton Camargo Mota. São Paulo: Martins Fontes, 2006, p. 108).

[39] ALEXY, Robert. *Teoria da argumentação jurídica*. Tradução de Zilda Hutchinson Schild Silva. São Paulo: Landy Editora, 2001, p. 227 et seq.

[40] CARVALHO, Paulo de Barros. *Curso de direito tributário*. 28. ed. São Paulo: Saraiva, 2017, p. 33.

Direito integra esse *unicum* que constitui a ordem jurídica – pelo que não se pode falar que determinado ramo da Ciência Jurídica possua autonomia jurídica, mas é lícito falar que possua *autonomia didática* ou *autonomia científica*: a primeira justificada pela oportunidade de circunscrever o estudo a um grupo de normas que apresentam particular homogeneidade relativamente a seu objeto mas ainda se acham sujeitas a princípios de outro ramo; a segunda quando, além da necessidade indicada, verifica-se a formação de princípios e institutos próprios".[41]

Dessa maneira, para alguns juristas, há "ramos do direito" ou "disciplinas jurídicas" que possuem apenas *autonomia didática*, ou seja, que consistem na realização de um corte metodológico próprio por meio do qual, por mera conveniência didática, acredita-se poder visualizar de modo mais adequado o estudo de seu objeto.

Para outros, os "ramos do direito" ou "disciplinas jurídicas" possuem *autonomia científica*. Nesse caso, o critério utilizado pela maioria deles, ao afirmar que há uma disciplina jurídica autônoma, são as situações em que essa disciplina corresponde a um conjunto sistematizado de princípios e regras (*normas jurídicas*) que lhe conferem identidade, apartando-a das demais ramificações do Direito.[42-43]

---

[41] SILVA, José Afonso da. *Direito urbanístico brasileiro*. 7. ed. São Paulo: Malheiros Editores, 2015, p. 42.

[42] O inexcedível professor Celso Antônio Bandeira de Mello há muito tempo sustenta que "há uma disciplina jurídica autônoma quando corresponde a um conjunto sistematizado de princípios e regras que lhe dão identidade, diferenciando-a das demais ramificações do Direito". Dessa maneira, conclui o inestimável professor: "só se pode, portanto, falar em direito administrativo, no pressuposto de que existam princípios que lhe são peculiares e que guardem entre si uma relação lógica de coerência e unidade compondo um sistema ou regime: o regime jurídico-administrativo" (BANDEIRA DE MELLO, Celso Antônio. *Curso de direito administrativo*. 32. ed. São Paulo: Malheiros Editores, 2015, p. 53).

[43] Paulo de Barros Carvalho, com percuciência, observa: "com efeito, a ordenação jurídica é uma e indecomponível. Seus elementos – as unidades normativas – se acham irremediavelmente entrelaçados pelos vínculos de hierarquia e pelas relações de coordenação, de tal modo que tentar conhecer regras jurídicas isoladas, como se prescindissem da totalidade do conjunto, seria ignorá-lo, enquanto sistema de proposições

CAPÍTULO 1 - APROXIMAÇÃO AO CONCEITO DE INFRAESTRUTURA...

A questão que se coloca é a de se saber se o Direito da Infraestrutura deteria *autonomia didática* ou *autonomia científica*. A resposta, na linha do que se sustenta na presente investigação, parece-nos ser negativa. Isto é: o chamado *Direito da Infraestrutura*, em verdade, não conforma um ramo autônomo do direito, nem sob a perspectiva *didática* e nem sob a *científica*, desprendida do regime jurídico-administrativo.

Quando se fala em um Direito da Infraestrutura, note-se, não se especula, de maneira geral, sobre um regime jurídico próprio, com princípios e regras sistematizadas, tal como subsiste no Direito Civil ou no Direito Penal. Em verdade, o termo, como será demonstrado, designa uma das atividades administrativas que a Administração Pública tem o dever de realizar, sempre com a finalidade teleológica de concretizar um interesse público insculpido no Texto Constitucional.

Ora, o tema das atividades administrativas é uma das matérias fundamentais de todo o Direito Administrativo, sendo, portanto, inviável qualquer tentativa de examiná-las em dissonância com o regime jurídico-administrativo.[44] É claro que, como qualquer instituto do Direito Administrativo, tal como ocorre, por exemplo, com o ato administrativo, o processo administrativo ou mesmo o serviço público, possui características peculiares, todavia, os princípios e regras desse ramo do direito enfeixam sua conformidade jurídica, não restando alternativa senão examiná-lo dentro dessa singular perspectiva.

---

prescritivas. Uma coisa é certa: qualquer definição que se pretenda há de respeitar o princípio da unidade sistemática e, sobretudo, partir dele, isto é, dar como pressuposto que um número imenso de preceitos jurídicos, dos mais variados níveis e dos múltiplos setores, se aglutinam para formar essa mancha normativa cuja demarcação rigorosa e definitiva é algo impossível" (CARVALHO, Paulo de Barros. *Curso de direito tributário*, 28. ed. São Paulo: Saraiva, 2017, p. 45).

[44] O eminente Professor Celso Antônio Bandeira de Mello planifica seu *Curso de Direito Administrativo*, obra clássica e inexcedível no direito brasileiro, em cinco partes, alocando a atividade administrativa como uma delas (Parte IV). Essa circunstância revela a importância que o mestre confere a temática das atividades administrativas, impondo-lhe como tema fundamental do regime jurídico-administrativo (BANDEIRA DE MELLO, Celso Antônio. *Curso de direito administrativo*. 32. ed. São Paulo: Malheiros Editores, 2015, p. 713).

Não foi por outra razão que foi atribuído ao presente trabalho o título de Direito Administrativo da Infraestrutura. O intento é exatamente enfatizar que *a atividade de infraestrutura* não pode ser examinada de maneira alijada do regime jurídico-administrativo; ela faz parte integrante dele, tal como as demais atividades administrativas doutrinariamente reconhecidas.

O que se pretende, à luz do que ocorre com outros institutos do Direito Administrativo, é salientar seus elementos configuradores típicos, chamando a atenção de sua necessária autonomia em relação às demais atividades administrativas, jamais compreendê-la como *ramo científico autônomo*.

A verdade é que, a despeito da importância inequívoca e suprema da caracterização jurídica da atividade de infraestrutura e a imprescindível demonstração de sua autonomia em relação às demais atividades administrativas, seria exagerado encará-la como disciplina jurídica *autônoma*. Essa linha argumentativa ensejaria uma crítica grave quanto a real necessidade de uma segmentação jurídica com esse propósito, não resistindo a uma análise mais séria e detida, sob o ponto de vista sistemático e lógico, dando azo a ventos meramente "novidadeiros", que em nada contribuem para o avanço da ciência.[45]

Por outro lado, é fundamental ampliar o estudo da teoria geral do Direito Administrativo para abarcar realidades que, pela inevitável evolução dos tempos, vão se incorporando às incumbências do Estado, mormente da Administração Pública. Por isso a necessidade de constante aperfeiçoamento e atualização do Direito Administrativo para incluir essas categorias, conferindo-lhe novos traços, novas perspectivas,

---

[45] Consoante inafastável crítica do Professor Celso Antônio Bandeira de Mello, "o surgimento de 'ramos autônomos' instaura novos mercados, conquista consumidores, atrai uma clientela seduzida por 'novidades', insinua uma 'atualização' e abre espaço para profissionais que permaneceriam completamente obscuros enquanto alocados na esfera de uma ciência mais ampla e que se projetam na qualidade de 'especialistas' de algum novo ramo, cuja autonomia, então, defendem com muita energia" (Cf. BANDEIRA DE MELLO, Celso Antônio. *Curso de direito administrativo*. 32. ed. São Paulo: Malheiros Editores, 2015, p. 38).

CAPÍTULO 1 - APROXIMAÇÃO AO CONCEITO DE INFRAESTRUTURA...

novas concepções, mas sempre circunscrito a coluna central do Direito Administrativo.

Parafraseando José Ortega y Gasset, que debateu a unidade da nação espanhola em sua irretocável obra intitulada "España Invertebrada", é fundamental que se tenha um "Direito Administrativo Vertebrado", cuja teoria geral possa ser representada pela coluna vertebral do corpo humano, responsável por garantir toda a sua sustentação. É exatamente a teoria geral que será capaz de sustentar as categorias jurídicas clássicas do Direito Administrativo, mas que, de outra sorte, permitirá a sustentação das novas, ainda não reveladas, e que devem se encontrar em perfeita harmonia. Tal como a necessidade do ser humano em aprender novos movimentos, novas sensações, com a mesma estrutura física de que dispõe.[46]

É tempo de se resgatar o Direito Administrativo e trazer os temas que, em verdade, mais interferem na realidade social, para sua base central de estudos. Propugna-se por uma autêntica redenção do Direito Administrativo, para inserir, como objeto nuclear de seu estudo, as principais discussões da sociedade moderna, levando em consideração sua construção normativa: é isso que se pretende também com a presente investigação, reassumir a posição de protagonismo do Direito Administrativo em relação aos principais temas reservados ao estado brasileiro, sendo a infraestrutura, indubitavelmente, uma das peças-chaves de transformação da realidade social.

---

[46] Vale a crítica do Professor Carlos Ari Sundfeld: "quando se observa o surgimento de novos ramos, como os direitos econômicos, urbanístico, ambiental, agrário, sanitário, todos ligados, embora não exclusivamente, ao estudo da ação governamental sobre a vida privada, nota-se que a ciência do direito administrativo não tem sabido oferecer uma teoria geral apta a ser aplicada a cada um deles. Vem, por isso, perdendo importância. De pouco ou nada adiantará o estudioso buscar na teoria do direito administrativo as categorias de que necessita para compreender os limites e exigências das novas funções do Estado. Encontrará uma doutrina que ainda se debate com dificuldades originárias em torno do poder de polícia! O resultado disso, todos conhecemos: o surgimento de teorias *ad hoc*, voltadas apenas aos problemas específicos que enfrentam, e descompromissadas muitas vezes com os próprios padrões que o direito administrativo já fixou" (SUNDFELD, Carlos Ari. *Direito administrativo ordenador*. São Paulo: Malheiros Editores, 2003, p. 15).

Outros temas importantes e que estão na atualidade do debate hodierno, tais como desestatização, interações público-privadas, privatizações de empresas exploradoras de atividade econômica, desinvestimentos públicos, consequências da invalidação de atos, contratos e processos administrativos, constituição de subsidiária de estatais, sociedades de propósitos específicos entre estatais e empresas privadas, aporte de capital em estatais, posição de controle de acionista público, algumas delas correlacionadas ao que chamo de *Direito Administrativo Societário*, decorrente especialmente das novas disposições da Lei 13.303/16, deve ser objeto de atenção máxima dos administrativistas; deve ocupar enorme espaço na agenda acadêmica, para justamente evitar interpretações desconformes, interpretações que sejam defraudadoras das normas jurídico-administrativas que ocupam a cúspide do sistema positivo.

É fundamental que todos os Manuais de Direito Administrativo do país abram um capítulo próprio para debater o temário da infraestrutura, conectando-a à Teoria Geral do Direito Administrativo, e com isso, promovendo o debate acadêmico sério, crítico, minucioso acerca desse alicerce fundante do *desenvolvimento* da sociedade.

Tal como o Direito Administrativo Ordenador[47], o Direito Administrativo Econômico[48], o Direito Administrativo Sancionador[49], o

---

[47] Vide, SUNDFELD, Carlos Ari. *Direito administrativo ordenador*. São Paulo: Malheiros Editores, 2003.

[48] Cf., nesse sentido, LABAUDÈRE, André de. *Direito público econômico*. Tradução de Maria Teresa Costa. Coimbra: Almedina, 1985, p. 107; SUNDFELD, Carlos Ari. *Direito administrativo econômico*. 1. ed. São Paulo: Malheiros Editores, 2000; ORTEGA, Ricardo Rivero. "Nociones Generales sobre el Derecho Administrativo Económico". *In:* CARDOZO, José Eduardo Martins; QUEIROZ, João Eduardo Lopes; SANTOS, Márcia Walquíria Batista dos. (Coord.). *Direito administrativo econômico*. São Paulo: Atlas, 2011; MOREIRA, Egon Bockmann. *O Direito administrativo contemporâneo e suas relações com a Economia*. Curitiba: Virtual Gratuita, p. 56 *et seq*.

[49] *Vide*, entre outros, NIETO, Alejandro. *Derecho administrativo sancionador*. 4. ed. Madrid: Tecnos, 2005, p. 177; OSÓRIO, Fábio Medina. *Direito administrativo sancionador*. 6. ed. São Paulo: Revista dos Tribunais, 2019, p. 85 et seq.; OLIVEIRA, José Roberto Pimenta (Coord.). *Direito administrativo sancionador*. Estudos em homenagem ao Professor Emérito da PUC/SP Celso Antônio Bandeira de Mello. São Paulo: Malheiros Editores, 2019.

CAPÍTULO 1 - APROXIMAÇÃO AO CONCEITO DE INFRAESTRUTURA...

Direito Administrativo dos Serviços Públicos[50], todos subsistemas do Direito Administrativo, pretendeu-se sublinhar que o conceito de infraestrutura se encontra inserido na alçada do Direito Administrativo, dentre as atribuições conferidas pela legislação constitucional e infraconstitucional à Administração Pública.

Nesse sentido, falar em infraestrutura significa imediatamente encontrar-se circunscrito aos ditames próprios do Direito Administrativo, essa a justificativa máxima do título conferido à presente obra: o *Direito Administrativo da Infraestrutura.*

---

[50] Cf. BRACONNIER, Stéphane. *Droit des services públics.* 2 ed. Paris: PUF, 2007; AUBY, Jean-François; RAYMUNDIE, Olivier. *Le service public.* Paris: Le Moniteur, 2002, p. 153; SALOMONI, Jorge Luis. *Teoria general de los servicios públicos.* Buenos Aires: Ad Hoc, 2004, p. 125; ARAGÃO, Alexandre Santos. *Direito dos serviços públicos.* 3. ed. Rio de Janeiro: Forense, 2013, p. 73 *et seq.*

CAPÍTULO 2

AS INFRAESTRUTURAS PÚBLICAS COMO PRESSUPOSTOS DO ESTADO MODERNO

2.1 O Estado moderno: gênese e significado

A gênese do Estado moderno é marcada por uma tensão fundamental entre o sistema policêntrico e complexo dos senhores feudais e o Estado territorial concentrado e unitário, dentro do qual se pretende impor o monopólio da força legítima.[51]

Como assinala Herman Heller, a evolução conduzida rumo ao Estado moderno consistiu na conversão dos meios reais de autoridade e administração, que eram de propriedade privada, em propriedade pública e o deslocamento do poder de mando, que se exercia como um direito do sujeito, para o príncipe absoluto e logo para o Estado.[52]

A centralização do poder característica do Estado moderno depende, entretanto, de meios físicos que permitam a integração da comunidade política. Sem, sobretudo, uma adequada comunicação e a construção de canais e estradas, restaria inviabilizado o exercício do poder político então nascente. Por isso, podemos afirmar que *a provisão de infraestruturas está intimamente relacionada com a gênese do Estado moderno*, ou, em outras palavras, que *a construção de infraestruturas foi uma condição indispensável para a emergência do Estado moderno*.

Nas palavras de Volker Schneider e Alexander Jäger, "only territories that are covered by infrastructures are in the end also ruled territories".[53] É dizer: as infraestruturas são verdadeiros *pressupostos do*

---

[51] BOBBIO, Norberto; MATEUCCI, Nicola; PASQUINO, Gianfranco. *Dicionário de política*, I. Brasília: Universidade de Brasília, 1998, p. 426; JELLINEK, Georg. *Teoría general del Estado*. México: Fondo de Cultura Ecónomica, 2000, pp. 313-314.

[52] HELLER, Hermann. *Teoría del Estado*. México: Fondo de Cultura Económica, 2010, p. 171.

[53] SCHNEIDER, Volker; JÄGER, Alexander. "The Privatisation of Infrastructure in the Theory of the State: An Empirical Overview and a Discussion of Competing

Estado moderno, por meio dos quais se torna possível o exercício das competências públicas.

A propósito, merecem transcrição as palavras de Herman Heller:

> En las demás esferas las formas de la administración feudal resultan también inadecuadas para atender a las tareas administrativas, cuantitativa y cualitativamente crecientes, de una sociedad y de una economía cada vez más complicadas. A comienzos de la Edad Moderna el Estado tiene que encargarse de una serie de tareas que hasta entonces corrían a cargo de la familia, la Iglesia o las instituciones locales, o que respondían a nuevas necesidades. Eran, especialmente, materias relacionadas con las comunicaciones, tanto en lo general como en su aspecto económico-técnico, con la administración de justicia y con lo cultural, sobre todo de carácter pedagógico. Un Estado que no utilizara las revolucionarias innovaciones técnicas de aquel tiempo y no acomodara a ellas su administración, se vería condenado a una decadencia inevitable.[54]

No mesmo sentido, observa argutamente Hinnerk Wißmann:

> Evidentemente já foi uma característica justamente do estado no início da Modernidade que ele criou ou mandou criar infraestruturas. O cadastro técnico-cartográfico de seu território, a construção de canais e estradas, mas também, por exemplo, a instalação de escolas, supera passo a passo a modalidade medieval do "governo desde a sela do cavalo". Em outras palavras, os territórios abstratos de um soberano se tornaram Estados no sentido da nossa compreensão, não só por meio de regulamentações e leis, e sim apenas por meio do desenvolvimento concreto e planejado do território, ou seja, por meio de infraestruturas.[55]

Theoretical Explanations". *In*: REGULATORY REFORM AT THE 29th JOINT SESSIONS OF WORKSHOPS (ECPR), 2001, Grenoble, p. 18.

[54] HELLER, Hermann. *Teoría del Estado*. México, D. F.: Fondo de Cultura Económica, 2010, p. 172.

[55] WISSMANN, Hinnerk. "Requisitos de um direito infraestrutural sustentável". *In*: BERCOVICI, Gilberto (Coord.). *Direito, infraestrutura e desenvolvimento*: o debate alemão. São Paulo: Editora Contracorrente, 2021 (no prelo).

CAPÍTULO 2 - AS INFRAESTRUTURAS PÚBLICAS COMO...

Uma vez assentada essa premissa, faz-se possível demonstrar como a atividade de provisão de infraestruturas se situa além da candente dicotomia entre o Estado Liberal e o Estado Social.

2.2 Para além da dicotomia entre Estado Liberal e Estado Social: infraestruturas como verdadeiros pressupostos do Estado Moderno

São amplamente conhecidas as disputas entre os modelos liberal e social de Estado, as quais se traduzem, em rigor, em um debate sobre os fins estatais. Para os liberais, cumpre ao Estado garantir os direitos e as garantias individuais, sem imiscuir-se nos domínios social e econômico, as *forças do mercado* se incumbiriam da distribuição da riqueza e da satisfação das necessidades sociais. Já os defensores do Estado Social postulam o respeito às liberdades individuais, mas também a concretização de direitos sociais mediante a intervenção do Estado na ordem econômica e social, o que, naturalmente, promove um alargamento das atividades administrativas.[56]

Parece-nos que as infraestruturas passam ao largo desse debate. Como adverte Brett Frischmann, as infraestruturas são pré-requisitos para o desenvolvimento econômico e social[57], o ponto de partida indispensável para o pleno desenvolvimento de uma sociedade.

O Estado Mínimo, de feição liberal, e o Estado Interventor, de caráter social, devem ter como denominador comum uma adequada provisão de infraestruturas. São, como já dissemos, pressupostos do Estado Moderno, e não de um modelo determinado de Estado. A propósito, não é demais lembrar a lição de um dos pais do liberalismo econômico[58], Adam Smith:

---

[56] Cf. BONAVIDES, Paulo. *Do Estado liberal ao Estado social*. 7. ed. São Paulo: Malheiros Editores, 2004, p. 61.

[57] Cf. FRISCHMANN, Brett M. *Infrastructure:* the social value of shared resources. Nova Iorque: Oxford University Press, 2013, p. xi.

[58] MULLER, Jerry Z. *The mind and the market*: capitalism in modern European thought. Nova Iorque: Anchor Books, 2006, pp. 76-77.

O terceiro e último dever do soberano ou do Estado é o de criar e manter essas instituições e obras públicas que, embora possam proporcionar a máxima vantagem para uma grande sociedade, são de tal natureza, que o lucro jamais conseguiria compensar algum indivíduo ou um pequeno número de indivíduos, não se podendo, pois esperar que algum indivíduo ou um pequeno número de indivíduo as crie e mantenha. Também o cumprimento deste dever exige despesas cujo montante varia muito conforme os diferentes períodos da sociedade.[59]

Também Georg Hermes ressalta que as infraestruturas são condições necessárias para a própria existência do Estado Moderno:

The first reason why the State would bear a responsibility for infrastructure lies in the simple perception that, without a basic level of infrastructure, a social, economic, cultural and political community could neither develop nor continue to exist. Hence, the presence of infrastructure is one of the necessary conditions for the existence of the modern State. A community – organized as a State – that intends to integrate all the inhabitants of its territory cannot do so without giving each and everyone at least the possibility of having access to the infrastructure networks mentioned above, or otherwise life in an organized society would not be possible.[60]

Em síntese, as infraestruturas representam uma característica específica do Estado Moderno, constituindo, pois, um elemento comum às ideologias liberalizantes ou socializantes.[61] Defender um Estado com infraestrutura apropriada não significa uma inclinação a um Estado Liberal

---

[59] SMITH, Adam. *A riqueza das nações*: investigação sobre sua natureza e suas causas. vol. II. São Paulo: Nova Cultural, 1996, p. 198.

[60] HERMES, Georg. "Foundations and structure of state responsibility for infrastructure". *Journal of Network Industries,* vol. 1, issue 2, pp. 223-243, jun. 2000, pp. 224-225.

[61] Cf. WISSMANN, Hinnerk. "Requisitos de um direito infraestrutural sustentável". *In*: BERCOVICI, Gilberto (Coord.). *Direito, infraestrutura e desenvolvimento*: o debate alemão. São Paulo: Editora Contracorrente, 2021 (no prelo).

CAPÍTULO 2 - AS INFRAESTRUTURAS PÚBLICAS COMO...

ou a um Estado Social, senão que, em verdade, traduz o mínimo para que Estado e sociedade possam exercer suas respectivas potencialidades.

2.3 A imperiosidade do desenvolvimento e a Constituição Federal de 1988

A busca pelo *desenvolvimento* é uma constante na história dos povos. Ela assumiu, é verdade, diversas acepções ao longo do tempo, malgrado sempre vinculada às ideias que indicam movimentos de evolução, mudanças positivas, que encerram melhores condições a uma determinada comunidade.

Na Idade Moderna – considerando, naturalmente, o contexto histórico-ocidental –, momento de formação dos Estados-nações[62], pode-se dizer, grosso modo, que a noção de *desenvolvimento* esteve atrelada ao fortalecimento de um poder central capaz de gerar ao Estado riquezas suficientes para a garantia de privilégios a determinados grupos sociais (nobreza e clero). Nesse anseio, encontrou-se calcada a política econômica mercantilista[63] que caracterizou todo esse período.

Os movimentos revolucionários dos séculos XVIII e XIX, ao proporem a derrubada do Antigo Regime, apresentam um novo paradigma sobre o que vem a ser *desenvolvimento* e as formas de alcançá-lo. Sob forte inspiração do discurso econômico liberal, afirma-se, de modo geral, não competir ao Estado a função de orientar e determinar a produção de riquezas dos países. Com efeito, a autorregulação dos mercados seria suficiente para determinar o acúmulo de riquezas, e, pois, o próprio *desenvolvimento* do país, sem haver, nesse tocante, preocupações redistributivas.

---

[62] Confira-se, nesse sentido: DALLARI, Dalmo de Abreu. *Elementos de teoria geral do Estado*. 33. ed. São Paulo: Saraiva. 2018, p. 77; MIRANDA, Jorge. *Teoria do Estado e da Constituição*. Rio de Janeiro: Forense, 2002, p. 32.

[63] Sobre o mercantilismo, confira-se RIOS, José Arthur. "A tradição mercantilista na formação brasileira". *Revista Brasileira de Economia*, Rio de Janeiro, vol. 26, n. 3, pp. 255-272, jul./set. 1972.

No início do século XX, uma nova mudança ocorre em relação à noção de *desenvolvimento*. Passa-se a contestar mais enfaticamente a visão estática da economia proposta pelos autores neoclássicos que, amparados por uma perspectiva individualista, rejeitam a intervenção estatal no ambiente econômico, bastando, para o melhor desempenho da economia – em todos os sentidos – o mecanismo de oferta e demanda oferecido pelos mercados. Nesse período, surgem teorias para propor maior intervenção do Estado, tendo-se em mira, fundamentalmente, o oferecimento de respostas às constantes crises do sistema capitalista e a necessidade de garantir o *desenvolvimento* econômico para além do mero *crescimento*. A partir daí, confere-se à ideia de desenvolvimento, uma perspectiva também social, mais relevante que nos tempos precedentes.[64]

Sem embargo, sob essas novas compreensões, o Estado, mais adiante nesse percurso histórico (meados do século XX), passa a ser protagonista do papel de condutor indispensável do *desenvolvimento* dos países, não só pelo exercício das funções de planejamento da economia, como também pela realização de atividades econômicas de modo direto, em busca da satisfação das necessidades sociais mais prementes. Essas são, de modo muito singelo, as bases essenciais do que se convencionou chamar de modelo desenvolvimentista[65], consubstanciado dentro de uma moldura estatal do Estado Social de Direito.

---

[64] Vale registrar o movimento ocorrido na França intitulado "solidarismo", sistematizado pela doutrina de Léon Bourgeois, em 1898, na obra *La solidarité*. Merece também menção o trabalho do sociólogo Émile Durkheim, que em sua obra *De la Division du Travail Social*, estabelece o núcleo da consciência coletiva. Na doutrina solidarista, o Estado se apresenta como propiciador de utilidades, de modo a satisfazer as necessidades públicas. A tradução dessa doutrina social para o direito é quando ocorre a incorporação de seu conteúdo nas constituições rígidas, estabelecendo comandos obrigatórios aos agentes públicos em promover tais diretivas essenciais à população, de forma a melhorar as condições de vida e de dignidade humana.

[65] Para uma melhor compreensão do modelo desenvolvimentista, *vide* BRESSER-PEREIRA, Luiz Carlos. "Modelo de Estado desenvolvimentista". *Revista de Economia*, v. 40, n. 73, pp. 231-256, 2019; BIELSCHOWSKY, Ricardo. *Pensamento econômico brasileiro*: o ciclo ideológico do desenvolvimentismo. Rio de Janeiro: Ipea; Inpes, 1988; MOLLO, Maria de Lourdes Rollemberg; FONSECA, Pedro Cezar Dutra. "Desenvolvimentismo e novo-desenvolvimentismo: raízes teóricas e precisões conceituais". *Revista de Economia Política*, São Paulo, vol. 33, n. 2 (131), pp. 222-239, abr./jun. 2013.

CAPÍTULO 2 - AS INFRAESTRUTURAS PÚBLICAS COMO...

São quatro os vetores fundamentais de intervenção do Estado no domínio econômico: (i) o *Estado condutor*, capaz de guiar o processo de desenvolvimento do país, notadamente a partir de políticas de planejamento; (ii) o *Estado regulamentador*, responsável pela mediação dos conflitos sociais gerados por um novo ambiente econômico (nisto está, por exemplo, o papel de intermediador das relações trabalhistas); (iii) o *Estado produtor*, que assume tarefas de natureza econômica como forma de incrementar o desenvolvimento de determinadas atividades, especialmente aquelas relacionadas à infraestrutura; e (iv) o *Estado financiador*, que ocupa o papel de estimulador de atividades desempenhadas pelos particulares.[66]

Com efeito, no Brasil, a concepção desenvolvimentista, que ganha impulso a partir dos anos 1930, com a ascensão de Getúlio Vargas ao poder, é a que vai conduzir os rumos da política econômica do país até o final dos anos 1980 – a indicar, adiante-se, que terá ainda papel de relevo nas discussões que marcaram o processo constituinte entre 1986 e 1988.

Evidentemente, ante o cenário brasileiro, essa política vai apresentar peculiaridades em relação a outros países. Não é demais recordar que, com a configuração mundial do pós-guerra (*divisão leste-oeste e norte-sul*), o Brasil, pelas características de sua estrutura social (indicadores de pobreza e distribuição de renda) e econômica (*país agrário com um processo de industrialização em curso, conduzido pelo Estado*), assim como os demais países da América Latina (os assim chamados países da periferia), recebeu a qualificação de país subdesenvolvido.[67]

---

[66] Nesse sentido, Gilberto Bercovici, em trabalho que analisa a evolução das bases teóricas que influenciaram a concepção de desenvolvimento no Brasil, destaca: "A concepção do Estado como promotor do desenvolvimento, coordenado por meio do planejamento, dando ênfase à integração do mercado interno e à internacionalização dos centros de decisão econômica, bem como o reformismo social, característicos do discurso cepalino, foram plenamente incorporados pelos nacional-desenvolvimentistas brasileiros. Com o desenvolvimentismo, o Estado evolui de mero prestador de serviços para agente responsável pela transformação das estruturas econômicas, promovendo a industrialização. Além disto, incorpora-se o Estado ao pensamento social reformador" (BERCOVICI, Gilberto. *Constituição econômica e desenvolvimento*: uma leitura a partir da constituição de 1988. São Paulo: Malheiros Editores, 2005, p. 27).

[67] Sobre o tema, *vide*: MYRDAL, Gunnar. *Teoria econômica e regiões subdesenvolvidas*. Rio de Janeiro: Saga, 1965, pp. 39-42.

Nesse cenário, teve papel de destaque, como principal fonte de informação acerca da realidade econômica e social da América Latina – isto é, na promoção de estudos técnicos e acadêmicos e na apresentação de dados importantes que ajudaram a compreender a situação dos países dessa região do mundo – a Comissão Econômica para a América Latina e o Caribe (CEPAL).[68] Em breve análise, pode-se dizer que o trabalho da CEPAL procurou apontar, de modo geral, os caminhos que os países subdesenvolvidos (da periferia) deveriam seguir para superar os históricos problemas de suas estruturas socioeconômicas. Ela conseguiu superar o importante desafio de propor soluções que rivalizaram com as teorias tradicionais acerca do *subdesenvolvimento*.

Segundo a Comissão, a principal solução para o desenvolvimento econômico consistia no processo de *industrialização dos países subdesenvolvidos*, em diretiva que só o Estado poderia conduzir, e não o mercado.[69] Assim é que, no Brasil, sob inspiração econômica dos trabalhos apresentados pela CEPAL e diante de peculiaridades históricas brasileiras – em especial a incapacidade do empresariado brasileiro para reunir capitais necessários aos empreendimentos cujos retornos não são imediatos, como os relacionados à infraestrutura –, viu-se progredir a intervenção estatal em grande parte dos setores econômicos.

Esse movimento foi se acentuando com o passar do tempo, inclusive sob o regime militar, quando o Estado brasileiro alcançou as maiores dimensões em matéria de intervenção no domínio econômico,

---

[68] Cf. RODRÍGUEZ, Octavio. *La Teoria del subdesarrolo de la CEPAL*. Rio de Janeiro: Forense Universitária, 1981, p. 213 *et seq.*

[69] Gilberto Bercovici analisa a relação entre o intervencionismo estatal e as propostas cepalinas. Segundo o jurista: "Apesar da defesa do intervencionismo estatal, é um grande equívoco afirmar que a CEPAL defendia a ampliação do papel do Estado até a eliminação do mercado e da iniciativa privada. Na realidade, a proposta cepalina busca um certo equilíbrio entre Estado e mercado, visando a sua complementariedade. O sistema econômico propugnado pela CEPAL era o de uma economia capitalista de mercado com a presença de um Estado intervencionista forte. Afinal, o mercado não pode ser o condutor do desenvolvimento" (BERCOVICI, Gilberto. *Constituição econômica e desenvolvimento*: uma leitura a partir da Constituição de 1998. São Paulo: Malheiros Editores, 2005, p. 51).

CAPÍTULO 2 - AS INFRAESTRUTURAS PÚBLICAS COMO...

chegando, mesmo, a monopolizar setores econômicos, a despeito de qualquer menção constitucional nesse sentido.[70]

Aterrissando nos anos 1980, as discussões sobre o desenvolvimento foram robustecidas por novos elementos. A queda do ritmo do crescimento das economias dos países exigiu respostas de enfrentamento. Em um mundo cada vez mais interligado, as crises tenderam a se espraiar com maior facilidade. Acontecimentos como as sucessivas crises do petróleo marcaram um novo momento da história: o mundo precisava se adaptar a uma nova onda de transformações.

No Brasil, esse período foi caracterizado por enormes dificuldades. Os desarranjos da economia nacional levaram a um quadro de estagnação econômica e descontrole da inflação. A falta de controle dos gastos públicos e a dificuldade em se conseguir financiamentos impediram o investimento em setores importantes da economia em que o Estado atuava de maneira quase monopolística. Essa circunstância gerou um altíssimo preço a ser pago pela sociedade. A economia, fortemente dependente das ações estatais, foi tendo desempenhos insuficientes, sob todas as ordens, especialmente no campo social.

Os anos 1990, já sob a égide da Constituição de 1988, foram caracterizados por um forte movimento reformista, que mudou significativamente a maneira do Estado se posicionar em âmbito econômico. Mas o compromisso de *desenvolvimento* nacional não foi retirado da Constituição. Pode-se dizer que outras fórmulas para uma estratégia desenvolvimentista surgiram nesse contexto, enaltecendo a maior participação privada na produção de riquezas do País e na prestação de serviços, o que não implicou a desincumbência do Estado brasileiro em garantir o *desenvolvimento nacional*.

---

[70] Inclusive, as Constituições de 1967 e 1969, ao recepcionar formalmente a Lei n. 4.137/62, encampou a tese de repressão do abuso do poder econômico – embora a legislação não tenha sido aplicada na prática, até porque era o Estado o grande violador desse sistema (Cf., nesse sentido, FORGIONI, Paula A. *Os fundamentos do antitruste*. São Paulo: Ed. Revista dos Tribunais, 1998, p. 126). É de se registrar, ainda, que a questão do desenvolvimento não remanesceu sob o enfoque unicamente econômico, alguns trabalhos da época enfatizaram uma perspectiva sociológico-política, focada na teoria da dependência (Cf. CARDOSO, Fernando Henrique; FALETTO, Enzo. *Dependência e desenvolvimento na América Latina*. 8. ed. Rio de Janeiro: Civilização Brasileira, 2004).

De todo modo, o que importa encarecer, nesse ponto, é que o debate em torno da concepção de *desenvolvimento* ganha maior projeção no Brasil durante o caminhar do século XX e alinha-se a uma tendência global em afirmar o *direito ao desenvolvimento* (em sentido amplo, isto é, além da perspectiva econômica, mas alcançando uma noção social e cultural).

Nesse contexto, também o Direito passa a apresentar preocupações mais acentuadas com as questões em torno do *desenvolvimento*. Num contexto em que cada vez mais são proclamados direitos de proteção à condição humana dos indivíduos, o direito ao desenvolvimento afirma-se como um *direito fundamental*, a merecer justa proteção do Direito.

Sem embargo, no plano internacional, as referências ao direito ao desenvolvimento começam a aparecer, ainda que não explicitamente, no decorrer do século XX, com o avanço de convenções que passaram a tratar de modo mais enfático os direitos econômicos, sociais, culturais e políticos a serem garantidos aos indivíduos. O direito ao desenvolvimento começa a transfigurar-se de sentido: ele deixa de ser compreendido como uma mera pretensão dos Estados e passa a ter força normativa. Esse processo culminou com a aprovação da *Declaração sobre o Direito ao Desenvolvimento*, pela Assembleia Geral da ONU, em 4 de dezembro de 1986, reafirmado pela Declaração de Viena em 1993.

Segundo Flávia Piovesan, o documento apresenta três eixos fundamentais em relação ao direito de desenvolvimento: (i) justiça social; (ii) participação e *accountability*; e, (iii) programas e políticas nacionais com cooperação internacional. Salienta a autora:

> Para a Declaração sobre o Direito ao Desenvolvimento, o desenvolvimento compreende um processo econômico, social, cultural e político, com o objetivo de assegurar a constante melhoria do bem-estar da população e dos indivíduos, com base em sua ativa, livre e significativa participação neste processo, orientada pela justa distribuição dos benefícios dele resultantes.[71]

---

[71] PIOVESAN, Flávia. *Direitos humanos e justiça internacional*. 9. ed. São Paulo: Saraiva, 2019, p. 80.

CAPÍTULO 2 - AS INFRAESTRUTURAS PÚBLICAS COMO...

Reconhece o artigo 2º da Declaração que: "A pessoa humana é o sujeito central do desenvolvimento e deve ser ativa participante e beneficiária do direito ao desenvolvimento". Na promoção do desenvolvimento, igual consideração deve ser conferida à implementação, promoção e proteção dos direitos civis, políticos, econômicos, sociais e culturais.

Em 1993, a Declaração de Viena reafirma os propósitos enunciados pela *Declaração sobre o Direito ao Desenvolvimento*, tratando-o como um "direito universal e inalienável e parte integral dos direitos humanos fundamentais" (item 10), cuja relação de interdependência com a democracia é inquestionável. Armartya Sen pontifica que o desenvolvimento deve ser reconhecido como processo que permite ao indivíduo o exercício de liberdades reais.[72]

Pode-se afirmar que o direito ao desenvolvimento está incluído na terceira dimensão de direitos fundamentais, segundo a proposta da teoria das "Gerações de Direitos" criada por Karel Vasak e referenciada por diversos autores. A terceira dimensão dos direitos fundamentais contempla uma categoria de direitos orientado pela solidariedade, que vincula o Estado a tomar ações dedicadas à satisfação de direitos fundamentais.

O ordenamento jurídico brasileiro, aos poucos, reconheceu o direito ao desenvolvimento assumindo o compromisso no plano internacional de se engajar positivamente, de forma a garantir esse direito aos seus concidadãos.

A palavra *desenvolvimento* – no sentido mais próximo do aqui empregado – aparece pela primeira vez em uma Constituição brasileira em 1967. Está elevado à condição de princípio da ordem econômica, ao lado da *liberdade de iniciativa*, da *valorização do trabalho como condição da dignidade humana*, da *função social da propriedade*, da *harmonia e solidariedade entre os fatores de produção* e a *repressão ao abuso do poder econômico*.[73]

---

[72] Cf. SEN, Amartya. *Desenvolvimento como liberdade*. Tradução de Laura Teixeira Motta. São Paulo: Companhia das Letras, 2010, p. 55 *et seq.*

[73] Confira o texto do artigo 157 da Constituição Federal de 1967: "Art. 157. A ordem

Registre-se, ainda, o disposto no artigo 4º do texto constitucional de 1967, ao elencar os bens pertencentes à União, a porção de terras devolutas indispensável à defesa nacional ou essencial ao seu desenvolvimento econômico. Percebe-se, pois, que a referida Carta registra uma visão econômica de *desenvolvimento*, sem relacioná-lo a outros valores.

A Emenda Constitucional n. 1, de 17 de outubro de 1969, que edita o novo texto da Constituição Federal de 1967, inicia uma primeira mudança de perspectiva. A referência encontrada à palavra "desenvolvimento" encontra-se já no artigo 4º, inciso I. Em uma linha de concentração de competências na esfera da União, o artigo 8º, inciso V, impõe a esse ente o dever de *planejar e promover o desenvolvimento e a segurança nacionais*. De todo modo, chama mais atenção a referência ao termo *desenvolvimento* prescrito no artigo 160. Inaugurando o título da ordem econômica e social, o dispositivo sobressai por apontar o *desenvolvimento nacional* – ao lado da *justiça social* – como um fim a ser perseguido pela ordem econômica e social – e não um princípio desta –, sob a incidência dos princípios da liberdade de iniciativa, da valorização do trabalho como vetor de dignidade humana, da função social da propriedade, da harmonia e solidariedade entre as categorias sociais de produção, repressão ao abuso do poder econômico e expansão das oportunidades de emprego produtivo.[74]

Apesar do avanço em reconhecer o desenvolvimento também sob um enfoque social, consoante aponta Modesto Carvalhosa[75], fato é que

---

econômica tem por fim realizar a justiça social, com base nos seguintes princípios: I – liberdade de iniciativa; II – valorização do trabalho como condição da dignidade humana; III – função social da propriedade; IV – harmonia e solidariedade entre os fatores de produção; V – **desenvolvimento econômico**; VI – repressão ao abuso do poder econômico, caracterizado pelo domínio dos mercados, a eliminação da concorrência e o aumento arbitrário dos lucros" (*grifo nosso*).

[74] Art. 160. A ordem econômica e social tem por fim realizar o desenvolvimento nacional e a justiça social, com base nos seguintes princípios: I – liberdade de iniciativa; II – valorização do trabalho como condição da dignidade humana; III – função social da propriedade; IV – harmonia e solidariedade entre as categorias sociais de produção; V – repressão ao abuso do poder econômico, caracterizado pelo domínio dos mercados, a eliminação da concorrência e ao aumento arbitrário dos lucros; e VI – expansão das oportunidades de emprêgo produtivo.

[75] Segundo o autor "como se pode vislumbrar do art. 160, *caput*, da Carta, estabeleceu-

CAPÍTULO 2 - AS INFRAESTRUTURAS PÚBLICAS COMO...

a noção de *desenvolvimento* nesse momento histórico ainda permanece muito atrelada a um posicionamento eminentemente econômico.

É a Constituição de 1988 que confere ao *desenvolvimento* um novo sentido, elevando-o a uma perspectiva de direito oponível ao Estado brasileiro. A Carta Magna prescreve, diante da realidade brasileira, cujos índices sociais e econômicos eram – e continuam sendo na maioria dos casos – a de um *país subdesenvolvido*, a necessidade de comprometer a República com a imanente busca pelo *desenvolvimento*, não calcado numa perspectiva de mero *crescimento econômico*, mas sob a ótica do *desenvolvimento econômico e social*.

Sendo assim, o *desenvolvimento* é posicionado, na estrutura constitucional, como um objetivo fundamental do Estado brasileiro (não só da União), consoante o disposto no artigo 3º, inciso II da Carta. Esse posicionamento inaugura um novo sentido conferido à expressão. Consoante nos afirma Rafael Valim:

> (...) a ideologia desenvolvimentista postula um Estado dotado de competências para intervir, de modo permanente e planejado, nos âmbitos econômico e social, com vistas a elevação das condições de vida das pessoas. Cuida-se de um processo de longo prazo, marcado por uma ação governamental programada nos campos social e econômico, com o consequente abandono de uma visão meramente conjuntural ou excepcional de atuação estatal.[76]

Há, portanto, a conformação de uma transformação conceitual de desenvolvimento diante da inequívoca e necessária distinção que deve ser realizada em relação ao mero *crescimento econômico*, objeto de exame mais aprofundado adiante. O desenvolvimento é mais amplo, abrange o *crescimento econômico*, é mero aspecto quantitativo daquele.

---

se uma anterioridade ao desenvolvimento nacional como fim da Ordem Econômica, que se completa pelo cometimento da justiça social" (CARVALHOSA, Modesto. *A ordem econômica na Constituição de 1969*. São Paulo: Ed. Revista dos Tribunais, 1972, p. 69).

[76] VALIM, Rafael. *A subvenção no Direito Administrativo brasileiro*. São Paulo: Editora Contracorrente, 2016, p. 31.

Dentro desse inequívoco sentido, será detalhadamente observado nas linhas que seguem, que a atividade de infraestrutura tem como finalidade própria o mecanismo concreto de sua implementação pelo Estado. Será visto, no desenrolar do presente estudo, que entre *desenvolvimento* e *atividade de infraestrutura* existe uma relação de *interdependência*.

Há, sobejamente, outras atividades estatais que concorrem para a promoção do desenvolvimento, não há dúvida, mas a *atividade de infraestrutura* é a própria essência do *desenvolvimento*, as demais são apenas ancilares. Ela é o pressuposto do desenvolvimento, ela é condição de existência do Estado. Tais aspectos serão cuidadosamente abordados mais adiante, quando apresentado o conceito jurídico de infraestrutura.

CAPÍTULO 3

PANORAMA DAS ATIVIDADES ADMINISTRATIVAS

3.1 Os fins do Estado e sua correlação com o exercício de função e atividades públicas

O embate entre a *preservação da liberdade dos particulares* e a *atuação estatal* sempre foi objeto de grandes e sérias tensões durante toda a evolução histórica da humanidade. Paradoxalmente, porém, justamente essa correlação justifica a evolução política e jurídica do Estado, apesar dos complexos dilemas a que ela dá lugar. A humanidade tem se empenhado para conciliar a instrumentalidade invasiva do poder estatal, sempre sob roupagens de defesa do interesse público, e o resguardo da individualidade das pessoas, especialmente quanto ao seu âmbito de liberdade.

Em razão dessas dificuldades, a verdade é que não se encontrou, ainda, um sistema de perfeito equilíbrio entre essas exigências. Portanto, de rigor, como tem acontecido ao longo dos anos, que juristas e filósofos continuem estudando mecanismos de calibração do poder, que favoreçam a diminuição dessa tensão, agindo como verdadeiros mediadores dessa relação, com isso identificando limites, propondo aperfeiçoamentos e, muitas vezes, alterando a própria compostura integrativa do Estado que, como se sabe, evoluiu, nos tempos mais recentes, do Estado Absoluto para o Estado Social de Direito.

Essas concepções do Estado influenciam na identificação dos seus fins próprios, interferindo, de maneira estrondosa, na dimensão e na natureza das atividades estatais destinadas aos particulares, que são e sempre serão necessárias e fundamentais. Nem seria demais dizer que em face das finalidades do Estado, em determinada época histórica, é que ele é estruturado e recebe um nome, que o qualifica e que retrata o denominador comum entre aqueles objetivos. O cidadão necessita do auxílio do Estado para sua própria realização como pessoa humana. Essa é a razão e a justificativa do exercício do poder estatal.

CAPÍTULO 3 - PANORAMA DAS ATIVIDADES ADMINISTRATIVAS

Assim sendo, há que haver entre os fins do Estado e a própria atuação estatal uma conexão, isto é, uma relação lógica, um nexo causal e uma coerência entre ambos. Sua fonte primária é a Constituição e sobre ela deve haver um esforço interpretativo sério e profundo, a fim de identificar essa concatenação, a qual poderá revelar suas variantes, suas implicações, e suas consequências, num determinado tempo e lugar.

Em sede abstrata é possível conjecturar uma série de fins a serem alcançados pelo Estado. Nesse campo, pode-se imaginar um Estado que detenha uma postura mais individualista, ou uma postura mais solidária ou até mesmo uma postura vivamente intervencionista. Concretamente, porém, apenas o exame acurado do texto constitucional vigente tornará possível desvelar os fins a que se propõe o Estado atingir.

Em verdade, os fins do Estado são os fins constitucionalmente previstos, pois a Constituição é que traça os limites intransponíveis para o conteúdo e a natureza das atividades estatais. Dessa forma, a definição dos fins constitucionais do Estado permite clarificar as atividades que ele deve realizar.

Uma primeira aproximação nos leva ao parágrafo único do artigo 1º de nossa Constituição, segundo o qual "todo poder emana do povo, que o exerce por meio de representantes eleitos ou diretamente". A atuação estatal é como se fora a atuação do próprio povo, da coletividade – e, portanto, uma atividade pública: o Estado desempenha atividades públicas.

Neste ponto, cabe um parêntesis, apenas para partirmos de premissas necessárias: como se sabe, por influência de Montesquieu, tradicionalmente o poder estatal é dividido em três blocos orgânicos, cada um dos quais desempenha, prevalentemente, funções diversas: *função administrativa, função legislativa* e *função jurisdicional*. A teoria da tripartição do poder tem por fundamento principal impedir o exercício concentrado do poder (que inexoravelmente leva ao abuso) e o de estabelecer controles recíprocos.

As funções de cada ramo do poder e dos órgãos e entidades que os compõem é o complexo de atividades de sua competência. Dada a natureza pública dos poderes e de seus órgãos e entidades, tais atividades se dizem *atividades públicas*.

61

Assim, pode-se dizer que *atividade pública é a atuação promovida pelo Estado no exercício de determinada função pública, com a finalidade de concretizar os seus fins, consoante configurados no texto constitucional vigente.* Trata-se de uma atividade finalística ou teleológica. Dado o objeto deste estudo, é necessário fazer um corte metodológico para nos limitarmos ao exame de atividades públicas administrativas.

Nesse sentido, outra premissa importante consiste na consideração – que deve ser verbalizada, por mais óbvia que possa ser – que toda atividade administrativa do Estado, realizada no exercício de sua função, implica uma intervenção na vida social, justificada pelo seu objetivo de satisfazer uma necessidade da coletividade, isto é, de um interesse público.

Diante disso, é possível conceituar a *atividade administrativa como o dever de atuação da Administração Pública, realizado no exercício da função administrativa, com a finalidade de concretizar as tarefas de interesse público que lhe encontram conferidas pelo texto constitucional, de maneira a propiciar determinado resultado efetivo.*

Diante dessas considerações, revela-se a importância de permanecer vivo o debate realizado por juristas e filósofos acerca do contínuo aperfeiçoamento da noção de Estado, ou, mais precisamente, de seus fins e do modo de exercício do poder na realização de suas funções, e consequentemente nas atividades públicas por ele desempenhadas. Essa atividade estatal é sempre invasiva, mas justificada pelo interesse público a ser satisfeito, encontrando-se contendida por massivas normas redutoras dessa invasividade.

3.2 A insuficiência das clássicas atividades administrativas

As atividades administrativas clássicas manejadas pelo Estado não são suficientes para explicar, sob o ponto de vista técnico-jurídico, o fenômeno da provisão de infraestrutura.[77]

---

[77] São inúmeras as tipologias das atividades administrativas na doutrina. Há desde concepções tricotômicas – fomento, polícia administrativa e serviço público – fundadas

CAPÍTULO 3 - PANORAMA DAS ATIVIDADES ADMINISTRATIVAS

A evolução do pensamento jurídico impõe a necessidade do reconhecimento de certas atividades que, se de um lado, já se encontram postas dentre as atribuições do Estado, de outro, não eram objeto de atenção específica por parte da comunidade jurídica, embora constantes da ordem legal. Estavam indistintas, misturadas, não receberam a necessária e fundamental autonomização.

As atividades administrativas elencadas pela doutrina não são suficientes para se compreender os limites e as exigências de todas as atuações do Estado. Para os fins deste estudo, é fundamental autonomizar a atividade de infraestrutura das demais com as quais está indistinta, edificando-se um arcabouço teórico capaz de atender com rigor a essa finalidade.

Essa indistinção impede o aprimoramento do direito administrativo. O reconhecimento da autonomia da atividade de infraestrutura evidencia a contínua necessidade de desenvolvimento desse ramo do Direito, não por mera vaidade acadêmica, mas porque existem consequências jurídicas efetivas depreendidas do regime jurídico da infraestrutura, sendo, portanto, necessário definir, com precisão, o sentido e o alcance das normas que a disciplinam de maneira a favorecer sua correta aplicação.

Não se trata de ineditismo motivado por mera frivolidade científica, que, muitas vezes, é possível reconhecer em trabalhos que conformam projeções teóricas absolutamente rasas, sem qualquer préstimo. A concepção tem por fim exatamente encarecer a importância de uma

---

na renomada estruturação de Luis Jordana de Pozas – até categorizações fortemente minudenciadas. Na doutrina nacional, vale destaque especial a clássica lição de Celso Antônio Bandeira de Mello: "as atividades administrativas são muito heterogêneas. Cumpre, entretanto, buscar agrupá-las por categorias que apresentem afinidades jurídicas. Assim é possível discernir dentro deste conjunto suas principais espécies, a saber: a) serviços públicos (...); b) intervenção do Estado no domínio econômico e social; c) (...) cumprimento das normas legais que estabelecem as limitações administrativas à liberdade e à propriedade (...); d) imposição das sanções previstas para as infrações administrativas; e) sacrifícios de direito (...); e (f) gestão dos bens públicos" (BANDEIRA DE MELLO, Celso Antônio. *Curso de direito administrativo*. 28. ed. São Paulo: Saraiva, 2017, p. 713).

atividade fundamental para a conformação e sistematização do Estado brasileiro, como uma das próprias razões de ser do Estado, pois, como já sublinhado, sem infraestrutura não há Estado; a atividade de infraestrutura é uma condição preliminar e básica para a existência do Estado. Não parece haver dúvida quanto a essa premissa.

Passa, então, a ser absolutamente fundamental que se delineie o conteúdo jurídico da atividade de infraestrutura, para que se possa, com precisão cirúrgica, distingui-la das demais atividades e sistematizar as suas características específicas, além de reforçar aquelas afetas ao regime jurídico-administrativo geral. É hora de separar o joio do trigo!

Importante destacar também que não se pretende propor uma nova classificação ou tipificação das atividades administrativas, a proposta consubstanciada na presente obra é que a comunidade jurídica reconheça a autonomia jurídica de uma atividade, que se localiza dentre as funções administrativas, para atingimento de fins bem definidos do Estado e intimamente ligados ao desenvolvimento.

CAPÍTULO 4

O RECONHECIMENTO DA ATIVIDADE DE INFRAESTRUTURA PÚBLICA COMO ATIVIDADE ADMINISTRATIVA

4.1 Conceito jurídico de infraestrutura

Renato Alessi, em sua preciosa obra *Le prestazioni amministrative rese ai privati*[78], abre seu pensamento com uma indagação fundamental: a teoria das prestações administrativas aos particulares representa uma inútil duplicação da teoria dos serviços públicos?

Ao longo de sua exposição, o ilustre professor da Universidade de Parma evidencia que a teoria das prestações administrativas aos particulares complementa a teoria do serviço público que, a seu turno, não torna supérfluo o tratamento autônomo da chamada prestação administrativa.

Essa revisão de entidades, institutos e conceitos no campo da ciência jurídica não é nenhuma novidade. O Direito Processual Civil, por exemplo, nasceu com a famosa polêmica entre Windscheid e Müther, que se estabeleceu entre esses juristas alemães logo após a publicação, pelo primeiro, em 1856, da obra "A ação do direito civil romano sob o ponto de vista do direito atual".

Até então o Direito Processual "pertencia" ao Direito Civil (segundo a chamada teoria civilista ou imanentista, cujo maior expoente foi Savigny): o direito de ação e o direito que se pretendia ver tutelado eram uma única e mesma coisa, o verso e o reverso da mesma medalha. A referida polêmica revelou a autonomia do direito de ação em face do direito deduzido em juízo, e assim foram sendo construídas as bases do Direito Processual.[79]

Ao examinar certas áreas do Direito, muitas vezes realmente se entrevê numa determinada realidade duas dimensões e, então, busca-se

---

[78] ALESSI, Renato. *Le prestazioni amministrative rese ai privati*: teoria generale. 2. ed. Milão: A. Giuffrè, 1956, p. 1, tradução nossa.

[79] Cf. DINAMARCO, Cândido Rangel. *Fundamentos do processo civil moderno*. Tomo II. 5. Ed. São Paulo: Malheiros Editores, 2002, p. 40.

CAPÍTULO 4 - O RECONHECIMENTO DA ATIVIDADE...

saber se são autônomas entre si, ou se são a mesma e a única realidade, caso em que aquelas duas dimensões são pura ilusão de ótica. Porém, ao concluir pela autonomia dessas dimensões, é evidente que o estudioso jamais poderá negar, apagar ou cancelar o vínculo estreito e íntimo que fez com que aquela realidade parecesse, durante muito tempo, ter ou ser uma única dimensão. Assim, voltando ao nosso exemplo da autonomia do Direito Processual em relação ao Direito Civil, ela não impede – mas aconselha – uma grande área de interferência recíproca entre ambos: as condições da ação, por exemplo, vão buscar na situação de direito material deduzida em juízo a sua presença, ou não; a *causa petendi* há de invocar a natureza do direito reclamado judicialmente; a determinação da competência depende de muitos conceitos civilísticos (como o de domicílio, residência, por exemplo) e assim por diante.

A nosso ver, o mesmo ocorreu com a infraestrutura. Vamos raciocinar com as rodovias.

Dentre as muitas razões que levaram as comunidades a estabelecerem uma via de acesso entre si, provavelmente a mais importante tenha sido o comércio. Assim, por exemplo, a antiquíssima Rota da Seda, que ligava a cidade de Chang'Na (atual Xi'An), situada na China, aos mercados asiáticos e europeus, contribuindo para o nascimento de civilizações situadas na Mesopotâmia, Índia e África, dentre outras, e como o nome indica, destinava-se, principalmente, ao comércio da seda.

Se repararmos com cuidado, constataremos que as estradas que ligavam antigas aldeias e cidades da Europa, provavelmente também por razões comerciais, e que existem até hoje, cruzam cidades inteiras, como se vê em França, Itália, Espanha, Alemanha etc. Essas estruturas viárias constituíram o que mais tarde veio a se chamar estruturas de infraestrutura, noção que perdura nos dias atuais.

Todavia, embora a vida moderna tenha acrescentado outros motivos para a existência das estradas – como o turismo, o atendimento médico, o mercado de trabalho – o objetivo de interligação perdura. A vida moderna não apenas alterou as finalidades essenciais das estradas como interferiu na realização e construção da própria estrutura viária

– nenhuma autoestrada europeia cruza as cidades, como as estradas antigas faziam. Além de interferir na parte física das rodovias, a tecnologia acabou interferindo, de modo decisivo, na atividade de – numa palavra – como operar a atividade que sobre as rodovias ocorre.

Essa operação, ou seja, o fazer funcionar, o fazer entrar em função ou atividade é tão importante que, segundo nossa visão – e este é o cerne deste trabalho – passou a se constituir numa dimensão distinta daquela consistente em meramente construir o meio físico em que essa atividade irá se desenvolver.

Como dito antes, é evidente que há inúmeros pontos de contato entre a atividade e o meio físico em que ela deve operar e, ainda, é claro que há uma interferência recíproca entre elas – mas é preciso verificar que a complexidade da atividade infraestrutural está a exigir uma formatação jurídica diversa da formatação jurídica a respeito da construção do meio físico.

As autoestradas deixaram de passar no meio das cidades não pela dificuldade ou custo de construção, mas porque a operacionalidade da atividade infraestrutural que nela ocorrerá está a impedir esse planejamento.

Na presente investigação, os *meios físicos* em que a atividade de infraestrutura se desenvolve são havidos como "ativos públicos", cuja finalidade é a de permitir que se realize a atividade de infraestrutura. Essa atividade detém outro propósito: a de promover concretamente o desenvolvimento econômico-social, sob um regime jurídico-administrativo próprio.

Na medida em que essa atividade tem finalidades próprias, métodos de avaliação peculiares, princípios e regras jurídicas específicos que conformam um sistema harmônico e coerente, pensamos que tal constatação não mais permite uma *visão unitária* dessa realidade (meio físico/ infraestrutura), mas uma *visão binária*, que descola essas realidades jurídicas, sem que isso anule suas mútuas inter-relações e interferências. Imaginamos que essa concepção poderá permitir uma visão mais nítida de cada um desses componentes de uma realidade que exige tratamento jurídico diferenciado.

CAPÍTULO 4 - O RECONHECIMENTO DA ATIVIDADE...

Chega-se, pois, ao ponto fulcral da obra, o momento de ser apresentado o conceito jurídico de infraestrutura como espécie de atividade administrativa, de molde a fixar seus exatos contornos jurídicos.

Infraestrutura é a atividade administrativa que o Estado ou quem lhe faça as vezes, tem o dever de realizar, consistente em prover, manter e operar ativos públicos de modo a oferecer um benefício à coletividade, tendo em vista a finalidade de promover concretamente o desenvolvimento econômico e social, sob um regime jurídico-administrativo.

O conceito ora apresentado é composto por quatro elementos: o *subjetivo*, o *objetivo*, o *teleológico* e o *formal*. A presença deles é obrigatória para constituição do conceito de infraestrutura, de maneira que se encontram ligados por característica conjuntiva. Resta, agora, examinar cada um deles, de maneira a deixar claro seu exato alcance e conteúdo e, com isso, conferir a sua autonomização em relação às demais atividades estatais.

4.1.1 Elemento subjetivo

> *"Infraestrutura é a atividade administrativa que o Estado ou quem lhe faça as vezes tem o dever de realizar (...)"*

Consoante já observado, a infraestrutura configura uma atividade administrativa, desempenhada diretamente pelo Estado e que pode receber o auxílio, em seu desenvolvimento, de particulares, desde que com vínculo jurídico apto a fazê-lo.[80]

---

[80] O professor Celso Antônio Bandeira de Mello promove uma distinção entre atividade jurídica e atividade material: a Constituição Federal, em seu artigo 236 utiliza a expressão "delegação" para atividades jurídicas, tal como as notariais e de registro, sendo que para atividades materiais, tal como, por exemplo, o serviço público, o termo correto quando da transferência da prestação para o particular seria "outorga". A despeito dessa consideração, ele mesmo sustenta que esse seria o menor reparo a ser feito quando o direito positivo conceitua a concessão de serviço público e se utiliza da expressão

O elemento subjetivo do conceito é fundamental, uma vez que não se espera cuidar de questões afetas a atividades que são desenvolvidas pelos particulares, materialmente parecidas com essas, mas que não fazem parte dos domínios estatais.

Nesse sentido, é possível se promover uma divisão fundamental, por conta desse elemento subjetivo, entre a chamada infraestrutura pública e a infraestrutura privada. Infraestrutura pública é afeta a um dever do Estado; já a infraestrutura privada pode ser desenvolvida pelos particulares para melhorar a eficiência econômica na exploração de suas atividades individuais.

Essa dicotomia é indispensável para que se possa compreender que, em verdade, a manutenção de uma rodovia dentro da fazenda de um particular poderia ser considerada como uma atividade de operação de ativos materialmente parecida com aquela desenvolvida pelo Estado, mas quando o particular a realiza, não pretende, finalisticamente, promover o desenvolvimento nacional nem satisfazer um interesse público, mas a empreende com o intuito de uma melhor eficiência econômica da atividade que explora, como, por exemplo, com o intuito de facilitar a extração de eucalipto dentro da propriedade rural para alienação à indústria da celulose.

"delegação" (BANDEIRA DE MELLO, Celso Antônio. *Curso de direito administrativo*, 32. ed. São Paulo: Malheiros Editores, 2015, pp. 734-735). Nessa esteira, levando em consideração que os impactos dessa distinção não têm maior sobrelevo na identificação do regime jurídico das atividades administrativas, ela deixa de ser considerada para efeito da caracterização da atividade de infraestrutura. Prefere-se adotar a classificação entre atividades administrativas delegáveis (serviço público, infraestrutura, dentre outras) e aquelas indelegáveis (poder de polícia). Ricardo Marcondes Martins adota a distinção percebida pelo Professor Celso Antônio Bandeira de Mello nos seguintes termos: "serviços públicos são, em regra, passíveis de outorga aos particulares, a concessão ou permissão só são vedadas quando o texto indicar o contrário; funções públicas são, em regra, insuscetíveis de delegação aos particulares, a delegação só é autorizada quando o texto indicar o contrário. Para marcar a diferença conceitual, o constituinte utilizou signos diferentes nos arts. 175 e 236: enquanto serviços públicos são suscetíveis de permissão e concessão, funções públicas são suscetíveis de delegação (MARTINS, Ricardo Marcondes. *Regulação administrativa à luz da Constituição Federal*, São Paulo: Malheiros Editores, 2011, p. 202).

CAPÍTULO 4 - O RECONHECIMENTO DA ATIVIDADE...

Nesse sentido, é preciso afirmar que a atividade de infraestrutura, longe de ser uma mera faculdade do Estado, impõe-se como um dever, tendo como consequência jurídica a possibilidade de responsabilização por omissão dos agentes públicos que não venham concretizá-la adequadamente.

Por ter natureza de atividade, ela é dinâmica, prevê um desempenho, um desenvolvimento, não constitui algo estático, imobilizado. A infraestrutura tem movimento, ela é ativa, viva, mantém-se em indefinido progresso.

Além disso, a despeito de ser uma atividade do Estado, é possível que ele a delegue à iniciativa privada, por meio dos instrumentos jurídicos competentes, a sua realização. Será visto adiante que o Direito Administrativo estabelece uma série de instrumentos jurídicos de cooperação para incluir o indispensável auxílio da iniciativa privada no desenvolvimento da infraestrutura pública.

4.1.2 Elemento objetivo

> *"(...) consistente em prover, manter e operar ativos públicos necessários de modo a oferecer um benefício à coletividade (...)"*

Exige-se dos agentes públicos responsáveis em prover a atividade de infraestrutura fazê-lo mediante uma série de medidas administrativas relativas ao planejamento, provisão, manutenção e operação de ativos públicos. A expressão "ativos públicos" é fundamental para a clareza do conceito.

Na seara privada, eles se referem aos meios que têm potencial de contribuir para entradas positivas de fluxos de caixa ou reduzir as saídas de caixa, ou mesmo ambos. Não se trata apenas de colocar foco nos recursos físicos, mas, sim, de incluir todo o potencial de serviços e benefícios econômicos que poderão ser alcançados pelos particulares, advindos da exploração daquelas instalações físicas, em seu propósito empresarial de melhor eficiência econômica.

No caso dos ativos estatais, o seu potencial não está correlacionado ao favorecimento de um acréscimo patrimonial no fluxo de caixa, essa lógica rentista não se aplica aos fins do Estado: o que se pretende e se espera com o planejamento, provisão, manutenção e operação do ativo é conferir um benefício à coletividade e conquistar um alto desempenho de desenvolvimento econômico e social.

O Estado, ao realizar o seu dever de gerir ativos públicos, cumpre com o desiderato constitucional de promover o desenvolvimento nacional e deverá fazê-lo da maneira mais eficiente possível, com a obtenção dos melhores resultados concretos para a coletividade.

Como se deduz, esse gerenciamento nada tem a ver com bens e obras públicas. É o que veremos em seguida.

4.1.2.1 Infraestrutura e bem público (obra pública)

Os civilistas, de um modo geral, consideram "bem" qualquer coisa material ou imaterial que tenha valor econômico, podendo se constituir no objeto de uma relação jurídica.[81] Trata-se de um conceito econômico de bem.[82]

Francesco Carnelutti, ao construir a sua teoria da lide, tenta buscar o fenômeno da vida real que estaria presente, como denominador comum, a todas as demandas judiciais. Para tanto, parte da noção de bem – e para ele, bem é tudo aquilo que pode satisfazer uma necessidade humana. Podemos, contudo, ampliar um pouco essa noção para incluir a satisfação de objetivos das pessoas jurídicas.[83]

Mais ou menos na mesma linha, Maria Helena Diniz afirma que nem todas as coisas são bens, pois esses são espécies de coisas que

---

[81] DINIZ, Maria Helena. *Curso de Direito Civil brasileiro*: teoria geral do Direito Civil. 34. ed. vol. I. São Paulo: Saraiva, 2017, p. 375.

[82] *Vide*, sobre as noções econômicas de bem: MARQUES NETO, Floriano de Azevedo. *Bens públicos*: função social e exploração econômica: o regime jurídico das utilidades públicas. Belo Horizonte: Fórum, 2014, p. 45.

[83] CARNELUTTI, Francesco. *Apud* DAL POZZO, Antonio Araldo. *Manual básico de Direito Processo Civil*. São Paulo: Oliveira Mendes, p. 28 *et seq.*

CAPÍTULO 4 - O RECONHECIMENTO DA ATIVIDADE...

"proporcionam ao homem uma utilidade, sendo suscetível de apropriação, constituindo, então o seu patrimônio".[84]

Todas as coisas, ou tudo o que há, é objeto da filosofia, escapando do âmbito da ciência econômica e jurídica. Porém, o bem que desperta o interesse da ciência jurídica não é apenas aquele que apresenta um valor econômico – pois há bens imateriais que satisfazem a necessidade do homem, como desfrutar da companhia de um filho. Em verdade, dentre os bens aptos a satisfazer uma necessidade humana, qualificam-se como bens jurídicos aqueles que, de alguma forma (direta ou reflexa), são acolhidos por um determinado ordenamento jurídico.

Portanto, a noção de bem "carneluttiana" é mais precisa que o conceito meramente econômico; mas, quando falamos em "bem jurídico", estamos nos referindo a um universo ainda mais restrito de bens, pois são unicamente aqueles que foram, de qualquer maneira, introduzidos na esfera da ordem jurídica de determinado tempo e lugar.

O bem jurídico (capaz de satisfazer uma necessidade humana) pode ser enfocado por diversas perspectivas. Assim, no seu aspecto estático, é um trecho da realidade perfeitamente definido, individualizado, suscetível de classificação sob vários critérios.

Para nosso objetivo, a classificação que mais importa diz respeito à titularidade do bem: bens particulares (pessoas físicas e jurídicas de direito privado), bens públicos (pessoas jurídicas de direito público) e bens difusos (de porção significativa da coletividade em geral e de ninguém, em particular) etc. Essa classificação tem muita importância no que diz respeito ao regime jurídico de cada um deles. Aqui nos interessa os bens públicos, conceituados pelo Código Civil no artigo 98 da seguinte forma: "são públicos os bens do domínio nacional pertencentes às pessoas jurídicas de direito público interno; todos os outros são particulares, seja qual for a pessoa a que pertencerem".

---

[84] DINIZ, Maria Helena. *Curso de Direito Civil brasileiro*: teoria geral do Direito Civil, 34. ed. vol. I. São Paulo: Saraiva, 2017, pp. 375-376.

Na doutrina, a noção de bens públicos pode ser conferida na clássica lição do Professor Celso Antônio Bandeira de Mello, para quem, bens públicos:

> (...) são todos os bens que pertencem às pessoas jurídicas de Direito Público, isto é, União, Estados, Distrito Federal, Municípios, respectivas autarquias e fundações de Direito Público, bem como os que, embora não pertencentes a tais pessoas estejam afetados a prestação de um serviço público.[85]

O conjunto de bens públicos forma o domínio público, que inclui tanto bens imóveis como móveis.

O conceito de bem público sob análise é bastante amplo, envolvendo todos os bens que de alguma forma se incorporam no domínio do Estado, tais como os bens de domínio hídrico, como o mar, rios, riachos, lagos, lagoas, açudes, bem como os bens do domínio terrestre, como as terras devolutas, os terrenos da marinha, os terrenos marginais, os terrenos acrescidos e as ilhas (art. 20 da Constituição Federal de 1988).

Já obra pública, segundo o aludido Professor:

> (...) é a construção, reparação, edificação ou ampliação de um bem imóvel pertencente ou incorporado ao domínio público. A obra é, em si mesma, um produto estático, é uma coisa, o produto cristalizado de uma operação humana; a fruição da obra, uma vez realizada, independe de uma prestação, é captada diretamente.[86]

Ao enfocarmos o bem público (e a obra pública é apenas uma espécie de bem público imóvel) sob a perspectiva de sua própria ontologia, estamos diante de uma realidade de caráter estático, inerte, desprovido de qualquer movimento.

---

[85] BANDEIRA DE MELLO, Celso Antônio. *Curso de direito administrativo,* 32. ed. São Paulo: Malheiros Editores, 2015, p. 964.

[86] BANDEIRA DE MELLO, Celso Antônio. *Curso de direito administrativo,* 32. ed. São Paulo: Malheiros Editores, 2015, p. 741.

CAPÍTULO 4 - O RECONHECIMENTO DA ATIVIDADE...

O que confere dinamismo ao bem público é justamente a sua destinação. Os bens públicos não têm finalidade em si mesmos, eles possuem um caráter instrumental, eles têm uma destinação própria, eles concretizam uma finalidade pública (representado indistintamente pela salvaguarda de determinado interesse público). Por isso o Código Civil, em seu artigo 99, classifica os bens públicos de acordo com o seu uso, reconhecendo-os como instrumentais. E o faz, da seguinte maneira:

> Art. 99. São bens públicos:
>
> I – os de uso comum do povo, tais como rios, mares, estradas, ruas e praças;
>
> II – os de uso especial, tais como edifícios ou terrenos destinados a serviço ou estabelecimento da administração federal, estadual, territorial ou municipal, inclusive os de suas autarquias;
>
> III – os dominicais, que constituem o patrimônio das pessoas jurídicas de direito público, como objeto de direito pessoal, ou real, de cada uma dessas entidades.
>
> Parágrafo único. Não dispondo a lei em contrário, consideram-se dominicais os bens pertencentes às pessoas jurídicas de direito público a que se tenha dado estrutura de direito privado.

Diante dessa inegável realidade, a verdade é que o Estado gere bens públicos para cumprir determinadas finalidades que lhe são impostas pela Constituição Federal e pela legislação infraconstitucional. Quando, por exemplo, o Estado presta serviço público (artigo 175 da Constituição Federal), reserva o uso do bem público a um destino categorial de uso especial: o que a doutrina majoritariamente intitula de *afetação*. Há, portanto, nessa perspectiva, uma afetação do uso daqueles bens públicos a uma atividade administrativa de prestação de serviço público.

Da mesma forma ocorre com a atividade sob exame, em que se impõe a afetação de determinados bens públicos à atividade infraestrutural. Trata-se, sob esse ângulo, de *manejar bens públicos de uso especial* para afetá-los a uma atividade importantíssima reservada ao Estado, de modo a oferecer uma série de benefícios à coletividade, materializados no impulso desenvolvimentista.

75

Essa categoria de bens públicos de uso especial afetos a atividade de infraestrutura é tão própria e marcada por características peculiares, que se impõe como necessária, até para efeitos didáticos, entendê-la alocada numa subcategoria denominada ativo público. Nesse sentido, teríamos como gênero os *bens de uso especial*, da qual seria espécie os *ativos públicos*.

Isso porque o conceito de ativo público propõe uma concepção diferente, um repensar do conceito clássico de bem público para enquadrá-lo em uma dimensão eminentemente finalística, que não coloca ênfase na coisa propriamente dita, mas, sim, nos *benefícios* que aquele conjunto de bens proporcionará à coletividade (desenvolvimento econômico e social). No caso da atividade de infraestrutura, um benefício qualificado, como será visto adiante. Destarte, o ativo público coloca em voga não apenas os recursos corpóreos e incorpóreos de titularidade do Estado, mas especialmente os benefícios que serão concretizados pela destinação adequada deles. Por isso, merece receber tratamento diferenciado em relação aos já conhecidos bens de uso especial.

Se formos beber na fonte das ciências contábeis, é possível verificar que o conceito de ativo, além de englobar os bens propriamente ditos (corpóreos e incorpóreos), abrange, especialmente, os *benefícios a serem instrumentalmente auferidos* com eles. Esse é o cerne do conceito de ativo, a sua destinação possui um benefício qualificado a ser atingido pelo Estado. Consoante definição do *International Federation of Accountants* (IFAC), "ativos são recursos controlados por uma entidade como resultado de um evento passado e do qual benefícios econômicos ou potenciais serviços são esperados". Continua a ilustre instituição global: "ativos fornecem meios para as entidades alcançarem seus objetivos". Transpondo essas lições para o setor público, claro que os benefícios obtidos não serão de natureza eminentemente patrimonial, mas, sim, de oferecimento de proveitos para a coletividade.

Assim, é possível conceituar os **ativos públicos** *como uma espécie de bem de uso especial, afetados à atividade de infraestrutura, de maneira que sua operação e manutenção ofereçam benefícios concretos à sociedade, qualificados pelo*

CAPÍTULO 4 - O RECONHECIMENTO DA ATIVIDADE...

impulso do desenvolvimento econômico e social, bem como para garantia de materialização de direitos fundamentais do cidadão.

A essência da atividade de infraestrutura é finalística, refere-se a um benefício *uti universi*, ou seja, usufruído por todos, na qualidade de membros da coletividade. Ela prevê a promoção de uma série de ações concretas para que seja possível, por exemplo, o oferecimento de um sistema de transporte de qualidade para a população; para que a produção possa circular no país de maneira eficiente, de sorte a elevar a sua competitividade externa; a fim de que um ativo portuário seja operado com produtividade para o escoamento eficaz das mercadorias ao mercado internacional; mas também concorrer para o aumento do número de leitos nos hospitais e vagas nas escolas; buscar a diminuição de doenças causadas pela manutenção e operação das estações de tratamento de esgoto; enfim, de conquistar o pleno desenvolvimento.

4.1.2.2 Infraestrutura e serviço público

Com a atividade de serviços públicos, a atividade de infraestrutura também não se confunde. A despeito da vastíssima construção doutrinária acerca do conceito de serviço público e seu regime jurídico, há uma característica que o identifica em relação às demais atividades administrativas e que conforma sua identidade singular: a prestação de serviços públicos impõe a ocorrência de *relações jurídicas concretas* entre o Estado e o usuário do serviço.

Trata-se da clássica construção doutrinária de Renato Alessi, que, com pena de ouro, após trabalho impecável e de eterna atualidade, desenvolveu o sentido técnico da expressão prestação administrativa, de molde a demonstrar que a noção de serviço público se caracteriza por uma relação jurídica concreta entre a Administração e o particular.[87]

Essa relação jurídica concreta tem um traço fundamental: o oferecimento, por parte da Administração, de um benefício pessoal (*específico*)

---

[87] ALESSI, Renato. *Le prestazioni amministrative rese ai privati*: teoria generale, 2. ed. Milão: A. Giuffrè, 1956, p. 15, tradução nossa.

a ser usufruído pelo particular devidamente identificável e suscetível de quantificação individual (*divisível*). Aqui, se está diante do polêmico tema a respeito da prestação *uti singuli* e *uti universi*.[88]

Com efeito, o serviço público é atividade administrativa que impõe o oferecimento de um benefício individual ao particular. Como pontifica o professor Celso Antônio Bandeira de Mello, um dos requisitos objetivos que qualifica o serviço público é justamente que ele seja "fruível singularmente pelos Administrados".[89]

Da fruição singular pelo Administrado decorre que os serviços públicos serão sempre *específicos* e *divisíveis*. Essas duas características são fundamentais e encontram-se no núcleo do conceito de serviço público. Isso quer dizer que, para estarmos diante de uma realidade que possamos qualificar como *serviço público*, é fundamental verificar se o conteúdo da prestação administrativa impõe uma relação jurídica obrigacional em que se possa identificar, de maneira categórica, integral e exauriente, o indivíduo que fruirá o serviço (*especificidade*) e a quantidade de serviço efetivamente utilizada por aquele mesmo usuário, seguindo métrica razoável de seu consumo (*divisibilidade*).

Sem que essas duas realidades estejam presentes (*especificidade* e *divisibilidade*), não é possível se falar em atividade de serviço público. A relação jurídica travada entre o Estado e o usuário do serviço público configura uma *relação jurídica concreta*, prestacional, em que se pressupõe uma obrigação de fazer do Estado, em promover aquele dado serviço.

Essa relação jurídica concreta encontra fundamento na base do Estado de Direito, como sistema de preservação dos *direitos individuais* em face do Estado. Trata-se de uma efetiva garantia do usuário, como mecanismo de contenção do exercício de poder estatal. É exatamente em face dessa garantia que surge a noção de *direito público subjetivo*, que

---

[88] Sobre o tema, destacamos uma série de estudos que se dedicaram a enfrentá-lo, a saber: NOVELLI, Flávio Bauer. "Apontamento sobre o conceito jurídico de taxa". *Revista de Direito Administrativo*, Rio de Janeiro, vol. 189, pp. 1-38, jul./set. 1992.

[89] BANDEIRA DE MELLO, Celso Antônio. *Curso de Direito Administrativo*. 32. ed. São Paulo: Malheiros Editores, 2015. p. 699.

CAPÍTULO 4 - O RECONHECIMENTO DA ATIVIDADE...

os particulares titularizam contra o próprio Estado. Conforme anota Jacques Chevallier, foi Roger Bonnard, discípulo de Duguit, o precursor da ideia segundo a qual os usuários serão detentores de verdadeiros "direitos subjetivos" perante a Administração.[90]

Dessa circunstância denota-se que a exigência dos requisitos da *especificidade* e da *divisibilidade* para qualificação do serviço público não conformam mera exigência classificatória. Isso porque a ocorrência dos aludidos requisitos são condições necessárias para que os usuários possam exercer seus *direitos individuais* em face do Estado, assegurando-lhe sua defesa intransigente. A prestação de serviços públicos consiste em uma relação obrigacional, em que se pressupõe uma atuação estatal efetiva. Se isso é uma premissa, é fundamental que ela seja realizada dentro dos aludidos quadrantes, de modo que qualquer extrapolamento possa servir de base a um controle individual dessa atividade, seja por meio de questionamento administrativo, seja pela via judicial.

A importância de ambos os requisitos transcende a mera prestação do serviço, ela serve como uma garantia aos particulares caso o Estado transborde de sua atuação regular. Da posição jurídica de usuário decorrem inúmeros efeitos jurídicos próprios, inclusive pecuniários, não havendo qualquer plausibilidade jurídica na imposição desses efeitos caso não se identifique que tal indivíduo ostente essa posição. Qualquer atitude estatal que afronte a presença de tais requisitos, transborda a legalidade, sendo absolutamente legítimo ao usuário proteger seu direito individual diretamente no Poder Judiciário, sem qualquer tipo de representação processual. Trata-se da defesa de um interesse eminentemente particular com imposição de responsabilidade ao comportamento estatal.

Numa análise jurídico-positiva, pode se verificar que a Constituição Federal, em seu inciso II, artigo 145, enunciou essa diretiva ao caracterizar os serviços públicos como específicos e divisíveis. Não se trata de um regramento afeto apenas ao mecanismo de cobrança do

---

[90] CHEVALLIER, Jacques. *O serviço público*. Tradução, estudo introdutório e notas explicativas de Augusto Neves Dal Pozzo e Ricardo Marcondes Martins. Belo Horizonte: Fórum, 2017, p. 33.

serviço (no caso, taxas), mas de uma caracterização própria do conceito de serviço público, já que o pagamento por sua prestação não se encontra em seu núcleo conceitual. É possível que os serviços públicos sejam realizados pelo Estado de maneira gratuita[91], como prescreve a própria Constituição nos serviços públicos de educação.

De toda sorte, o importante é constatar que o regime jurídico dos serviços públicos à luz do texto constitucional abarca essas características de maneira expressa, encontrando-se, portanto, como elemento imprescindível a sua identificação. Se a atividade não puder, materialmente, ser realizada à luz da especificidade e divisibilidade (ou mesmo se isso não for relevante, sob a perspectiva de sua prestação), não há como rotulá-la como serviço público, o que, de plano, revela como consequência inafastável suprimi-la do regime jurídico peculiar dessa atividade administrativa.

Assim, diante da importância conferida pelo Direito à presença dos aludidos requisitos para configuração do serviço público, importante adentrar seu conteúdo para que se possa tracejar seus reais contornos jurídicos.

No tocante à *especificidade*, há um elemento preliminar que deve ser considerado: para que nasça a *relação jurídica concreta* entre o ente público e o particular, é preciso que esse último seja *admitido* ao gozo da prestação. Essa admissão ocorre em todos os serviços públicos e deve ser objeto de enorme atenção.[92]

A admissão ao serviço público pode ser *tácita* ou *expressa*, sendo que em ambas, à luz do requisitos da *especificidade*, deve haver informações completas acerca do usuário do serviço, restando que a diferença entre elas define-se por um critério procedimental.

A *admissão tácita* é aquela que decorre de um procedimento simplificado, tal como ocorre no serviço postal, em que se aceita o envio

---

[91] Cf. SCHWIND, Rafael Wallbach. *Remuneração do concessionário*: concessões comuns e parcerias público-privadas. Belo Horizonte: Fórum, 2010, p. 51; MARQUES NETO, Floriano de Azevedo. *Concessões*. Belo Horizonte: Fórum, 2015, p. 349.

[92] É o que nos ensina Renato Alessi. Cf. *Le prestazioni amministrative rese ai privati*: teoria generale. 2. ed. Milão: A. Giuffrè, 1956, p. 10.

CAPÍTULO 4 - O RECONHECIMENTO DA ATIVIDADE...

da correspondência por estar devidamente selada. A *admissão expressa*, por sua vez, revela um procedimento mais complexo, mais solene e formal, imprescindível para que o serviço público possa ser prestado.

Como exemplo da *admissão expressa*, pode-se citar a admissão de um estudante em uma universidade pública (serviços públicos de educação). Para que ele possa ser devidamente matriculado, exige-se toda uma documentação e aprovação em exame vestibular. O estudante deverá formalizar o pedido de matrícula devidamente instruído e somente quando essa vem formalizada (com todos os atos necessários) é que nasce a relação jurídica concreta entre o ente público e o estudante individualmente considerado.

Outro exemplo de admissão expressa ao serviço público pode ser encontrado no setor de saneamento básico. A admissão do particular no serviço encontra-se atrelada a um ato formal de ligação da rede de água e esgoto da sua residência à rede pública. É nesse momento solene que o usuário está sendo admitido ao gozo da prestação administrativa, estabelecendo-se uma relação jurídica concreta entre o *usuário* e o *ente público* – relação essa que tem justamente aquela prestação por seu objeto. O particular será individualizado, devendo apresentar uma série de documentos que farão parte de seu cadastro.

Caso o usuário venha a ser – sem qualquer razão e dentro dos exemplos citados – impedido de frequentar as aulas na universidade ou ter sua residência abastecida por água potável, após ser admitido no serviço público respectivo, ele pode exercer seu direito subjetivo em obter jurisdicionalmente a prestação, direito esse inserido exatamente naquela relação jurídica concreta.

Tais direitos subjetivos também se estendem às chamadas prestações acessórias, tais como, ainda no exemplo do serviço educacional, o uso do banheiro da universidade, uso da biblioteca, uso de laboratórios. No caso do serviço de saneamento, é possível citar como exemplos de prestações acessórias: a substituição de hidrômetro, ligação provisória de ramal, religação do sistema, vistorias de proteção, retirada de vazamento em rede ou em ramal, desobstrução do ramal, limpeza de elevatória,

81

reposição de calçada, lavagem de reservatório, abastecimento por caminhão pipa, dentre inúmeros outros.

As atividades de serviço público – desde que o particular seja admitido ao gozo da prestação – dá origem a *relações jurídicas concretas* entre o ente prestador e o particular admitido, dentro da qual este tem o direito subjetivo de obter a prestação. Aqui há uma correlação lógica e fundamental entre o usuário, devidamente identificado e admitido, e o seu *direito público subjetivo* de ser atendido pelo serviço em questão. Essa, a importante característica da *especificidade* do serviço público.

Registre-se, por oportuno, que essa identificação deve ser completa e exauriente aos propósitos do serviço que está sendo prestado, de maneira que ele possa ser reconhecido e, com isso, ostentar as condições necessárias para manifestar seu direito individual à prestação. Serviço público específico significa aquele que estabeleça uma relação jurídica na qual se pode identificar, com precisão, a pessoa física ou jurídica que deve receber a prestação. Sem que haja essa identificação, o rótulo de usuário não poderá ser a ele conferido, o que implica afastá-lo de uma plêiade de direitos e obrigações que a legislação circunscreve a essa categoria.

Mas a especificidade não é suficiente, cumpre também atender à *divisibilidade* para qualificar a atividade como serviço público. Essa característica revela-se fundamental porque, com exceção constitucional do serviço público social de educação, que deve ser oferecido gratuitamente, a maioria maciça dos serviços públicos são onerosos ao usuário. Ele constitui, em verdade, em uma das formas de o Estado auferir receita pública e com isso, poder, em tese, promover a prestação do aludido serviço de maneira adequada, como reclama o texto constitucional e a legislação infraconstitucional que o qualifica.

É exatamente nesse particular que a exigência da *divisibilidade* dos serviços públicos se torna imprescindível para produzir efeitos jurídicos nucleares. Isso porque, como regra geral, o usuário deverá pagar ao Estado apenas e efetivamente o que consumiu de serviço. Como visto, trata-se uma vez mais de fazer valer o *direito individual* do usuário, como mecanismo de contenção do exercício de poder político.

CAPÍTULO 4 - O RECONHECIMENTO DA ATIVIDADE...

A construção do Estado de Direito, tal como emoldurado no texto constitucional, justifica-se pela preservação dos direitos individuais do cidadão, que deve estar protegido de desmandos e situações que possam causar-lhe lesividade. Como mencionado, dessa garantia surge a noção de *direito público subjetivo*, que o particular titulariza contra o Estado.

Qualquer inconsistência ou deformidade nessa relação terá como consequência uma prática vedada no ordenamento jurídico que é o *enriquecimento ilícito*.[93] Deve haver um perfeito equilíbrio entre o serviço efetivamente usufruído e o mecanismo de cálculo da quantificação de seu valor, a fim de que o usuário pague exatamente o que utilizou, dentro dos parâmetros aritméticos levados a efeito pelo prestador.[94]

Duas questões jurídicas advêm do quanto asseverado, a primeira concernente aos chamados *serviços públicos disponíveis* e a outra, consequente, relativa à chamada *"taxa mínima"*. Veja-se que, nesse momento, está-se considerando apenas os serviços públicos prestados diretamente pelo Estado, aqueles em regime de delegação por concessão serão objeto de investigação mais a frente.

No tocante ao primeiro tema, consoante o disposto no inciso II, do artigo 145 da Constituição Federal, os entes da federação poderão instituir taxas em razão da utilização *"efetiva* ou *potencial* de serviços públicos específicos e divisíveis". A questão que sobressai da interpretação desse dispositivo refere-se à compulsoriedade, ou não, do pagamento das taxas quando o serviço público se encontra apenas posto à disposição do particular, sem que haja sua efetiva fruição. O texto constitucional, em verdade, revela uma incongruência, que deve ser dirimida pelo intérprete de maneira racional. Isso porque estabelece a possibilidade

---

[93] Cf. NANNI, Giovanni Ettore. *Enriquecimento sem causa*. 3. ed. São Paulo: Saraiva, 2012, pp. 118-125.

[94] Consoante precisa lição do professor Celso Antônio Bandeira de Mello, "o enriquecimento sem causa é um princípio geral do direito – e não apenas princípio alocado em um de seus braços: público ou privado – evidentemente também se aplica ao direito administrativo" (BANDEIRA DE MELLO, Celso Antônio. "O princípio do enriquecimento sem causa em direito administrativo". *Revista de Direito Administrativo*, Rio de Janeiro, vol. 210, out./dez. 1997, p. 28).

de cobrar taxa pela utilização *potencial* de um serviço público ao mesmo tempo em que, mais à frente, exige que esse mesmo serviço seja *divisível*, ou seja, que o seu consumo seja efetivamente quantificável, pressupondo-o.

Num sistema de ponderação, um serviço *potencial*, ainda não prestado, parece que deve ceder passo em relação à *divisibilidade*, que confere primazia a dois valores fundamentais, conformados em roupagem de princípio jurídico: o da *vedação ao enriquecimento ilícito* e o *do não confisco*, ambos de envergadura constitucional. Não seria adequado, sob essa perspectiva, mesmo em face de uma relação jurídico-tributária, entender-se que a hipótese de incidência recairia num serviço meramente potencial, ainda não utilizado pelo usuário. A exigência da efetividade do consumo parece ser a melhor solução interpretativa, dando ênfase a característica da divisibilidade e, com isso, aos ditames principiológicos da vedação ao enriquecimento ilícito e do não confisco. Além do mais, nesse caso, parece não existir o ato da *admissão* do serviço pelo usuário, pressuposto mínimo para materialização da prestação. Imagine-se que amanhã, o Estado qualifique, por meio de lei, determinada atividade como serviço público. O cidadão, que jamais solicitou o serviço ou mesmo que jamais terá a intenção de usufruí-lo, não pode ser compelido a promover seu pagamento, apenas por estar o serviço à disposição dele, sem que haja efetiva fruição. Não parece haver qualquer pertinência lógica ou jurídica que dê guarida a essa cobrança, o que remonta a necessidade de vedação desse tipo de comportamento.[95-96]

---

[95] O professor Jacintho de Arruda Câmara salienta que "apenas o regime tributário, das taxas, justifica a cobrança pelo simples fato de o serviço estar à disposição do usuário, quando se admite o surgimento da obrigação sem que esta venha a utilizá-lo. Tal característica geralmente vem atrelada com um derivativo da obrigatoriedade de fruição do serviço. Por ser obrigatório, é possível que seja feita a cobrança independentemente da fruição do serviço pelo usuário. A autorização para instituição desse sistema especial de cobrança está no próprio texto constitucional (art. 145, II), que admite a instituição de taxas 'pela utilização, efetiva ou potencial, de serviços públicos específicos e divisíveis, prestados ao contribuinte ou postos à sua disposição'. O mesmo não se admite com a cobrança das meras tarifas. Para justificar a cobrança de tarifas há necessidade de o cidadão figurar como efetivo usuário do serviço. Se não houver relação jurídica entre o cidadão e o prestador do serviço – ou seja, um vínculo formal ou material que indique a efetiva vinculação ao serviço –, não se justifica juridicamente a cobrança de tarifas" (CÂMARA, Jacintho Arruda. *Tarifa nas concessões*. São Paulo: Malheiros Editores, 2009, p. 46).

[96] Parece haver uma exceção a essa construção, que merece destaque por sua curial

CAPÍTULO 4 - O RECONHECIMENTO DA ATIVIDADE...

Assim, considere-se que, sem a admissão ao gozo do serviço público não se estabelece uma relação jurídica concreta entre o particular e o ente público – o que retira a natureza de serviço público dessa atividade estatal.

Além do mais, a hipótese de incidência da taxa é a efetiva prestação de uma atividade de obrigação de fazer pelo Estado, se ela não foi realizada, não há que se falar na cobrança da exação. Ela exige um comportamento prestacional real e efetivo do Estado, se essa conduta não foi praticada, não há qualquer espaço para que o usuário se veja compelido a adimpli-la, sendo remansoso considerá-la inválida.

Assim, não há como se fugir da imperiosidade da quantificação do serviço. Como salienta Roque Carrazza: "na taxa de serviço posto à disposição, no entanto, inexiste tal possibilidade: o serviço público deve, necessariamente, preceder a cobrança da exação".[97]

Registre-se, por oportuno, que a preocupação do direito é tão candente nesse tema, que protege o particular quanto a definição equivocada da base de cálculo das taxas de serviço. Nesse diapasão, a verdade é que a base de cálculo ensejadora da cobrança da taxa de serviço público deve levar em conta o *custo* real do serviço público pelo Estado. A definição do valor de referência unitária para a cobrança do usuário (metros cúbicos de água, quilowatts de energia, ticket de transporte coletivo) deve corresponder ao custo da prestação do serviço levado e efeito. Se não houver compatibilidade entre o *custo do serviço* e o *quantum de taxa*, está-se diante de inconstitucionalidade em face do disposto no

---

relevância: o serviço público de saneamento básico, notadamente o fornecimento de água, a coleta e o tratamento de esgoto. Com efeito, o aludido serviço, tem importância supina no tocante ao combate de doenças de variados matizes, sendo fundamental para salvaguarda da incolumidade física das pessoas e para redução escalonada de dispêndios na saúde pública. Tendo em vista, essa singular posição, é possível sustentar juridicamente, em determinados casos, a obrigatoriedade de conexão ao serviço pelo usuário quando se demonstre que a solução individual é inviável, de sorte a proteger o interesse maior relativo à higidez da coletividade.

[97] CARRAZZA, Roque Antônio. *Curso de Direito Constitucional Tributário*. 32. ed. São Paulo: Malheiros Editores, 2019, p. 457.

inciso IV, do artigo 150 da Constituição Federal (utilização de tributo com efeito de confisco).

Determinado corretamente o valor base do custo do serviço pelo Estado, em padrões razoáveis e compatíveis, o usuário deverá promover o pagamento da quantidade efetivamente utilizada. Se, por exemplo, o metro cúbico de água foi definido pelo prestador do serviço no valor de R$ 5,00 (levando-se em consideração o real custo do serviço), basta multiplicar esse montante pela quantia efetivamente utilizada pelo usuário (*divisibilidade* – por exemplo, se usou 20 metros cúbicos de água, sua conta importaria R$ 100,00) para se identificar o quanto devido a título de taxa de serviço ao Estado.

Essas ponderações fazem-nos chegar à segunda questão, concernente a chamada taxa mínima do serviço. Nada há de incompatível entre a exigência da *divisibilidade do serviço* e as chamadas *taxas mínimas*, haja vista que se trata de um mecanismo de calibração necessário pela impossibilidade fática de, muitas vezes, quantificar uma dosagem milimétrica do serviço efetivamente utilizado. A ordem jurídica nesse ponto não exige o impossível, basta que haja uma "prudente, razoável e discreta proporcionalidade entre ambos os termos", consoante nos aclara Héctor Villegas.[98]

Toda essa sorte de considerações confirma a ideia acima exposta de que há uma *relação jurídica concreta* e obrigacional entre o Estado e o usuário do serviço público marcada por características jurídicas *uti singuli*, que exigem os requisitos da *especificidade* e *divisibilidade*, as quais, caso violadas (prestação inadequada, cobrança indevida etc.), têm como consequência jurídica a proteção, pelo particular, do seu *direito subjetivo*,

---

[98] Cf. VILLEGAS, Héctor. "Verdades e ficções em torno de um tributo denominado taxa". *Revista de Direito Público*, São Paulo, vol. 17, pp. 322-339, jul./set. 1971. Ainda, consoante observa Roque Antonio Carrazza: "em suma, a taxa de serviço deve ter por base de cálculo o custo, ainda que aproximado, do serviço público prestado ou posto à disposição do contribuinte" (CARRAZZA, Roque Antônio. *Curso de Direito Constitucional Tributário*. 32. ed. São Paulo: Malheiros Editores, 2019, p. 467). Nesse sentido, a ordem jurídica parece exigir um esforço enorme do ente administrativo em se encontrar o valor mais aproximado possível para definição dos custos do serviço, e consequentemente, na exação a ser realizado ao particular.

CAPÍTULO 4 - O RECONHECIMENTO DA ATIVIDADE...

em seu nome individual. Essa é a característica marcante do serviço público que possui tratamento jurídico diferente, no caso da atividade administrativa de infraestrutura.

Diferentemente do que ocorre com a atividade de serviço público, a Administração Pública desenvolve outras que se destinam a beneficiar toda a coletividade, todos os cidadãos *uti universi*. Aqui, a atividade não se volta para cada indivíduo de per si, mas, de forma genérica, a todos.

A atividade de infraestrutura tem como característica o oferecimento de um benefício genérico à coletividade, e não ao individual. A Administração Pública, ao dinamizar os ativos públicos para a infraestrutura, não coloca o particular em primeiro plano no sentido de oferecer a ele uma fruição pessoal, uma comodidade específica e divisível. A provisão de infraestrutura oferece, em verdade, um benefício genérico, gozado por todos os membros da coletividade. Esse benefício é exatamente o fim que o Estado busca atingir com a atividade de infraestrutura, qual seja, o tão almejado *desenvolvimento econômico e social*. É claro que também o particular irá se beneficiar, individual e concretamente, dessa atividade estatal, mas essa é uma decorrência de sua efetivação, já que não haverá a formação de uma relação jurídica concreta, tal como ocorre nos serviços públicos.

Essa distinção, feita por Renato Alessi, é deveras fundamental:

> Por ora vai relevado como ao mesmo escopo seja necessário uma correspondente limitação da noção de serviço público, em confronto com aquela que é a possível noção mais ampla e geral, no sentido de uma exclusão – aos fins de aplicabilidade da teoria das prestações administrativas para a reconstrução jurídica do fenômeno intrínseco da realização concreta do serviço – daquelas atividades administrativas as quais, embora voltadas a benefícios genéricos ao cidadão, não têm, porém, por conteúdo, uma prestação verdadeira e própria, em sentido técnico. Isto é, exclusão de todas aquelas atividades as quais traduzem simplesmente um benefício oferecido e usufruído pelos cidadãos simplesmente enquanto membros da coletividade: vale dizer, *uti universi*: por exemplo, a

atividade voltada a garantir a segurança externa ou interna; o serviço de iluminação de vias públicas e assim por diante. Isso porque a realização dessas atividades por parte dos entes administrativos não pode dar lugar à instauração de uma relação jurídica concreta entre o ente e os cidadãos de fato beneficiados, tal de poder conferir à atividade em questão aquele caráter de prestação, no sentido técnico, que se disse caber apenas quando daquelas atividades pessoais, as quais constituem o objeto de uma concreta relação jurídica de natureza obrigacional. Justamente pela falta do caráter de prestação, a realização da atividade em questão não poderá ser reconstruída com base na teoria das prestações administrativas.[99]

Dessa maneira, as atividades administrativas *uti universi*, que traduzem um benefício à toda coletividade de forma indistinta, nunca foram e não podem ser consideradas serviços públicos. Isso porque diferentemente dos serviços públicos, que são qualificados por sua *especificidade* e *divisibilidade*, as atividades *uti universi* serão sempre *inespecíficas e indivisíveis*.

Todavia, antes de adentrar com mais profundidade a tais características, é fundamental mencionar que dentre as atividades *uti universi* é possível delimitar, para efeitos do presente estudo, aquelas que têm por finalidade a promoção do desenvolvimento econômico e social, já que apenas elas serão compreendidas como atividades de infraestrutura.

Por esse aspecto, já podem ser suprimidas de exame atividades como o exercício de poder de polícia, em que a finalidade última não seja a concretização do ideal desenvolvimentista. A atividade de infraestrutura consiste, em verdade, a própria essência do desenvolvimento e, por essa razão, dentre as atividades *uti universi*, apenas aquelas que busquem alcançar tal desiderato podem ser catalogadas dentro dessa espécie.

Pois bem, afirmar que a atividade de infraestrutura é uma atividade *uti universi* implica inferir que elas serão *inespecíficas e indivisíveis*.

---

[99] ALESSI, Renato. *Le prestazioni amministrative rese ai privati*. 2. ed. Milão: A. Giuffrè, 1956, p. 69 *et seq.*

CAPÍTULO 4 - O RECONHECIMENTO DA ATIVIDADE...

A *inespecificidade* significa que não é relevante a identificação categórica, integral e exauriente do indivíduo que está sendo beneficiado pela atividade de infraestrutura. Ela beneficia toda a coletividade, não havendo importância, sob o ponto de vista jurídico, na categorização expressa daquele que está sendo beneficiado. É o caso, por exemplo, da iluminação pública, em que o Estado opera e mantém o parque de iluminação para que a coletividade se beneficie dessa atividade. Também cabe o exemplo da operação e manutenção dos ativos rodoviários, em que não é relevante a especificação do indivíduo que está trafegando na rodovia, nem mesmo se houver o pagamento do pedágio.

Aqui vale uma observação nuclear: na atividade de infraestrutura, a figura do *usuário*, própria do serviço público, é substituída pela do *beneficiário*. Isso porque erigir determinado indivíduo a categoria de *usuário* implica não apenas adscrever determinada pessoa física ou jurídica a fruição de um serviço público, mas circunscrevê-la a um regime jurídico próprio dessa categoria, com direitos e obrigações a ela inerentes. A figura do usuário encontra-se submetida a um regime jurídico peculiar, consubstanciado em inúmeros diplomas legais, tais como, os dispositivos da Lei de Defesa dos Usuários (Lei 13.460/17); o artigo 7º, da Lei 8.987/95, que prevê uma série de direitos e obrigações, e o artigo 14 da Lei 12.587/12, que institui a Política Nacional de Mobilidade Urbana, dentre inúmeros outros.

Além disso, como visto, a figura do usuário pressupõe um ato de admissão (tácita ou expressa) ao serviço público, sendo que por meio dela deve haver a individualização completa da pessoa física ou jurídica a qual está sendo admitida, com uma discriminação perfeita. Na atividade de infraestrutura, a figura da admissão não possui relevância, pois os ativos encontram-se disponíveis para utilização por toda a coletividade.

De outra sorte, a característica da *indivisibilidade* também deve estar presente para se caracterizar a atividade *uti universi*. Consoante examinado acima, os serviços públicos demandam uma quantificação do seu consumo, especialmente por conta daqueles que são cobrados dos usuários. Essa característica é fundamental para garantir aos particulares que somente responderão pela contraprestação da quantidade exata do seu consumo, à luz dos critérios técnicos de sua respectiva medição.

Na atividade de infraestrutura, o Estado deverá promover a operação e a manutenção dos ativos públicos, dispensando-se a quantificação do consumo usufruído pelo beneficiário. Por exemplo, no caso da iluminação pública, o sistema é posto à disposição de todos, não havendo como individualizar o consumo para cada beneficiário de um parque público.

Assim, a atividade consistente em proporcionar iluminação pública tem natureza jurídica diversa do serviço de fornecimento domiciliar de energia elétrica: a primeira é instituída, tendo em vista a coletividade, os cidadãos *uti universi*. Não há a formação de uma relação jurídica concreta entre o cidadão e a Administração (e, pois, não há direitos e obrigações recíprocos). Já a energia que serve a casa das pessoas é um serviço público, porque dele se aproveita o cidadão *uti singuli* – e aqui há uma relação jurídica concreta entre o particular e o ente público, de natureza obrigacional, na qual se situam direitos e obrigações recíprocos. Aqui se atende ao interesse primário.[100]

Pelo exercício da atividade administrativa de infraestrutura, entre o cidadão e a Administração não se formaliza uma relação jurídica concreta, a indicar claramente que aqui não se trata de serviço público.

É óbvio, porém, que alguns direitos do cidadão (direitos pessoais) como tal podem ser afetados pela prestação administrativa da infraestrutura e, então, esse ato pode fazer nascer uma relação jurídica concreta entre ele e a Administração, tendo por objeto o direito que teria sido violado, que não é o "direito de se beneficiar de atividade de infraestrutura": por

---

[100] O mercado de energia elétrica divide-se, doutrinariamente, em quatro segmentos: geração, transmissão, distribuição e comercialização. No que se refere a distribuição, caso do exemplo citado, a sua natureza jurídica é de serviço público. (Cf., por todos, BRAGA, Rodrigo Bernardes. *Manual de energia elétrica*. São Paulo: D' Plácido, 2016; RIBEIRO, Diogo Albaneze Gomes. "A natureza jurídica das atividades desenvolvidas no setor de energia elétrica". *Revista Brasileira de Direito Público* – RBDP, Belo Horizonte, ano 15, n. 58, pp. 109-123, jul./set. 2017).

CAPÍTULO 4 - O RECONHECIMENTO DA ATIVIDADE...

exemplo, uma multa por excesso de velocidade mal aplicada – o cidadão teve o seu direito de circular a tal velocidade violado e pode anular a multa, e, se pagou, recuperar o dinheiro. Mas o objeto dessa relação jurídica concreta nada tem a ver com o objeto da relação jurídica genérica e abstrata gerada pela atividade de infraestrutura, como salta aos olhos.

No caso da operação e manutenção das rodovias, a situação é a mesma, não há como quantificar o consumo de rodovia pelo beneficiário, o Estado tem simplesmente a responsabilidade de prover, manter e operar o ativo como um todo. O pedágio, quando cobrado, não é divisível, pois não há qualquer pertinência lógica entre o seu valor e a quantidade de serviço usufruído pelo beneficiário da rodovia. O valor do pedágio é fixado, não pela quantidade consumida de serviço, mas porque a fixação do seu valor tem como base de precificação os custos operacionais e os investimentos necessários para provisão, manutenção e operação do ativo rodoviário, nada tendo a ver com unidade individual de consumo – não há cálculo que relacione diretamente o valor do pedágio à extensão percorrida. Critério bem diverso é o de pagamento de taxa de água, medida pelo hidrômetro. Pode ser, por exemplo, que o investimento tenha ocorrido em outro trecho da estrada – a relação de causa e efeito é extremamente indireta e reflexa.

Essa distinção de regimes tem importância fundamental. No plano da infraestrutura situam-se as relações jurídicas que decorrem do cumprimento de um dever do Estado, isto é, quando o ente público está a cumprir uma de suas finalidades constitucionais e que dizem respeito à criação ou à manutenção de comodidades que atendem essa coletividade, ou seja, um benefício genérico aos cidadãos, considerados em conjunto (*uti civis*). Nesse caso não se estabelece uma relação jurídica concreta entre o ente público e o particular, mas, isto sim, entre o ente público e a coletividade como um todo.

O cidadão não pode, em seu nome individual, cobrar do Estado o cumprimento de uma atividade de infraestrutura (quando estamos no campo dos serviços públicos, a relação concreta é, como visto, obrigacional), porquanto não exista, a respeito, uma relação jurídica concreta entre ele e o Estado, a gerar, ao particular, o direito subjetivo em que se apoiar.

Todavia, essa cobrança poderá ocorrer mediante outros mecanismos, como o da substituição processual – ação ajuizada, por exemplo, pelo Ministério Público, que defende em juízo, em nome próprio, direito alheio (direito da coletividade), substituindo-a na relação jurídica processual. A atividade de infraestrutura situa-se exatamente nesse contexto – ela corresponde a um dever do Estado e em face dela o particular não tem um direito público subjetivo à sua instalação, pois ela é ministrada *uti universi*. Esse direito é da coletividade.

Registre-se que uma consequência jurídica importante da necessidade dessa discriminação consiste na defesa do interesse individual à fruição do serviço público, característica que não é encontrada na atividade de infraestrutura, em que o beneficiário não detém *o direito subjetivo público à prestação* (*individual*), apenas um interesse de fato em exigir do Estado que cumpra seus deveres constitucionais e legais. Por isso, o particular não pode ajuizar uma ação de obrigação de fazer contra o Estado exigindo que ele construa, opere e mantenha uma rodovia que atenda diretamente sua residência, seria disparatada juridicamente tal medida judicial.

Tal circunstância não tem o condão de impor limitações ao *direito subjetivo público*, muito pelo contrário, confere-se ao cidadão uma ampliação da sua esfera jurídica pela *fruição coletiva* de um *benefício coletivo*. São orientações aditivas, jamais excludentes: o *benefício individual* oferecido pela *fruição individual* de um serviço público e o *benefício coletivo*, a ser *fruído coletivamente*, pela execução da atividade de infraestrutura.

Em ambos os casos encontra-se sempre adstrita a defesa intransigente dos indivíduos, seja na condição de *usuário de um serviço público*, seja na condição de *beneficiário de uma atividade de infraestrutura*, havendo sempre mecanismos dispostos na lei para tutelar e defender, de maneira inegociável, tais interesses junto ao Poder Judiciário.

Também não é demais ressaltar, que havendo a imposição de prejuízos específicos ao beneficiário por uma conduta do Estado ao prover, operar e manter a atividade de infraestrutura, tal circunstância ensejará o nascimento de um *interesse subjetivo* (individual) de reparação

CAPÍTULO 4 - O RECONHECIMENTO DA ATIVIDADE...

do beneficiário, à luz dos princípios que disciplinam a responsabilidade extracontratual do Estado por comportamentos administrativos.

O reconhecimento da atividade administrativa de infraestrutura permite também a solução de problemas práticos que são enfrentados por aqueles que militam na área. Isso porque permite enquadrar de maneira mais harmônica e correta o rol de deveres dispostos na Constituição, que, muitas vezes, por uma leitura superficial, faz confundir o que é infraestrutura (atividade de operação de ativos públicos) com serviços públicos (atividades prestacionais fruíveis singularmente pelo particular).

A observação é fundamentada no texto constitucional, em que é possível verificar no inciso XII, do artigo 21 da Constituição Federal, que ora o constituinte se utiliza da expressão "serviços" (como no caso dos serviços de radiodifusão sonora, serviços de energia elétrica, serviços de transporte ferroviário, serviços de transporte rodoviário interestadual, entre outros) para qualificação correta de serviços públicos, ora não utiliza esse qualificativo, apondo a expressão infraestrutura (como no caso da aeroportuária) para identificar a atividade de infraestrutura.

Consoante essa realidade normativa, constata-se que existem duas atividades que se complementam, mas que se diferem: a *infraestrutura*, que é a atividade administrativa de operação dos ativos públicos para a coletividade (benefício genérico) e *serviço público*, que é a atividade administrativa de fruição singular dos usuários (benefício específico).[101]

---

[101] Consoante Humberto Ávila, compreende-se "que não se está aqui a exaltar uma mera exigência analítica de dissociar apenas para separar. A forma como as categorias são denominadas pelo intérprete é secundária. A necessidade de distinção não surge em razão da existência de diversas denominações para numerosas categorias. Ela decorre, em vez disso, da necessidade de diferentes designações para diversos fenômenos. Não se trata, pois, de uma distinção meramente terminológica, mas de uma exigência de clareza conceitual: quando existem várias espécies de exames no plano concreto, é aconselhável que elas também sejam qualificadas de modo distinto. A dogmática constitucional deve buscar a clareza também porque ela proporciona maiores meios de controle da atividade estatal" (ÁVILA, Humberto. *Teoria dos princípios:* da definição à aplicação dos princípios jurídicos. São Paulo, Malheiros Editores, 2003, p. 17).

Dessa forma, em todos os casos envolvendo a provisão de infraestrutura, a atividade administrativa promovida pelo Estado tem o condão de oferecer um benefício genérico à coletividade e cuja finalidade máxima consiste na consagração protetiva do desenvolvimento econômico e social. Consoante preciosa lição de Renato Alessi:

> (...) não basta o fato que uma determinada atividade administrativa (iluminação pública, por exemplo) seja direcionada a beneficiar o particular, para que a própria atividade possa ser qualificada como prestação administrativa, no sentido técnico: eis que, justamente em razão de o benefício decorrente ser benefício genérico, gozado pelos particulares enquanto membros da coletividade (*uti cives*), não se instaura uma relação jurídica concreta entre a administração que realiza o serviço e os particulares que são beneficiados.[102]

Assim, parece não remanescer dúvida de que a atividade de serviço público e a de infraestrutura não se confundem, de sorte que a autonomização de ambas deve ser reconhecida, com os consequentes efeitos que lhe são inerentes.

4.1.3 Elemento teleológico

> *"(...) e com a finalidade de promover concretamente o desenvolvimento econômico e social (...)"*

4.1.3.1 Gênese constitucional

A Constituição Federal de 1988 prescreve, em seu artigo 3º, inciso II, que constitui objetivo fundamental da República Federativa do Brasil garantir o desenvolvimento nacional. É exatamente com essa gênese que se irá trabalhar para efeito de compreensão se há um sentido jurídico para a expressão "desenvolvimento".

---

[102] ALESSI, Renato. *Le prestazioni amministrative rese ai privati*. 2. ed. Milão: A. Giuffrè, 1956, p. 16.

CAPÍTULO 4 - O RECONHECIMENTO DA ATIVIDADE...

Sendo a Constituição um texto escrito, ela é considerada um conjunto de signos, que designa alguma coisa, que disponibiliza um significado. Consoante nos ensina Wittgenstein "a palavra não tem significado algum quando nada lhe corresponde", ou seja, sem um significado a palavra é um mero estampido.[103] Quando o constituinte assenta no texto uma palavra, pressupõe-se que ela detém um significado. E, exatamente esse significado que deve ser buscado pelo intérprete, de maneira a compreendê-lo sob o ponto de vista normativo. Mas o constituinte não faz isso de maneira absolutamente livre, ele encontra-se jungido a certos significados que podem ser retirados da própria etimologia da palavra, ou mesmo de uma acepção técnica, advinda de outro campo científico ou do próprio direito.

Nesse particular, encontra-se o intérprete com uma dificílima missão: buscar e encontrar o significado das palavras constitucionais. O texto constitucional, além de ser o ponto de partida desse trabalho é também o limite da interpretação. Interpretações completamente descoladas do texto são inválidas, porque violam o *postulado da prioridade do texto*.[104] Esse postulado enseja uma diretriz: a busca do significado das palavras constitucionais deve recair, inicialmente, na *linguagem comum*. Mas ele acaba sendo insuficiente, uma vez que a linguagem usada pelo constituinte é muitas vezes técnica. Assim, além do texto, que comporta o *significado comum* das palavras, outro postulado hermenêutico é funda-

---

[103] WITTGENSTEIN, Ludwig. *Investigações filosóficas*. Tradução de Marcos G. Montagnoli. Petrópolis: Vozes, 2004, p. 271.

[104] Cf. MARTINS, Ricardo Marcondes. *Regulação administrativa à luz da Constituição Federal*. São Paulo: Malheiros Editores, 2011, p. 58. Na doutrina nacional, o tema dos postulados foi revelado pioneiramente por Celso Ribeiro Bastos nos seguintes termos: "Postulado é um comando, uma ordem mesma, dirigida a todo aquele que pretende exercer a atividade interpretativa. Os postulados precedem a própria interpretação e, se se quiser, a própria Constituição. São, pois, parte de uma etapa anterior à de natureza interpretativa, que tem de ser considerada enquanto fornecedora de elementos que se aplicam à Constituição, e que significam, sinteticamente, o seguinte: não poderás interpretar a Constituição devidamente sem antes atentares para estes elementos. Trata-se de uma condição, repita-se, da intepretação" (BASTOS, Celso Ribeiro. *Hermenêutica e intepretação constitucional*. 2. ed. São Paulo: Celso Bastos Editor, 1997, pp. 95-96).

95

mental, o *postulado do significado técnico*.[105] O conjunto de significados das palavras, quando constitucionalizados, recebem um sentido técnico: essa a linguagem do constituinte. Por isso, muitas vezes será insuficiente ao intérprete buscar na linguagem comum o significado das palavras constitucionais, vez que o *postulado do significado técnico prepondera sobre o comum.*

Diante dessas considerações preambulares e devido à importância da expressão para a atividade da infraestrutura, é fundamental se buscar o sentido jurídico de *desenvolvimento nacional*, tal como se encontra disposto no inciso II do artigo 3º do texto constitucional. É a partir desse dispositivo que se deverá compreender o desenvolvimento.

Para tanto, levando-se em consideração o *postulado do significado técnico*, é fundamental perscrutar o seu conceito encontradiço na Economia, para que se possa compreender, de maneira irrepreensível, o fenômeno do desenvolvimento à luz do Direito.

4.1.3.2 O sentido da expressão "desenvolvimento" na Economia

Consoante Amaury Patrick Gremaud, Marco Antonio Sandoval de Vasconcellos e Rudinei Toneto Júnior: "a Economia estuda a alocação de recursos escassos para fins delimitados, ou seja, como obter o máximo de satisfação para os indivíduos a partir de um estoque dado de recursos".[106]

---

[105] BASTOS, Celso Ribeiro. *Hermenêutica e intepretação constitucional.* 2. ed. São Paulo: Celso Bastos Editor, 1997, p. 58.

[106] GREMAUD, Amaury Patrick; VASCONCELLOS, Marco Antonio Sandoval de; TONETO JÚNIOR, Rudinei. *Economia brasileira contemporânea.* 8. ed. São Paulo: Atlas, 2017, p. 34. Henry Campbell Black segue essa linha: "The words employed in a Constitution are to be taken in their natural and popular sense, unless they are technical legal terms, in which case they are to be taken in their technical signification". Continua o renomado jurista: "Where a word having a technical (non-legal) meaning, as well as a popular meaning, is used in a Constitution, the Courts will accord do it its popular signification, unless it is apparent, from the nature of the subject or the connection in which it appears, that is was intended to be used in its technical sense. But there are many technical legal terms employed in the Constitutions. And if the technical signification of these words differs from the vernacular, the forms is to be preferred in

CAPÍTULO 4 - O RECONHECIMENTO DA ATIVIDADE...

Nesse sentido, para que se possa satisfazer uma necessidade humana, os indivíduos envolvem-se num ato de produção. Produção, segundo os aludidos economistas, "é a atividade social que visa adaptar a natureza para a criação de bens e serviços que permitam a satisfação das necessidades humanas".[107] Diante desse conceito, é fácil depreender que se trata de uma atividade, algo dinâmico. Sendo uma atividade, aliás, consistindo, em verdade, na principal atividade econômica, ela deve ser mensurada, "uma vez que refletirá a capacidade de satisfação das necessidades dos membros da sociedade".[108]

Dentro dessa lógica, denota-se que "o primeiro passo para avaliar o desempenho de um país é medir seu produto. Este corresponde à soma daquilo que foi produzido em um país durante determinado período de tempo (em geral um ano)".[109] Mas o que significa produto? Respondem a essa indagação os mencionados economistas, afirmando que produto é "a expressão monetária da produção de uma sociedade em determinado período de tempo, em geral, um ano".[110]

Se o produto é o resultado do que foi medido em determinado país, é fundamental que essa medição seja realizada e que ela parta de critérios adequados, de maneira a estampar a correta realidade do que foi produzido no país. Isso porque nem toda etapa produtiva atende

---

construction. This is because a Constitution is a law, and is to be interpreted as such" (BLACK, Henry Campbell. *Handbook of the construction and interpretation of the laws*. 2. ed. St. Paul: West Publishing Co., 1911, pp. 33-34).

[107] GREMAUD, Amaury Patrick; VASCONCELLOS, Marco Antonio Sandoval de; TONETO JÚNIOR, Rudinei. *Economia brasileira contemporânea*. 8. ed. São Paulo: Atlas, 2017, p. 34.

[108] GREMAUD, Amaury Patrick; VASCONCELLOS, Marco Antonio Sandoval de; TONETO JÚNIOR, Rudinei. *Economia brasileira contemporânea*. 8. ed. São Paulo: Atlas, 2017, p. 34.

[109] GREMAUD, Amaury Patrick; VASCONCELLOS, Marco Antonio Sandoval de; TONETO JÚNIOR, Rudinei. *Economia brasileira contemporânea*. 8. ed. São Paulo: Atlas, 2017, p. 35.

[110] GREMAUD, Amaury Patrick; VASCONCELLOS, Marco Antonio Sandoval de; TONETO JÚNIOR, Rudinei. *Economia brasileira contemporânea*. 8. ed. São Paulo: Atlas, 2017, p. 35.

diretamente às necessidades dos indivíduos, ou seja, "existem certos produtos que são utilizados como insumos na produção de outros".[111] É, em verdade, algo que vai compor um bem final (é um bem intermediário).

Por exemplo, o papel por si só poderá ser um produto, todavia, quando é utilizado na produção de cadernos funciona como insumo de sua produção, de maneira a compor o valor do caderno. Dessa forma, se for incluído no valor do produto o valor do papel e do caderno, incorrer-se-á no problema da "dupla contagem". Devem-se contabilizar apenas os bens finais produzidos e eliminar a contagem dos bens intermediários, já que é o bem final que será destinado diretamente à satisfação das necessidades humanas. Outro exemplo é o "carvão que alimenta o forno de uma usina, que é um bem intermediário e o carvão usado para fazer um churrasco, que é bem final".[112]

Diante disso, estabelecendo critérios adequados para medição da atividade produtiva, chega-se, então, ao conceito de Produto Interno Bruto a preços de mercado, que nada mais é que "o valor monetário de venda dos produtos finais produzidos dentro de um país em determinado período de tempo".[113] É por meio desse indicador que se avalia o desempenho de uma economia. A soma do valor dos bens finais ou a soma do valor adicionado em cada etapa do processo produtivo necessariamente será a mesma. Essa forma de medir o valor do produto é chamada de "ótica do produto".[114]

---

[111] GREMAUD, Amaury Patrick; VASCONCELLOS, Marco Antonio Sandoval de; TONETO JÚNIOR, Rudinei. *Economia brasileira contemporânea*. 8. ed. São Paulo: Atlas, 2017, p. 35.

[112] GREMAUD, Amaury Patrick; VASCONCELLOS, Marco Antonio Sandoval de; TONETO JÚNIOR, Rudinei. *Economia brasileira contemporânea*. 8. ed. São Paulo: Atlas, 2017, p. 35.

[113] GREMAUD, Amaury Patrick; VASCONCELLOS, Marco Antonio Sandoval de; TONETO JÚNIOR, Rudinei. *Economia brasileira contemporânea*. 8. ed. São Paulo: Atlas, 2017, p. 35.

[114] GREMAUD, Amaury Patrick; VASCONCELLOS, Marco Antonio Sandoval de; TONETO JÚNIOR, Rudinei. *Economia brasileira contemporânea*. 8. ed. São Paulo: Atlas, 2017, p. 36.

CAPÍTULO 4 - O RECONHECIMENTO DA ATIVIDADE...

Outra maneira de se medir o produto é sob a "ótica do dispêndio". Não é o caso de se fazer uma digressão sobre todas as formas de medir o produto, mas, sim, para efeitos do presente trabalho, bosquejar alguns conceitos econômicos fundamentais, que podem ser extraídos, agora sob a ótica do dispêndio. Segundo os precitados Amaury Patrick Gremaud, Marco Antonio Sandoval de Vasconcelos e Rudinei Toneto Júnior:

> O conceito de dispêndio refere-se aos possíveis destinos do produto, isto é, por quem e para que são adquiridos. Os principais destinos do produto são o consumo e o investimento. O consumo refere-se a bens e serviços adquiridos pelos indivíduos para a satisfação de suas necessidades. Pode ser dividido em consumo pessoal (das famílias), que se refere aos bens e serviços adquiridos voluntariamente do mercado, e consumo público (do governo), que se refere aos bens e serviços que são colocados de forma "gratuita" pelo governo para os indivíduos e são consumidos de forma coletiva, como por exemplo, a iluminação das ruas, a educação e saúde pública, a segurança nacional, os serviços do legislativo, o desenvolvimento tecnológico nos órgãos de pesquisa públicos.[115]

No que se refere ao investimento, como outro importante destino do produto, pode-se entendê-lo como "a aquisição de bens de produção, bens de capital intermediários, que visam aumentar a oferta de produtos no período seguinte. Assim toda compra de máquinas e equipamentos, edifícios ou mesmo o acúmulo de estoques é considerado investimento".[116]

Um terceiro meio de medir o produto é sob a "ótica da renda". O conceito de renda, registram os economistas mencionados, "refere-se

---

[115] GREMAUD, Amaury Patrick; VASCONCELLOS, Marco Antonio Sandoval de; TONETO JÚNIOR, Rudinei. *Economia brasileira contemporânea*. 8. ed. São Paulo: Atlas, 2017, p. 38.

[116] Cf. GREMAUD, Amaury Patrick; VASCONCELLOS, Marco Antonio Sandoval de; TONETO JÚNIOR, Rudinei. *Economia brasileira contemporânea*. 8. ed. São Paulo: Atlas, 2017, p. 38.

à remuneração dos fatores de produção envolvidos no processo produtivo".[117] Ou seja, durante o processo produtivo, cada fator de produção deve receber uma determinada remuneração, etapa a etapa. Essa renda permitirá que as pessoas e empresas possam continuar sua vida produtiva e satisfazer as suas necessidades. Podem-se elencar alguns tipos de remuneração: são elas, os "salários pagos ao fator trabalho, juros que remuneram o capital de empréstimo, aluguéis pagos aos proprietários dos bens de capital (edifícios, máquinas etc.), lucros que remuneram o capital produtivo (capital de risco), e impostos (renda do governo)".[118]

Toda essa construção acerca do produto (e suas implicações de consumo e renda) deve ser examinada justamente porque ele consiste no principal indicador para se medir o crescimento econômico de um país.

Ainda sob o aspecto econômico, a verdade é que o Brasil, em termos internacionais, está muito bem posicionado entre as economias do mundo. Apenas para ilustrar, dados recentes do Ministério da Infraestrutura revelam que o país tem a *quinta* economia do mundo, é o maior exportador de soja, café, açúcar e frango do mundo; o maior produtor de laranja do mundo; o segundo maior produtor de carne bovina, milho, ferro, bebidas e algodão e mesmo assim ocupamos uma ínfima posição desenvolvimentista, haja vista que um quarto da população nacional tem renda domiciliar abaixo da linha da pobreza, à luz dos critérios adotados pelo Banco Mundial.

Todavia, por que o Brasil, um dos maiores produtores do planeta, não é considerado um país desenvolvido?

O problema está exatamente no conceito de *desenvolvimento*. É comum a confusão entre *crescimento econômico* e *desenvolvimento*. O *crescimento*

---

[117] GREMAUD, Amaury Patrick; VASCONCELLOS, Marco Antonio Sandoval de; TONETO JÚNIOR, Rudinei. *Economia brasileira contemporânea*. 8. ed. São Paulo: Atlas, 2017, p. 38.

[118] GREMAUD, Amaury Patrick; VASCONCELLOS, Marco Antonio Sandoval de; TONETO JÚNIOR, Rudinei. *Economia brasileira contemporânea*. 8. ed. São Paulo: Atlas, 2017, pp. 38-39.

CAPÍTULO 4 - O RECONHECIMENTO DA ATIVIDADE...

econômico é a ampliação quantitativa da produção, ou seja, de produtos e serviços que atendam às necessidades humanas. Já o conceito de *desenvolvimento* é mais amplo, ele engloba o de crescimento econômico. No conceito de desenvolvimento, não se revela como de importância única a magnitude da expansão da produção representada pela evolução do PIB, mas especialmente a natureza e a qualidade desse crescimento.

Diante dessa indiscutível realidade, é possível englobar no conceito de desenvolvimento, além da ampliação quantitativa da produção, as condições de qualidade de vida dos residentes no país. Essas circunstâncias, para maior didatismo, impõem duas dimensões ao conceito de desenvolvimento: a dimensão eminentemente econômica, sob o ponto de vista da elevação quantitativa da produção do país, e a dimensão social, que consiste na melhoria da qualidade de vida da coletividade.

Após essas considerações, a pergunta que exsurge é se seria possível medir o desenvolvimento econômico e social? Quais seriam os indicadores que poderiam auxiliar o Estado para saber se a sua estratégia desenvolvimentista, consubstanciada em caráter máximo na infraestrutura, encontra-se, no plano concreto, atendendo aos anseios da coletividade?

Como vimos, o Produto Interno Bruto (PIB) revela apenas um dado da macroeconomia: a soma de todos os bens e serviços produzidos em determinada localidade (país, região, município) ou de determinado setor econômico. Os dados do PIB podem revelar, portanto, se um país é rico, mas não se ele é necessariamente desenvolvido. Isso porque a premissa é que quanto maior a quantidade de bens produzidos, maior a possibilidade de as pessoas satisfazerem suas necessidades, ou seja, quanto mais portentoso for o país em termos econômicos (quanto maior o PIB do país), maiores são as chances de a população desse país viver bem.

Todavia, conforme ressaltam Amaury Patrick Gremaud, Marco Antonio Sandoval de Vasconcellos e Rudinei Toneto Júnior:

> (...) a produção de um país como a Suíça, que tem menos de sete milhões de habitantes, não precisa ser tão grande quanto a produção do Brasil, que tem mais de 200 milhões de habitantes. A produção

suíça pode ser muito inferior à brasileira e mesmo assim a sua população poderá ter, individualmente, acesso a uma quantidade de bens superior à brasileira, e será, portanto, considerada mais desenvolvida. Neste sentido, uma primeira aproximação para se quantificar o grau de desenvolvimento de um país é a utilização do conceito de produto *per capita*, que nada mais é do que a produção do país dividida pelo número de habitantes do país. Assim, quanto maior o PIB per capita de um país, mais desenvolvido pode ser considerado o país. No exemplo citado, a Suíça teve uma produção, em 2013, de aproximadamente US$ 620 bilhões, inferior, portanto, à do Brasil, que foi de mais de US$ 2,200 trilhões; como, porém, a população suíça é nitidamente inferior à brasileira, cada um dos suíços teve, em média, acesso a aproximadamente US$ 82.000 de bens naquele ano (PIB = 620 bilhões, divididos pela população total de 7,5 milhões de habitantes), enquanto no Brasil esse número ficou próximo aos US$ 11.500. Daqui se pode começar a entender por que a Suíça é considerada um país mais desenvolvido do que o Brasil, pois seu PIB *per capita* é maior que o brasileiro, o que significa que a renda média da população suíça é maior que a brasileira, ou, ainda, que o acesso médio de cada um dos suíços a bens é superior ao dos brasileiros.[119]

Dessa maneira, a despeito de o PIB *per capita* representar um indicador mais adequado para medir o desenvolvimento, ele pode sofrer alguma inconsistência. Isso porque mesmo com um PIB *per capita* em níveis razoáveis, quanto mais a renda se concentrar nas mãos de poucos habitantes, menos desenvolvido deve ser considerado o país. Seria possível que na média a coletividade detenha boas condições de vida, mas a grande maioria da população tenha condições inferiores de renda e de acesso a bens (piores condições de vida), pois a renda está desigualmente distribuída no país.

Dessa maneira, é imperioso identificar-se o quanto da renda encontra-se concentrada nas mãos de uma camada ínfima da população.

---

[119] GREMAUD, Amaury Patrick; VASCONCELLOS, Marco Antonio Sandoval de; TONETO JÚNIOR, Rudinei. *Economia brasileira contemporânea*. 8. ed. São Paulo: Atlas, 2017, pp. 62-63.

CAPÍTULO 4 - O RECONHECIMENTO DA ATIVIDADE...

Por isso, o nível de desenvolvimento de um país, para além do PIB, que se encontra afeto especialmente à perspectiva do crescimento econômico, deve ser deduzido por outros indicadores. Há, nesse sentido, diversa abordagem, que, sem negar também os dados econômicos, leva em consideração diferentes elementos com foco intrínseco na análise da qualidade de vida da população (esperança de vida, saneamento básico, saúde pública, taxa de alfabetização, permanência na escola, qualificação das pessoas, níveis de emprego, dentre outros critérios).

Trata-se dos chamados *indicadores sociais*, que fornecem informações mais diretas em relação ao desenvolvimento social, ou seja, as reais condições de vida de uma determinada população. O mais conhecido deles é o Índice de Desenvolvimento Humano (IDH), criado por Mahbub ul Haq com a colaboração de Amartya Sen, e que avalia, em resumo, a riqueza do país ligada às taxas de alfabetização, natalidade, mortalidade (sobretudo infantil), escolarização, para chegar a um número que indique o grau de bem-estar de uma população.

Dessa maneira, para se compreender o fenômeno desenvolvimentista, não há como descolar-se o desenvolvimento econômico do social, eles andam juntos, de mãos dadas. Todos querem viver num país com prosperidade econômica, mas que também ofereça as condições necessárias para uma vida condigna: esse binômio é o que se espera com o progresso desenvolvimentista. A expressão desenvolvimento, portanto, deve ser vista sob a perspectiva econômica e social, não há outra maneira de enxergar essa inegável realidade.

4.1.3.3 O sentido da expressão "desenvolvimento" no Direito

A análise do conceito econômico de "desenvolvimento" é importante para o Direito para se verificar se as normas jurídicas adotaram esse mesmo sentido para a expressão. Fora disso, não há muita utilidade nessa compreensão, já que as ciências econômicas voltam-se para o mundo da realidade, e as normas jurídicas, vocacionam-se para o mundo deôntico, ou seja, o mundo do dever-ser.[120]

---

[120] Com efeito, o estudo etimológico da expressão desenvolvimento aponta para os seguintes significados: progresso ("Graças ao desenvolvimento da medicina, a doença

103

Destarte, verifica-se que a expressão "desenvolvimento" recebeu ampla consagração constitucional, pois o texto maior utiliza-se dela por mais de 40 (quarenta) vezes. Como não se presumem palavras inúteis no texto, é fundamental buscar o sentido constitucional da expressão, uma vez que a atividade de infraestrutura encontra-se a ela intimamente conectada.

Com efeito, ao examinar os trechos em que a Constituição utiliza a expressão, fica fácil concluir que, na maioria das vezes, o constituinte empregou-a exatamente no sentido técnico econômico. Retornando-se à gênese constitucional, o texto maior, ao impor em seu artigo 3º, inciso III, o *desenvolvimento nacional* como objetivo fundamental da República Federativa do Brasil, o fez, positivando o significado encontradiço nas ciências econômicas. Ou seja, deve o Estado promover atividades que garantam o *desenvolvimento econômico*, como aspecto atinente ao seu crescimento quantitativo e ao *desenvolvimento social*, concernente à melhoria efetiva da qualidade de vida dos brasileiros.

Foi, portanto, introduzida na ordem jurídica brasileira a determinação constitucional que o Estado, por meio do exercício de suas funções e correspectivas atividades públicas, garanta aos brasileiros o desenvolvimento econômico e social. Consoante elucida o preclaro professor José Afonso da Silva, ao comentar o disposto no artigo 3º, inciso III, do texto constitucional:

> Como um dos objetivos fundamentais da República, alarga-se seu sentido para desenvolvimento nacional em todas as dimensões. Mas as relações contextuais mostram que o desenvolvimento econômico e social, sujeito a planos nacionais e regionais (art. 21, IX), está na base do desenvolvimento nacional, objeto do art. 3º, II. Não se

---

do meu filho já tem cura"), prosseguimento ("Ela estava muito nervosa mas, com o desenvolvimento da conversa, foi ficando mais calma"), crescimento ("Estou seguindo o desenvolvimento dessa plantinha"), aperfeiçoamento ("O cirurgião está muito empenhado no desenvolvimento de sua motricidade fina"), elaboração ("Meu projeto ainda está em fase de desenvolvimento") e exposição ("Tive dificuldade em acompanhar o desenvolvimento do raciocínio feito pela professora"). *In:* Dicionário de Sinônimos online [sinônimos.com.br].

CAPÍTULO 4 - O RECONHECIMENTO DA ATIVIDADE...

> quer um mero crescimento econômico, sem justiça social – pois, faltando esta, o desenvolvimento nada mais é do que a simples noção quantitativa, como constante aumento do produto nacional, como se deu no regime anterior, que elevou o país à oitava potência econômica do mundo, ao mesmo tempo em que o desenvolvimento social foi mínimo e a miséria se ampliou.[121]

Mais à frente, no inciso IX, do artigo 21 da Constituição confirma-se essa mesma diretiva, ao elencar o constituinte que compete à União elaborar e executar planos nacionais e regionais de desenvolvimento econômico e social. O artigo 23, em seu parágrafo único, também prescreve que leis complementares deverão fixar normas para a cooperação entre a União, Estados, o Distrito Federal e os Municípios tendo em vista o equilíbrio do desenvolvimento e do bem-estar em âmbito nacional. O artigo 43 segue com essa mesma diretiva, ao estabelecer que a União poderá articular sua ação em um mesmo complexo geoeconômico e social, visando ao seu desenvolvimento e à redução das desigualdades regionais, devendo a Lei Complementar dispor sobre as condições para integração de regiões em desenvolvimento e dando ênfase aos planos nacionais de desenvolvimento econômico e social aprovados por organismos regionais que o executarão.

A Constituição impõe ao próprio Congresso Nacional em suas Casas que constitua Comissões encarregadas de apreciar planos nacionais, regionais e setoriais de desenvolvimento, consoante o disposto em seu artigo 58, inciso VI, § 2º. Finalmente, o artigo 174 do texto constitucional, ratificando o disposto no artigo 3º, impõe ao Estado a promoção do *desenvolvimento nacional equilibrado*, que incorporará e compatibilizará os planos nacionais e regionais de desenvolvimento.

Consolida-se, portanto, o entendimento de que, sob o ponto de vista jurídico, o desenvolvimento nacional tem dupla dimensão, a econômica e a social, sendo que a primeira é representada pelo incremento

---

[121] SILVA, José Afonso da. *Comentário contextual à Constituição*. São Paulo: Malheiros Editores, 2005, p. 47.

da produção, e a segunda, caracterizada pela melhoria de qualidade de vida das pessoas.

Estando esse duplo benefício à cura do Estado, a conformação da atividade administrativa infraestrutural configura exatamente o instrumento próprio de sua implementação. É preciso consignar que entre o desenvolvimento e a atividade de infraestrutura existe uma relação de *complementariedade*. Tal como o ar que precisamos para viver, a atividade de infraestrutura impõe-se como mecanismo essencial para se obter o desenvolvimento econômico e social.

Claro que existem outras atividades estatais que também concorrem para promoção do desenvolvimento sob esse duplo aspecto, não há dúvida, mas a **atividade de infraestrutura é a própria essência do desenvolvimento, as demais são apenas ancilares**. A atividade de infraestrutura se amolda de maneira retilínea ao específico objetivo desenvolvimentista, está conectada íntima e umbilicalmente à promoção do desenvolvimento nacional, no sentido ora aquilatado. É ela que irá beneficiar a coletividade tanto no que se refere ao incremento da atividade produtiva do país (e consequentemente da renda), como para melhorar a qualidade de vida dos partícipes da sociedade. Não há o menor sentido na realização da atividade infraestrutural se não for para o desígnio firme de florescer o desenvolvimento, essa é a razão de existir da infraestrutura. Dessa maneira, se é condição de existência do Estado o seu desenvolvimento econômico e social, e se para o desenvolvimento se impõe a atividade de infraestrutura, fica fácil concluir que sem infraestrutura não há Estado.

O desenvolvimento, sob o prisma do direito, enfeixa ao Estado a necessidade de materializar ações, de implementar atividades, que possam melhorar a circulação interna de produtos (bens e serviços), de maneira a favorecer a produtividade e a competitividade (interna e externa). O viés do desenvolvimento é conectar o país para que ele possa ser internamente eficiente na distribuição de seus produtos, mas também que possa, especialmente, ser competitivo no mercado internacional, de sorte a promover um círculo virtuoso. O papel da infraestrutura nesse particular é decisivo e primordial, pois não há como integrar o mercado sem que o Estado mantenha uma atividade de infraestrutura em níveis acentuados. Aliás, é possível ir além, para se consignar que, em verdade, não existe

CAPÍTULO 4 - O RECONHECIMENTO DA ATIVIDADE...

sequer mercado sem infraestrutura, ela é uma condição necessária daquele. Por isso, a fundamental importância de promover a atividade infraestrutural.

Mas isso não basta: além do crescimento da produção, especialmente naquilo que guarda pertinência à renda, é fundamental que essa atividade promova a justiça social, no sentido de, efetivamente, oferecer benefícios que contribuam para a melhora da qualidade de vida das pessoas. E, nesse particular, à luz do desenvolvimento social, o papel da atividade infraestrutural é absolutamente estratégico e primordial. É fundamental que o Estado possa encarecer sua infraestrutura social de sorte a aumentar o número de leitos nos hospitais; dispor de instalações adequadas para a prática do ensino público, permitir a redução do número de doenças por força de um saneamento básico eficiente, enfim, permitir que a coletividade tenha uma vida condigna.

Por último, como objetivo fundamental prescrito pela Constituição, exige-se do Estado, de modo impostergável e incessante, a tomada de ações dedicadas ao desenvolvimento nacional. Entende-se, destarte, que o desenvolvimento nacional, ao tempo em que é objetivo a ser alcançado, é também um meio imprescindível para a efetivação de direitos fundamentais consagrados no ordenamento jurídico pátrio.

4.1.4 Elemento formal

"(...) sob um regime jurídico-administrativo."

O elemento formal não apresenta grandes dificuldades, posto que, ao se impor a atividade administrativa de infraestrutura sob a incumbência da Administração Pública, automaticamente a ela se incorpora o regime jurídico-administrativo.

A atividade administrativa é concretizada à luz dos princípios e regras informadores do Direito Administrativo, qualquer tentativa de abrandá-los ou inibi-los por completo implica, em tese, a inconstitucionalidade do diploma legal em questão. Trata-se de uma atividade fundamental para atendimento de um interesse público primordial à coletividade, que será agraciada com todos os benefícios que lhe são inerentes.

107

O sistema de delegação para a iniciativa privada da atividade não macula, de forma alguma, a incidência do aludido regime jurídico, uma vez que a titularidade da atividade continua, sobejamente, sob os auspícios estatais.

Nesse ponto, compreender a infraestrutura como atividade administrativa significa impor a ela, todas as normas jurídicas que disciplinam o Direito Administrativo, ou melhor, significa dizer que ela se encontra inserida sob o regime jurídico-administrativo, com todos os princípios a ele inerentes. Consoante ensina Celso Antônio Bandeira de Mello: "só se pode falar em direito administrativo, no pressuposto de que existam princípios que lhe são peculiares e que guardam entre si uma relação lógica de coerência e unidade compondo um sistema ou regime: o regime jurídico-administrativo".[122]

Esse regime, enquanto categoria jurídica básica, é composto por princípios e regras jurídicas que lhe conferem identidade, apartando-os das demais ramificações do Direito. Isso quer dizer que todos os institutos jurídicos que se encontram inseridos nessa disciplina, tais como utilidade pública, interesse público, bem público, dentre outros, só têm sentido se examinados à luz desse regime.

Ao se identificar tal instituto como afeto ao regime jurídico-administrativo, consoante expõe Celso Antônio Bandeira de Mello:

> (...) não há necessidade de enumerar e explicar pormenorizadamente o complexo total de regras que lhe são pertinentes, uma vez que, de antemão, se sabe, recebera, *"in principio"*, e em bloco, o conjunto de princípios genéricos, convindo, apenas agregar-lhes as peculiaridades, o sentido, a direção e a intensidade que a aplicação dos princípios genéricos têm em cada caso, assim como eventuais derrogações provocadas pelos subprincípios ligados à natureza particular do instituto examinado.[123]

---

[122] BANDEIRA DE MELLO, Celso Antônio. *Curso de Direito Administrativo*. São Paulo: Malheiros Editores, 2015, p. 53.

[123] BANDEIRA DE MELLO, Celso Antonio. "O conteúdo do regime jurídico-administrativo e seu valor metodológico". *Revista de Direito Administrativo*, Rio de

CAPÍTULO 4 - O RECONHECIMENTO DA ATIVIDADE...

Afeto que está ao regime jurídico-administrativo, a sistematização de um conceito jurídico da infraestrutura e sua alocação como atividade administrativa, com feição própria, têm o condão de definir os seus reais contornos, identificar pontos de aglutinação, diferenciá-lo em relação às demais atividades administrativas de molde a demonstrar sua nuclear importância no seio da coletividade e impô-la como um legítimo e inafastável dever estatal, sem o qual não seria possível assegurar o pleno desenvolvimento econômico e social.

Importante destacar, ainda, que, no Direito Administrativo, não há espaço para autonomia da vontade, que é substituída pela ideia de função, de dever de atender e resguardar o interesse público. Se a atividade de infraestrutura não fosse alocada como uma atividade estatal, não haveria como obrigar o Estado a desenvolvê-la, e, com isso, o empobrecimento da sociedade seria inevitável, já que os particulares somente a fariam, se, eventualmente, atendesse a um interesse individual. O Direito Administrativo e seus respectivos institutos organizam-se ao redor do dever de servir à coletividade, do encargo de atender aos interesses públicos.

Por essas razões todas, e pelo tratamento jurídico concedido à matéria, é fundamental considerar a atividade de infraestrutura como atividade administrativa, afeta ao regime jurídico-administrativo, de molde a assegurar, para toda a coletividade, que o Estado irá promovê-la de maneira incondicional, como um dever que lhe é intrínseco e impostergável, tudo de sorte a atingir o pleno desenvolvimento econômico e social.

Por isso, a importância de se promover uma correta autonomização da atividade de infraestrutura, alocando-a dentro do regime jurídico de Direito Administrativo, sob o manto do texto constitucional, para sistematizar adequadamente essa importante tarefa, que desloca a correta compreensão dos ditames infraestruturais.

Janeiro, vol. 89, pp. 8-33, jul. 1967, p. 30. ISSN 2238-5177. Disponível em: <http://bibliotecadigital.fgv.br/ojs/index.php/rda/article/view/30088/28934>. Acesso em: 5 jul. 2020. DOI: http://dx.doi.org/10.12660/rda.v89.1967.30088.

CAPÍTULO 5

DA DELEGAÇÃO DA ATIVIDADE DE INFRAESTRUTURA

5.1 Considerações preliminares

Consoante já explicitado no presente trabalho, a atividade administrativa de infraestrutura encontra-se estruturada no rol das atividades que são delegáveis aos particulares, que poderão exercê-la em nome do Estado, de forma a colaborar, em espírito de convergência, com a obtenção dos desideratos públicos, sem prejuízo do retorno financeiro do capital investido.

Deve-se registrar que a construção delegatória de certas atividades administrativas foi, desde sempre, uma prática bastante engenhosa, uma vez que o Estado se mantém como seu titular, mas angaria particulares para lhe auxiliar com sua missão, em troca de um determinado resultado financeiro. A equação que se coloca é a seguinte: sob o ponto de vista do *Estado*, a visão é a de proteger o interesse público incutido na provisão, manutenção e operação de ativos públicos, por sua enorme relevância no seio da coletividade; sob o ponto de vista do *investidor*, trata-se de uma enorme operação financeira em que serão aportadas quantias volumosas de recursos com o intuito de obter o retorno desses investimentos.

Mas, é fundamental que o investidor que pretende alocar recursos em ativos de infraestrutura tenha uma compreensão diferenciada acerca desse mercado; é necessário que sua visão ultrapasse uma política corporativa meramente especulativa, sobrepujando-a. O investimento em infraestrutura tem uma dimensão qualificada, ele transforma a realidade econômica e social, altera vivamente o entorno coletivo. Não se trata, portanto, de uma simples aplicação financeira pela ótica rentista; aqueles que se amesquinham nessa visão (que nada tem de romântica, diga-se de passagem, ela é absolutamente real e pragmática e deve permear o capitalismo na maioria das atividades econômicas), não conseguem obter os resultados granjeados. A cultura empresarial dos investidores em infraestrutura deve estar minimamente afeta a esse espírito público, exige-se uma vitalidade diferenciada, uma postura corporativa singular, um conhecimento inequívoco desse complexo e intrigante fenômeno das contratações públicas, manejada para o fim de atender a um número altamente expressivo de beneficiários.

Essas ponderações têm alta relevância jurídica, uma vez que todo esse cenário se encontra positivado nas normas jurídicas que disciplinam as relações jurídicas delegatórias, devendo, portanto, as decisões empresariais que advenham de tais projetos serem empreendidas a partir dessas relevantes premissas. Se o Brasil é um país "impiedoso com os principiantes", atuar em contratos de infraestrutura de maneira séria é apenas para um seleto grupo de investidores, que detenham inequívoca consciência desse intricado e instigante cenário.

O espírito que deve nortear toda essa relação é de *convergência*, cada um, obviamente, buscando salvaguardar seus interesses, mas com o objetivo único e final de prover, operar e manter ativos públicos que obrigatoriamente atinjam os resultados tracejados.

Trata-se, verdadeiramente, da aplicação da teoria dos "contratos relacionais". Sua premissa é simples: há contratos em que as partes estarão vinculadas por muitos e muitos anos. Nesses casos, então, é esperado que elas atuem de modo convergente, ainda que o elemento sinalagmático sempre se faça presente; há a necessidade de atuação voluntária em favor de preservar o contrato para ambas as partes, e não apenas a busca de cada lado do sinalagma.

A teoria dos contratos relacionais é largamente creditada a Ian Roderick MacNeil.[124] Segundo o distinto professor norte-americano, a teoria das "normas relacionais" funda-se em quatro princípios: a *integridade dos papéis dos contratantes*; a *preservação da relação*; a *harmonização do conflito relacional* e as *normas supracontratuais*.[125]

---

[124] O desenvolvimento da sua teoria encontra-se aprofundada em sua obra *The new social contract*. London: Yale University Press. No Brasil, a difusão dessa teoria deve-se à obra de Ronaldo Porto Macedo Jr. Cf. *Contratos relacionais e defesa do consumidor*. São Paulo: Max Limonad, 1998, pp. 147-153.

[125] MACNEIL, Ian Roderick. *The new social contract*. London: Yale University Press, 1980, pp. 65-70.

CAPÍTULO 5 - DA DELEGAÇÃO DA ATIVIDADE DE INFRAESTRUTURA

De acordo com o primeiro, embora, naturalmente, em contratos relacionais, haja interesses individuais, tais interesses são interligados por uma complexa interface de hábitos, costumes, regras internas, trocas sociais e expectativas quanto ao futuro. O segundo é a materialização da chamada "solidariedade contratual". Nas palavras do jurista: "relações pontuais se encerram rapidamente em função da conclusão do negócio e se espera que sejam rapidamente substituídas por novas relações pontuais. Mas a característica da continuidade dessas relações é da que a preservação da relação se torna regra."[126]

O terceiro preconiza a própria preservação da relação, dado que, "se o conflito não for harmonizado, a relação, cedo ou tarde, sucumbirá." A harmonização é um princípio em si mesmo, no entanto, em função do fato de que, num contrato relacional, sempre haverá conflito entre os interesses das relações pontuais e a preservação da relação restante por eles formada. Por fim, consoante indica o quarto princípio, contratos relacionais são relações expansivas, comparáveis a "minissociedades ou miniestados", de tal modo que sua regulamentação não se esgotará no próprio contrato, mas admitirá influxo de normas supracontratuais.[127]

Ian Roderick MacNeil propõe abordagem inusitada a respeito do sinalagma: mesmo as relações contratuais são relações cooperativas, e isso convive com a noção de interesse egoístico de cada parte em relação à realização de seu próprio interesse. Segundo o citado autor:

> Antes de se examinarem os demais elementos comuns à noção de contrato, é provavelmente desejável examinar o aparente conflito entre a presença da troca econômica e a noção de que o comportamento contratual é cooperativo. Todos nós, afinal, pensamos em trocas econômicas como exemplos de comportamentos extremamente egoístas e individualistas ao invés de cooperativos. Dos pontos de vista histórico e antropológico, é prontamente

---

[126] MACNEIL, Ian Roderick. *The new social contract*. London: Yale University Press, 1980, p. 65.

[127] MACNEIL, Ian Roderick. *The new social contract*. London: Yale University Press, 1980, p. 65.

constatável que nos locais onde tradição e costumes dominam a produção e distribuição de bens e serviços, a sociedade em questão é geralmente menos individualista e mais comunitária em sua estrutura, modos e atitudes do que são aquelas em que a troca econômica predomina. E em nosso século há um declínio significativo do individualismo ao passo em que o significado de troca se avultou em importância como o mecanismo social dominante, seja nos modelos atuais de estado de bem-estar social, seja nos socialistas. (…) É fácil perder de vista que, de fato, a troca econômica representa uma forma de cooperação humana. Em primeiro lugar, é uma forma de comportamento social – o verdadeiro lobo solitário não dispõe de ninguém para trocar bens ou serviços. O lobo solitário, naturalmente, também não pode participar da especialização do trabalho que, ao mesmo tempo, causa e é causada pela troca econômica. Além disso, a troca envolve uma finalidade mútua das partes, nomeadamente, a transferência recíproca de valores. E isso é verdadeiro não importa o quão forte seja o "homem econômico" – o "homem do tanto quanto possível pelo menor preço em troca" – ao dominar as motivações de ambas as partes.[128]

O tema dos contratos relacionais evoca, justamente, a questão da *incompletude contratual*. A questão que se interpõe é reconhecer que contratos, por mais detalhados que sejam seus termos, não são capazes de esgotar todos os comportamentos, os imprevistos e as contingências que se abaterão, invariavelmente, sobre a relação. Algumas considerações são valiosas para situar o debate, dado que, por premissa, postula-se que os contratos de delegação da atividade de infraestrutura, a seguir apresentados, são contratos incompletos em função de seu longo prazo e ampla sujeição às intercorrências futuras.

Em recente artigo, Luiz Fux e Andréa Magalhães refletem sobre a incompletude contratual como um problema de alocação de custos de transação, especialmente, na fase interna da licitação, dado que é muito

---

[128] Cf. MACNEIL, Ian Roderick. "Whither contracts?". *Journal of Legal Education,* vol. 21, n. 4, 1969, pp. 404-405, tradução nossa.

CAPÍTULO 5 - DA DELEGAÇÃO DA ATIVIDADE DE INFRAESTRUTURA

difícil esgotar a previsão de todas as alterações possíveis na elaboração do contrato. Em suas palavras:

> A fase interna da licitação possui elevado custo de transação, sobretudo quanto o objeto é complexo e as relações são de longo prazo. É custoso antever as alterações possíveis no decorrer da vigência do contrato e exaurir as contingências técnicas que possam surgir na fase executória. A par do exemplo acima, pode-se cogitar também de condições geoquímicas em contratos de extração, de especificidades normativas e burocráticas dos diversos municípios em contratos de execução nacional, do surgimento de novas tecnologias, das adversidades climáticas ou etnoambientais, dentre tantos casos possíveis. A legislação nacional parece ainda pouco sensível a esses custos.[129]

A questão do esgotamento da previsão de contingências futuras é um tema que foi abordado, do ponto de vista da teoria econômica, possivelmente de modo pioneiro, por Ronald Coase. Para o autor:

> Porém, em função da dificuldade de previsão, quanto mais longo for o prazo de um contrato de fornecimento ou prestação de serviço, tanto menos possível e, aliás, menos desejável será, para o adquirente, especificar a expectativa do que deve ser entregue pela outra parte.[130]

A proposição de Coase foi desenvolvida e aprofundada por Sanford J. Grossman e Oliver D. Hart em clássico e célebre artigo em que analisam os custos e benefícios do direito de controle decisório empresarial. O objeto de estudo dos autores consiste em analisar os modelos de integração lateral e vertical entre empresas. No primeiro, elas se ligam por

---

[129] FUX, Luiz; MAGALHÃES, Andréia. "Imprevisão, incompletude e risco: uma contribuição da teoria econômica aos contratos administrativos". *In:* WALD, Arnoldo; JUSTEN FILHO, Marçal; PEREIRA, César Augusto Guimarães. *O direito administrativo na atualidade*: estudos em homenagem ao centenário de Hely Lopes Meirelles (1917-2017). São Paulo: Malheiros Editores, 2017, p. 761.

[130] COASE, Ronald. "The nature of the firm". *Economica*, vol. 4, issue 16, 1937, p. 391.

contratos em que a decisão sobre o uso dos direitos residuais de proprie-dade de cada empresa é retido pelas partes de modo independente, ao passo que, no segundo, uma empresa adquire a outra e passa a deter todo o controle sobre suas decisões residuais em relação ao objeto principal de sua integração.[131]

Os autores exemplificam o tema com uma contratação hipotética entre uma editora e uma gráfica. Para a editora, pode haver mais vantagem em deter o direito residual de propriedade da gráfica de modo que aquela detenha o poder de decidir quando e em que condições, por exemplo, rodar uma nova impressão da obra se ela se esgotar. Isso seria, portanto, integração vertical. Caso, no entanto, o editor não detenha o poder de controlar a gráfica, na hipótese de uma nova impressão, um novo contrato precisará ser editado.[132] Naturalmente, o exemplo é focado em facilitar a compreensão do tema. O principal aspecto que interessa para esta investigação é a definição proposta pelos laureados com o prêmio Nobel, para a noção de incompletude contratual:

> A suposição básica do modelo consiste em que as decisões de produção, representadas por q, são suficientemente complexas a tal ponto que não podem ser completamente especificadas no contrato inicial entre as firmas. Temos em mente a situação em que é proibitivamente difícil pensar sobre e descrever antecipadamente, de modo não ambíguo, como todos os aspectos relevantes da alocação dos fatores de produção deveriam ser escolhidos em decorrência dos muitos estados de coisas do mundo. Para simplificar, suponhamos que *nenhum* aspecto de q seja contratável *ex ante*. A não contratabilidade de q cria a necessidade de alocação do direito residual de propriedade uma vez que, se não é possível especificar como q será determinado, deve haver algum evento, implícito ou explícito, que autoriza alguma das partes a escolher os componentes relevantes

---

[131] GROSSMAN, Sanford J.; HART, Oliver D. "The costs and benefits of ownership: A theory of vertical and lateral integration". *Journal of Political Economy*, vol. 94, n. 4, 1986, p. 692.

[132] GROSSMAN, Sanford J.; HART, Oliver D. "The costs and benefits of ownership: A theory of vertical and lateral integration". *Journal of Political Economy*, vol. 94, n. 4, 1986, pp. 696-697.

CAPÍTULO 5 - DA DELEGAÇÃO DA ATIVIDADE DE INFRAESTRUTURA

de **q** em momento posterior. Presumimos que o titular de cada ativo tem o direito de controlá-lo no caso de falta de previsão contratual. Embora **q** não seja contratável *ex ante*, presumimos que, uma vez que o estado de coisas do mundo seja conhecido, os (poucos) aspectos relevantes da alocação dos fatores de produção se tornam claros e as partes podem negociar ou recontratar sobre eles (sem custo). Ou seja, **q** é contratável *ex post*. Presumindo-se que as partes tenham acesso simétrico à informação, a renegociação sem custos sempre produziria uma alocação *ex post* eficiente, independentemente da alocação inicial dos direitos de propriedade. Porém, a *distribuição* posterior do excedente produzido será sensível aos direitos de propriedade. Por exemplo, no caso da editora e da gráfica, embora possa ser eficiente realizar uma nova impressão, a gráfica extrairá mais benefícios se for a dona das instalações e impressoras de tal modo que possa recusar o negócio se as negociações falharem.[133]

Ou seja, do ponto de vista relacional, há significativo impacto na tomada de decisão quanto às obrigações de longo prazo em função da possibilidade, ou não, de se esgotarem as previsões contratuais sobre os efeitos decorrentes de situações futuras e imprevistas, e a possibilidade de sua renegociação de modo frutífero. A delegação de atividades de infraestrutura, nesse contexto, pressupõe a natureza relacional. Não se trata de uma relação pontual de compra e venda de um bem que se encerra com a tradição, mas de uma complexa relação de longo prazo sujeita, não raro, à incidência de muitas normas *supracontratuais* em que as partes, ainda que tenham conflitos pontuais sobre interesses individuais (a revisão da tarifa, por exemplo), devem se esforçar para preservar e harmonizar a relação que ainda vigerá, às vezes, por décadas. Há, aqui, uma conexão íntima com o *princípio da multilateralidade*, que será objeto de exame no próximo capítulo.

Vale destacar, apenas, que, no contexto específico da infraestrutura, não seria possível adotar o modelo de *integração vertical* analisado

---

[133] GROSSMAN, Sanford J.; HART, Oliver D. "The costs and benefits of ownership: A theory of vertical and lateral integration". *Journal of Political Economy*, vol. 94, n. 4, 1986, p. 696. *Grifo dos autores.*

por Grossman e Hart. Isso decorre do simples fato de que os ativos públicos são inalienáveis. Ou seja, em contratos de infraestrutura, somente se pode cogitar de *integrações laterais*, de modo que o direito residual de controle sempre permanece com o Poder Público, ao passo que a superveniência de fatores imprevistos, necessariamente, resulta na necessidade de "revisão" (em substituição ao termo "renegociação" usado pelos distintos autores), em linha, justamente, com o princípio da mutabilidade dos contratos administrativos.

Diante desse quadro, é preciso agora abordar os instrumentos jurídicos que se encontram dispostos na legislação e que autorizam o administrador público, dentro de sua esfera de competência discricionária, a promover a delegação da atividade de infraestrutura, de molde que suas opções estejam absolutamente escoradas nas normas que disciplinam a matéria. É fundamental, também, atentarem-se para o conteúdo da atividade delegada, porque será ela que norteará o correto instrumento jurídico a ser utilizado pelo administrador público, incluindo a estrutura jurídica setorial, que deve estar em linha com as características gerais do instrumento escolhido, sob pena de invalidação.

Ora, se a Constituição Federal impõe o dever de promover a atividade de infraestrutura (haja vista o objetivo fundamental da República em conquistar-se o desenvolvimento nacional) e o Direito não define, no plano abstrato, o meio específico para sua concretização, há imperiosamente que se apelar a um juízo de apreciação do administrador para definir a solução mais adequada em atender ao interesse público albergado no exercício da atividade de infraestrutura. A competência aqui é discricionária, devendo ele empreender uma série de investigações e estudos no plano concreto para motivar a escolha administrativa pela delegação da atividade aos particulares. Somente dessa forma a delegação será válida!

Além do exame profundo de todos os condicionantes do caso concreto que fundamentam a decisão administrativa pela delegação da atividade, deverá também o administrador definir o modelo jurídico de delegação, levando em consideração as características jurídicas do projeto e os objetivos a serem alcançados com a colaboração dos particulares.

CAPÍTULO 5 - DA DELEGAÇÃO DA ATIVIDADE DE INFRAESTRUTURA

É preciso examinar, à exaustão, circunstâncias concretas concernentes: a maneira tecnicamente mais adequada de atender a provisão, a operação e a manutenção do ativo público; a capacidade de gestão das externalidades que a envolvem; os recursos financeiros necessários, bem como os investimentos e seu cronograma de desembolso; a relação de custo-benefício mais adequada para atender a esses reclamos e objetivar os resultados perquiridos; a definição da tecnologia a ser utilizada para melhor eficiência do sistema e sua integração com outras atividades públicas, enfim, uma gama enorme de circunstâncias que poderão justificar a delegação e sua total conformidade com o instrumento jurídico escolhido para endereçar essas questões.

Aqui, a necessidade de uma argumentação robusta que ampare o *juízo subjetivo* do administrador e justifique a eleição da medida considerada idônea para satisfazer a finalidade legal. Por isso, a importância fundamental do planejamento estratégico e dos estudos técnicos prévios (sob o prisma operacional, econômico e jurídico) que respaldem a decisão administrativa. É preciso levar a sério esse nuclear momento na fase de planejamento dos processos concessórios, em que se decide concretamente se a opção delegatória atingirá a finalidade legal de proteção da atividade de infraestrutura, não sendo ela um cheque em branco para resolver todos os impasses nesse segmento (e também se estivermos diante de serviços públicos). Ela pode ser altamente operativa, se muito bem justificada e construída.[134]

Há que se promover um *processo administrativo decisório robusto*, em que se possam esquadrinhar, com rigor e acuidade, todas as adversidades que se avizinham com a delegação da atividade, de forma absolutamente responsável e com o cumprimento de todas as etapas que a enseja: a escolha do modelo institucional que será responsável pela sua estruturação, os agentes envolvidos, os *inputs* de mercado e da sociedade civil, a

---

[134] Não é por outro motivo que a Lei de Concessão (Lei n. 8.987/95), de maneira expressa, exige a justificativa formal do ato concessório, consoante o disposto em seu artigo 5º. Essa exigência prescreve a necessidade de elucidação das razões de conveniência e oportunidade que justificam a delegação da atividade para os particulares, e pode ser objeto de controle pelos meios jurídicos competentes.

composição tecnológica, os parâmetros operacionais e financeiros, a interconexão com as entidades financiadoras, a estruturação de riscos e garantias contratuais, as peculiaridades setoriais, a eficiência regulatória na gestão contratual, os gatilhos de emergência, as relações com os órgãos de controle, a idoneidade e a transparência, a capacidade de fiscalização, a aprovação de licenças e medidas expropriatórias, a coordenação estratégica com entes federativos, o monitoramento de eventos externos que impliquem risco à continuidade, a entrega de benefícios sociais, e especialmente, se houve melhora de performance e benefícios à população, razão última de todo esse processo.

Não é à toa que delegações desastrosas, que não se sustentavam sob o ponto de vista fático, tiveram que ser objeto de desvirtuada atuação legislativa para autorizar os indesejados institutos da "prorrogação antecipada" e da "relicitação" (Lei 13.448/17, artigo 4º, incisos II e III). O grande número de projetos fracassados, que não tiveram seus estudos devidamente delineados, demonstra a imperiosidade de uma apreciação subjetiva profunda para motivar a decisão delegatória e seu respectivo mecanismo de atuação contratual. A precariedade da decisão administrativa imporá uma postergação intolerável do interesse público envolvido. A decisão administrativa nesse ponto é complexa e deve deixar remansoso, por meio de argumentação vigorosa, as razões que justificam a delegação aos particulares, a entidade que receberá a incumbência de exercer tal atividade (se administração direta ou indireta, incluindo o exame das autarquias, empresas estatais e empresas privadas) e o modelo jurídico delegatório, sempre levando em consideração as condicionantes do caso concreto. Não há outro caminho para se atender aos reclamos do princípio da boa-administração, base nuclear de todo o regime jurídico-administrativo.[135]

---

[135] A Lei de Introdução às Normas de Direito Brasileiro (LINDB), nessa esteira, fez incluir o artigo 20, conferindo determinação expressa para que o agente público considere as consequências práticas de sua decisão. Ora, fundamental que as consequências práticas advindas da decisão delegatória sejam devidamente sopesadas pelos administradores, de forma que se atenda, com rigor, ao resultado do projeto concessório que esteja sendo levado a efeito. Há enorme responsabilidade nessa decisão administrativa, por isso fundamental que se desempenhe um processo administrativo

CAPÍTULO 5 - DA DELEGAÇÃO DA ATIVIDADE DE INFRAESTRUTURA

Esse é outro grande desafio que se pretende superar com a proposta defendida neste trabalho: enfatizar que a atividade a ser delegada deve estar rigorosamente adequada aos parâmetros legais tracejados, tanto em abstrato pelo legislador, quanto em concreto pelo administrador público na modelagem escolhida, evitando a sua invalidação pela prática de potencial *contrafação administrativa*.[136]

O instituto da concessão, nesse particular, é o instrumento próprio de delegação da atividade de infraestrutura. O instituto não se encontra adstrito unicamente à delegação da atividade de serviço público; ele possui um arquétipo mais aberto para abarcar a delegação

---

completo e robusto antes da decisão administrativa concessória, sob pena de invalidade. Vale a leitura do aludido dispositivo: "Art. 20. Nas esferas administrativa, controladora e judicial, não se decidirá com base em valores jurídicos abstratos sem que sejam consideradas as consequências práticas da decisão. Parágrafo único. A motivação demonstrará a necessidade e a adequação da medida imposta ou da invalidação de ato, contrato, ajuste, processo ou norma administrativa, inclusive em face das possíveis alternativas".

[136] Segundo a teoria das contrafações administrativas, desenvolvida por Ricardo Marcondes Martins, há contrafação sempre que o legislador apropriar, de modo incorreto, um conceito jurídico com o propósito impor sua incidência a uma situação que exigiria um regime jurídico diverso. (Cf. MARTINS, Ricardo Marcondes. "Teoria das contrafações administrativas". *A&C – Revista de Direito Administrativo & Constitucional*, Belo Horizonte, ano 16, n. 64, p. 115-148, abr./jun. 2016). A teoria foi proposta, de modo seminal, por Celso Antonio Bandeira de Mello ao questionar a qualificação legislativa de determinadas atividades sob o rótulo de "permissão" quando, em verdade, o regime jurídico incidente seria o da concessão, em especial, por conta da garantia da preservação do equilíbrio econômico-financeiro. Segundo o indelével escólio do jurista: "Das observações feitas, entretanto, não se segue que a Administração esteja liberada para outorgar permissões – buscando a liberdade que corresponderia ao seu caráter precário – em hipóteses não compatíveis com o préstimo natural do instituto; ou seja: em hipóteses nas quais sua contraparte deva realizar investimento de monta e em que o adequado cumprimento do serviço demanda estabilidade, requerida para que o empreendedor possa organizar-se e instrumentar-se satisfatoriamente, com os correlatos dispêndios. (...) Assim, se vierem a reproduzir-se as situações teratológicas referidas, não haverá senão reproduzir estas mesmas soluções apontadas, de tal sorte que as permissões de serviço público converter-se-ão em verdadeiras contrafações das concessões de serviço público, devendo, por isto, ser responsabilizados os agentes públicos que lhes derem causa, seja de que hierarquia forem. Cf. BANDEIRA DE MELLO, Celso Antonio. *Curso de direito administrativo*. 33. ed. São Paulo: Malheiros Editores, 2016, pp. 796 e 797-798.

de outras tarefas públicas aos particulares de competência do Estado, de maneira a satisfazê-las plenamente.[137]

Infelizmente, ocorre um fenômeno no Direito Administrativo brasileiro de redução do instrumento da concessão.[138] Diante dos complexos misteres que são acometidos aos administradores públicos, é fundamental que se possa ampliar a compreensão acerca dos modelos de delegação administrativa e, com isso, atender com maior intensidade ao interesse público envolvido. A complexidade do cenário tecnológico e institucional contemporâneo exige essa amplitude para alcançar relações que se tornam cada vez mais complexas e desafiadoras.

Portanto, o que se pretende com o presente capítulo não é tracejar as características dos modelos concessórios, debater sua natureza jurídica ou mesmo seu núcleo conceitual básico, mas, sim, demonstrar que o instituto é absolutamente compatível e típico para promover a delegação da atividade de infraestrutura.

Será possível demonstrar que a atividade de infraestrutura (atividade inespecífica e indivisível de provisão, operação e manutenção de ativos públicos) se delega por meio do instituto da concessão, em sua modalidade *concessão de infraestrutura* (antiga *concessão de obra pública*), *concessão administrativa* e *concessão patrocinada*, a depender do exame no plano concreto.

Tal como se observa em inúmeros setores de elevada importância da sociedade, a operação de uma rodovia não constitui serviço público rodoviário, é, em verdade, atividade de infraestrutura, de operação e manutenção do ativo rodoviário; a operação de uma ferrovia não é a mesma atividade concernente à prestação de serviço público de transporte ferroviário de cargas ou de passageiros; a operação de um aeroporto é atividade que não coincide com a prestação do serviço público de transporte aéreo realizado

---

[137] Esse é o entendimento de Floriano de Azevedo Marques Neto (Cf. *Concessões*. Belo Horizonte: Fórum, p. 253). *Vide*, também, DI PIETRO, Maria Sylvia Zanella. *Direito administrativo*. 27. ed. São Paulo: Atlas, 2014, p. 302.

[138] Floriano de Azevedo Marques Neto promove essa corretíssima ponderação, conferindo-lhe o ponto de partida para tratar das modalidades concessórias, como espécies do gênero "concessão". (Cf. *Concessões*. Belo Horizonte: Fórum, p. 115).

CAPÍTULO 5 - DA DELEGAÇÃO DA ATIVIDADE DE INFRAESTRUTURA

pelas empresas aéreas; a operação de uma estação de tratamento de esgoto é diferente da atividade de prestação de serviço público de esgotamento sanitário (saneamento básico); a operação do sistema de iluminação pública não é o mesmo que o serviço público de energia elétrica distribuído aos usuários em suas residências ou instalações comerciais. O objeto da delegação, em todos esses casos, implica o oferecimento de benefícios indivisíveis e inespecíficos para a coletividade, que atendem, irremediavelmente, a outro importante interesse público: o estímulo desenvolvimentista.[139]

5.2 Concessão de Infraestrutura

Consoante posição doutrinária dominante, os autores retiram do conceito de concessão de serviço público, precedida da execução de obra pública, previsto no inciso III, do artigo 2º, da Lei 8.987/95, a noção de concessão de obra pública.[140] Ocorre que, no aludido conceito, as referências concernentes à obra pública preveem apenas a sua construção (total ou parcial), conservação, reforma, ampliação ou melhoramento. Esse contexto não é suficiente para demonstrar a atividade que se pretende promover com essa modalidade concessória, pois coloca luzes apenas na obra pública propriamente dita, como realidade estática.[141]

---

[139] Tais considerações encontram-se em absoluta consonância com o conceito de Parceria Público-Privada em âmbito das melhores práticas internacionais, consoante se observa na definição trazida pelo PPP Reference Guide, version 3, proposta pelo Banco Mundial: "PPP is defining it as a long-term contract between a private party and a government entity, for providing a **public asset** or **service**, in which the private party bears significant risk and management responsability and remuneration is linked to performance" (grifos nossos). Em tal ambiente, a despeito do conceito não se encontrar guarnecido em definições encontradiças nos ordenamentos jurídicos nacionais, eles conferem importante uniformização de linguagem técnica em torno da temática, que é fundamental ser conhecida por aqueles que se dedicam à estruturação e gestão de projetos de emparceiramentos público-privado. O referido guia pode ser encontrado on-line, no seguinte endereço: https://ppp.worldbank. org/public-private-partnership/library/ppp-reference-guide-3-0.

[140] Cf. MEIRELLES, Hely Lopes. *Direito de construir*. 9. ed. São Paulo: Malheiros Editores, 2005, p. 259; BANDDEIRA DE MELLO, Celso Antônio. *Curso de direito administrativo*. 32. ed. São Paulo: Malheiros Editores, 2015, pp. 710-711.

[141] A Lei das Parcerias Público-Privadas (Lei n. 11.079/04), de modo acertado, reconhece expressamente o instituto da concessão de obra pública no § 3º, do seu artigo 2 ao mencionar

Em verdade, a atividade que deve ser realizada pelo Estado por meio dessa delegação é mais ampla, comporta os investimentos, a manutenção e a operação do ativo público pelo particular com vistas a obtenção de anseios econômicos e sociais, o que transcende, em muito, a mera gestão de uma obra pública. Com essas considerações, é possível concluir que, quando a doutrina depreende da lei, o instituto da concessão de obra pública, em verdade, hodiernamente, está tratando de outro fenômeno, mais complexo e multifacetado, justamente a concessão da atividade de infraestrutura pública.

O instituto da concessão de obra pública não recebeu da doutrina, e, muito menos na prática do direito, grande notoriedade, exatamente porque suas características não estão delineadas com clareza e de modo sistemático na legislação posta. O conceito de obra pública, como vimos, recebe uma conotação própria no Direito Administrativo brasileiro, cujo núcleo fundamental é uma *realidade estática*. Essa moldura inerte fica difícil de ser compreendida, quando falamos de uma atividade administrativa, que pressupõe uma conduta *dinâmica*.

Diante dessa contradição, a verdade é que o instituto carece de aprofundamento teórico, mesmo considerando sua longa tradição advinda do

---

que: § 3º Não constitui parceria público-privada a concessão comum, assim entendida a concessão de serviços públicos ou de obras públicas de que trata a Lei n. 8.987, de 13 de fevereiro de 1995, quando não envolver contraprestação pecuniária do parceiro público ao parceiro privado". Celso Antonio Bandeira de Mello, com sua habitual maestria, bem aponta a diferença entre a obra pública e o serviço público: "Obra pública é a construção, reparação, edificação ou ampliação de um bem imóvel pertencente ou incorporado ao domínio público. Obra pública não é serviço público. De fato, o serviço público e a obra pública distinguemse com grande nitidez, como se vê da seguinte comparação: a) a obra é, em si mesma, um produto estático; o serviço é uma atividade, algo dinâmico; b) a obra é uma coisa: o produto cristalizado de uma operação humana; o serviço é a própria operação ensejadora do desfrute; c) a fruição da obra, uma vez realizada, independe de uma prestação, ela é captada diretamente, salvo quando é apenas o suporte material para a prestação de um serviço; a fruição do serviço é a fruição da própria prestação; assim, depende sempre integralmente dela; d) a obra, para ser executada, não presume a prévia existência de um serviço; o serviço público, normalmente, para ser prestado, pressupõe uma obra que lhe constitui o suporte material. (BANDEIRA DE MELLO, Celso Antônio. *Curso de direito administrativo*. 32. ed. São Paulo: Malheiros Editores, 2015, pp. 710-711). O ilustre jurista não acolhe a distinção por nós proposta, de uma atividade de infraestrutura que, normalmente, estará relacionada, de um lado, à fruição de uma obra de infraestrutura e, de outro, à atividade administrativa de provisão, operação e manutenção dessa obra. De todo modo, o texto é elucidativo da diferença entre a obra como produto estático e o serviço que a emprega como atividade humana.

CAPÍTULO 5 - DA DELEGAÇÃO DA ATIVIDADE DE INFRAESTRUTURA

direito francês. Quando trazemos à tona a realidade da atividade de infraestrutura, tudo se encaixa, pois aquele conceito estático de obra pública é substituído por uma realidade dinâmica (provisão, operação e manutenção de ativos públicos). Não é possível, tecnicamente, delegar uma obra pública, uma vez que apenas *atividades* podem ser delegadas, por isso a necessidade de evoluir a noção clássica do instituto para sua caracterização como *concessão de infraestrutura*, capaz de delinear corretamente esse fenômeno jurídico.

Além disso, mesmo que se pudesse, à luz do conceito tradicional de *concessão de obra pública*, delegar algumas atividades, como limpeza ou vigilância da obra, a verdade é que tais atividades são absolutamente ancilares. Na concessão de infraestrutura, o objeto da delegação são as próprias atividades de *provisão, operação e manutenção do ativo público*, que são realizadas de maneira ininterrupta pelo concessionário, de molde a servir a coletividade de modo inespecífico e indivisível.

No que toca à remuneração do investidor, algumas considerações precisam ser formuladas. A remuneração advinda da concessão de obra pública é denominada, pela maioria da doutrina, de "tarifa".[142] Todavia, de tarifa não se trata, uma vez que ela pressupõe uma relação jurídica concreta específica e divisível (art. 145, inciso II, da Constituição Federal), própria da prestação de serviço público. Assim, não há plausibilidade jurídica em defender que o concessionário seria remunerado por meio de tarifa, tanto à luz da antiga concessão de obra pública, quanto em relação ao instituto que ora se defende e a substitui, a novel *concessão de infraestrutura pública*. Nesse caso, a natureza da remuneração do concessionário não é de tarifa, mas, sim, de preço público.[143-144]

---

[142] Cf., por todos, CÂMARA, Jacintho Arruda. *Tarifa nas concessões*. São Paulo: Malheiros Editores, 2009, p. 21.

[143] Geraldo Ataliba salienta que "se se tratar de atividade pública (art. 175) o correspectivo será taxa (artigo 145, II), se se tratar de exploração de atividade econômica (art. 173) a remuneração far-se-á por preço". Veja que a postura adotada no presente estudo não é contrária ao posicionamento de Geraldo Ataliba, uma vez que ao mencionar a aludida distinção, o publicista não estava tratando do instituto do "preço público", mas simplesmente de "preço", categoria jurídica própria destinada à exploração de atividades eminentemente privadas, que visam à obtenção de lucratividade. (ATALIBA, Geraldo. *Hipótese de incidência tributária*. 6. ed. São Paulo: Malheiros Editores, 2009, p. 170).

[144] Nesse sentido, acompanhamos a posição firmada por Floriano de Azevedo Marques Neto: "a fonte principal da remuneração do concessionário, como dito, advém do valor

O preço público é a designação genérica da cobrança pelo Estado pela utilização de um serviço ou bem (*gênero, portanto, da qual a tarifa é espécie*). A remuneração do concessionário de infraestrutura pública, à luz da Lei 8.987/95, tem a natureza de preço público, uma vez que não pressupõe especificidade e divisibilidade da prestação (tarifa); advém de uma compensação econômica pelos investimentos, operação e manutenção do ativo público.

O benefício é genérico, para toda a coletividade, e não individual, de fruição singular. O exemplo clássico é o pedágio: a sua natureza jurídica, quando concedido, jamais foi tarifária, uma vez que não há fruição individual de um "serviço público rodoviário" posto à disposição de alguém. A realidade jurídica que se afigura para a coletividade, em verdade, é a utilização da infraestrutura rodoviária pelo particular que poderá exercer o direito de trafegar pela rodovia e seu consequente deslocamento geográfico de um ponto a outro.[145] Os investimentos

---

cobrado pelo uso da obra concedida. De que tal remuneração tem natureza de preço público não parece haver dúvidas, pois é um valor de retribuição pela fruição de um bem que, por ser de natureza pública (ainda que cometido à exploração do particular), é regulado pelo poder concedente. Resta saber se tal remuneração tem natureza específica de tarifa. Embora haja doutrinadores que sustentem a natureza tarifária da remuneração pelo uso da obra pública concedida, tenho que conceitualmente a tarifa se refere à remuneração por um serviço público, de tal sorte que nem todo preço público corresponde a uma tarifa. A meu ver preço público é gênero para designar toda remuneração exigida pelo Poder Público ou seus delegatários em virtude da fruição de uma utilidade pública e que não seja objeto de imposição tributária. Já tarifa é um tipo específico daquele gênero, consistente na remuneração pela fruição de uma atividade peculiar, com natureza de serviço público. De modo que, para mim, a remuneração principal do concessionário, na concessão de obra pública, é um preço público" (MARQUES NETO, Floriano de Azevedo. *Concessões*. Belo Horizonte: Fórum, 2015, p. 253).

[145] Interessante notar que o regime constitucional do pedágio, consoante o disposto no inciso V, do artigo 150 do texto maior, abarca exatamente essa orientação: o pedágio é legítimo apenas quando cobrado pela utilização das vias conservadas pelo Poder Público (veja-se *conservadas*, o mesmo que *mantidas*), à luz da imposição de limites ao tráfego de pessoas ou de bens. Não há, sob a ótica do texto constitucional, qualquer liame entre a cobrança de pedágio e a prestação de serviços públicos. A correlação que se faz é exatamente em ressalvar a legitimidade pela eventual cobrança de pedágio para remunerar o Poder Público (ou seu ente delegado) acerca dos custos relativos a provisão, operação e manutenção do ativo público rodoviário, de maneira que o beneficiário

CAPÍTULO 5 - DA DELEGAÇÃO DA ATIVIDADE DE INFRAESTRUTURA

promovidos no ativo permitem que se trafegue por uma rodovia de excelência, com manutenção impecável, que permita a redução do número de acidentes, sejam eles fatais ou não, e que seja operada com primazia. Esse conjunto de benefícios oferecidos à coletividade, alcançados concretamente por meio da operação eficiente do ativo rodoviário, permite um ganho enorme de produtividade para o país (trafegabilidade constante para garantir a circulação de produtos e insumos, redução do tempo de viagem, contenção do número de acidentes, especialmente fatais, dentre outros), a salvaguarda de direitos fundamentais para o cidadão de maneira a atingir patamares elevados de pleno desenvolvimento econômico e social. Não há, no entanto, uma prestação de natureza divisível e individual.

Aqui, vale uma breve digressão para clarificar alguma desorientação que a muitos acomete, nesse setor fundamental para o desenvolvimento econômico e social do país. A atividade de provisão, operação e manutenção de rodovias (ativo público rodoviário), a despeito de ser compreendida por muitos como serviço público, não deve ser assim considerada, porque lhe faltam as características inerentes a essa atividade administrativa: *especificidade* e *divisibilidade*.[146]

No tocante à *especificidade*, a despeito de, normalmente, o pagamento dar-se pelo usuário com cobrança direta nas praças de pedágio, não há um ato de admissão ao serviço, mesmo que de maneira tácita. Qualquer particular que pretenda trafegar pela rodovia poderá fazê-lo, indistintamente, encontrando-se o ativo, à disposição de todos à luz de sua conveniência. No que concerne à *divisibilidade*, tal requisito também não se encontra presente, uma vez que não há quantificação do volume de serviço utilizado. Não há viabilidade em se aferir o "quanto" de rodovia o indivíduo usufruiu, a fim que ele pague exatamente a quantidade utilizada. Essa racionalidade não tem sustentação exatamente

---

possa utilizá-lo, sem que isso implique em limitação indevida ao tráfego de pessoas ou de bens.

[146] Não há na Constituição Federal qualquer menção a um serviço público de exploração rodoviária. O que se encontra na alínea "e", do inciso XII, do artigo 21 é a expressão "serviços de transporte rodoviário interestadual e internacional de passageiros", que não pode ser confundido com infraestrutura rodoviária.

porque não há serviço a ser usufruído; em função disso, o valor do pedágio é definido a partir do custo total de provisão, operação e manutenção da rodovia, à luz da demanda existente.

Claro que se houver a delegação da operação e manutenção do ativo rodoviário por meio da concessão, também deve ser considerado o retorno do investimento realizado pelos particulares. Por isso o valor de referência é, geralmente, a quantidade de eixos dos veículos, onde é possível constatar o peso e, consequentemente, o desgaste médio que promove no trajeto da rodovia. São parâmetros distintos da quantificação do serviço público, que prevê, obviamente, a prestação de um serviço e uma metodologia de precificação em torno da *medida concreta* de serviço utilizado. A própria definição das praças de pedágio segue exatamente essa racionalidade, elas serão dispostas em locais estratégicos que permitam viabilizar financeiramente a operação e a manutenção da rodovia, não se encontrando correlacionadas à quantidade de serviço usufruída pelo particular.[147] As consequências jurídicas decorrentes de se considerar algo que não é serviço público como tal são flagrantes e vão desde a invalidação dos processos de conformação tarifária até de invalidação do futuro contrato de concessão como um todo. A atividade rodoviária não configura serviço público, mas atividade de infraestrutura, devendo ser delegada por meio da concessão de infraestrutura, sob pena de contrafação administrativa.[148]

---

[147] Mesmo que tivéssemos rodovias no Brasil, igual a certos países da Europa (autoestradas), com zonas de pedágio de entrada e saída, tal constatação não implicaria na *divisibilidade* da atividade, visto que ela continua desprovida de quantificação individual racional. Trata-se apenas de lógicas econômico-financeiras distintas, com o intuito de garantir o pagamento da *provisão*, da *operação* e da *manutenção* do ativo rodoviário, jamais a fruição individual de um serviço público, com sua consequente divisibilidade quantitativa.

[148] Nesse ponto Floriano de Azevedo Marques Neto assevera que: "em suma, a exploração de rodovia não é serviço público coisíssima nenhuma. As concessionárias não prestam serviço público propriamente. Incumbem-se, isto sim, de realizar uma série de serviços necessários à plena utilização do bem pelos demais administrados, e que possibilitam, ainda, remunerar o particular (concessionário) a quem foi outorgado o direito de exploração do uso do bem" (MARQUES NETO, Floriano de Azevedo. "Algumas notas sobre a concessão de rodovias". *Revista Trimestral de Direito Público*, São

CAPÍTULO 5 - DA DELEGAÇÃO DA ATIVIDADE DE INFRAESTRUTURA

A retribuição via preço público é uma das possíveis fontes de remuneração do concessionário de infraestrutura pública, a depender da modelagem jurídica que será realizada no projeto, devendo ser também sopesados, no caso concreto, os subsídios, as receitas alternativas, acessórias, dentre outras fontes.

A utilização do instituto da *concessão de infraestrutura* dependerá do exame acurado do *objeto* da respectiva delegação. Se a atividade em questão, enquadra-se dentre os requisitos exigidos para a conformação da *atividade de infraestrutura*, enseja-se sua delegação pelo instrumento, caso contrário, isso não será permitido. Um exemplo ajuda a ilustrar: se estivermos tratando do *setor aeroportuário*, não é correta sua abordagem como *concessão de serviço público aeroportuário*. Aqui não há serviço público, o que o Estado delega é a *concessão da provisão (total ou parcial), operação e manutenção do ativo aeroportuário,* sendo essa verdadeiramente a atividade delegada, ou seja, a atividade de infraestrutura. A própria Constituição Federal utiliza o termo "infraestrutura aeroportuária" na alínea "c", do inciso XII, do seu artigo 21. O seu objeto não é divisível e nem específico, o propósito nuclear do Estado nesse particular é a promoção do desenvolvimento, mediante a circulação de pessoas e bens, que dinamizam a atividade econômica e social por sua integração em todo o território nacional e nos demais países do globo. Novamente, no entanto, não há fruição específica e divisível do "aeroporto".

No tocante a esse setor, interessante notar como a atividade de infraestrutura se amolda perfeitamente ao objeto efetivo dos contratos de concessão dessa atividade, de forma a demonstrar que realmente não se trata de delegação de serviços públicos. A remuneração dos concessionários (denominados pela ANAC de "operadores de aeródromos" – vejam que a própria entidade reguladora registra essa denominação por não se tratar de prestador de serviço público, mas de operador de

---

Paulo, v. 40, 2002, p. 180). Concordamos integralmente que não subsiste no Direito brasileiro qualquer serviço público rodoviário, e, consequentemente, não é adequado se falar em concessão de serviço público rodoviário. Discordamos, todavia, no que se refere à natureza jurídica da delegação das rodovias, que para o ilustre Professor, refere-se a uma concessão de bem público.

atividade de infraestrutura aeroportuária) tem como base os custos enfrentados pelo concessionário concernentes à provisão (total ou parcial), operação e manutenção dos aeródromos. Não se trata de mero jogo de palavras, mas da correta designação do fenômeno à luz do regime jurídico incidente.

As chamadas "tarifas aeroportuárias", impropriamente assim designadas pela falta de elucidação técnica da autonomização da atividade de infraestrutura, sejam elas domésticas ou internacionais, na maioria dos modelos concessórios, são da seguinte espécie: (i) *tarifa de embarque*, (ii) *tarifa de conexão*, (iii) *tarifa de pouso*, (iv) *tarifa de permanência*, (v) *tarifa de armazenagem*, e (vi) *tarifa de capatazia da carga importada e a ser exportada*, conforme estabelecido pela Lei n. 6.009, de 26/12/1973. Interessante notar que apenas a *tarifa de embarque* (em verdade, preço público de embarque) é paga pelo beneficiário do aeródromo, que se beneficia do ativo para facilitar o embarque e desembarque nas aeronaves. Não há qualquer relação jurídica concreta entre o beneficiário e o concessionário de infraestrutura, o valor pago por ele irá compor a remuneração do concessionário pelo exercício da atividade de operação global do aeroporto, sem qualquer tipo de individualização ou quantificação do serviço. Trata-se de atividades inespecíficas e indivisíveis. As demais impropriamente chamadas "tarifas" (haja vista tratar-se de *preço público*) são, inclusive, adimplidas por terceiros, que exploram atividades econômicas dentro do aeródromo: *"tarifas de conexão, pouso e permanência"* são devidas pelo proprietário de aeronave privada ou explorador da aeronave (empresas aéreas) e as *"tarifas de armazenagem e capatazia"* são devidas pelo consignatário ou o transportador da carga importada e a ser exportada.

Seria absurdo tentar quantificar a quantidade de serviço aeroportuário oferecido ao passageiro, não há qualquer racionalidade nessa intelecção, não havendo, portanto, qualquer plausibilidade jurídica em se falar de "concessão de serviço público aeroportuário": a atividade é de operação e manutenção do aeródromo, atividade típica de infraestrutura aeroportuária, que os particulares realizam em colaboração com o Estado com a finalidade de promover o desenvolvimento econômico e social. A consequência jurídica grave decorrente de um modelo inadequado de

CAPÍTULO 5 - DA DELEGAÇÃO DA ATIVIDADE DE INFRAESTRUTURA

"concessão de serviço público aeroportuário" é exatamente a invalidação da modelagem, pela incidência de contrafação administrativa, o que afronta o princípio da segurança jurídica, que deve nortear essas relações, especialmente, em face da necessidade de massivos investimentos a serem realizados pelo concessionário.

O mesmo pode ocorrer com o setor ferroviário, em que se provêm, operam e mantêm os ativos públicos das ferrovias; com o sistema de iluminação pública de um Município; ou mesmo quando a atividade final do objeto do contrato de concessão é a operação e manutenção de estação de tratamento de esgoto (quando não houver qualquer correlação com o usuário, apenas com a Administração Pública); ou da atividade de provisão, operação e manutenção de uma estação de coleta e tratamento de água, em que se recorta qualquer relação concreta com o usuário.

Também é possível suscitar os modelos de concessão de parques públicos. Nesse arquétipo, não há qualquer prestação de serviço público aos usuários do parque, e sim a concessão da operação e manutenção de um ativo público (parque), cuja remuneração será advinda da cobrança de preço público pelo acesso ao parque ou por receitas acessórias provenientes da exploração comercial desse ativo. Nesse sentido, não há que se falar em concessão de serviço público, a atividade que será desenvolvida é *atividade de infraestrutura*, de modo a oferecer um benefício genérico à coletividade, concernente ao aspecto social do lazer, com vistas à melhoria de qualidade de vida da população.

Todas essas atividades, fundamentais para o desenvolvimento nacional, devem ser objeto de enorme atenção dos administradores públicos, que, pelo exercício da atividade infraestrutural, podem delegar suas atividades a particulares sérios que a empreendam em conjunto com o Estado, num ambiente de maior segurança jurídica. Aniquilar essa possibilidade é o mesmo que amputar a vanguarda da concretização de tarefas públicas postas à disposição da coletividade.

Vista, portanto, a delegação por concessão comum à luz do disposto na Lei 8.987/95, passa-se a examinar a destinação da atividade para particulares por outras modalidades.

131

5.3 Concessão Administrativa

Pela concessão administrativa, instrumento previsto na Lei das Parcerias Público-Privadas (Lei 11.079/04), também é possível conceder a atividade de infraestrutura. A opção do administrador público por essa modalidade deverá ser pautada pelas características intrínsecas e específicas do projeto que se encontra modelando, amplamente respaldadas pelo regime jurídico que norteia o instituto.

Consoante o disposto no § 2º do artigo 2º da Lei das Parcerias Público-Privadas, concessão administrativa é o contrato de prestação de serviços de que a Administração Pública seja a usuária direta ou indireta, ainda que envolva execução de obra ou fornecimento e instalação de bens. Sem adentrar a questões mais específicas acerca da constitucionalidade e da natureza jurídica das concessões administrativas[149], haja vista o propósito deste trabalho, a investigação que se propõe concerne a verificar se ela poderia configurar um instrumento adequado para delegação da atividade de infraestrutura. Parte-se, portanto, da premissa de que as parcerias público-privadas são um instituto válido e eficaz no ordenamento jurídico.

Ao realizarmos a leitura do aludido dispositivo verifica-se que o legislador se valeu de uma linguagem com textura bastante aberta para permitir a delegação de atividades administrativas que podem ser realizadas por particulares (portanto, jamais atividades exclusivas do Poder Público, por serem *indelegáveis*). Ela, destarte, não coloca óbice em relação à atividade delegada, sejam elas divisíveis ou indivisíveis, específicas ou inespecíficas. Dentro dessa abertura, não haveria qualquer obstáculo em se promover a delegação da atividade

---

[149] Pode-se afirmar que a doutrina mais difundida sustenta a inconstitucionalidade do instituto das parcerias público-privadas. *Vide*, por todos: BANDEIRA DE MELLO, Celso Antônio. *Curso de direito administrativo*. 32. ed. São Paulo: Malheiros Editores, 2016, pp. 813-818. Segundo Ricardo Marcondes Martins, as PPPs seriam, em geral, contrafações de contratações públicas tradicionais, aquelas regidas pela Lei Federal n. 8.666/93. (MARTINS, Ricardo Marcondes. "Conceito de parceria público-privada à luz da Constituição". *Revista de Direito Administrativo e Infraestrutura*, São Paulo, vol. 5, ano 2, pp. 23-47, abr./jun. 2018).

CAPÍTULO 5 - DA DELEGAÇÃO DA ATIVIDADE DE INFRAESTRUTURA

de infraestrutura por força do aludido dispositivo, em regime de parceria público-privada.

Pela modalidade administrativa, a Administração estará autorizada, então, a conceder a manutenção e operação de ativos públicos que ofereçam benefícios inespecíficos e indivisíveis aos particulares, seguindo o regime jurídico previsto na Lei das Parcerias Público-Privadas. O Estado proverá uma contraprestação ao parceiro privado que tem origem em recursos do seu orçamento. É verdade que em alguns casos já haverá, inclusive, uma fonte de custeio própria para desenvolver determinado objeto que se configura como atividade administrativa, mas não é sempre assim. Um bom exemplo é a contribuição que se cobra dos administrados que tem como destinação exclusiva o custeio da iluminação pública: trata-se da chamada Contribuição de Iluminação Pública (CIP) ou Contribuição para o Custeio do Serviço de Iluminação Pública (COSIP), que tem natureza jurídica tributária. Contribuições, nesse passo, são a categoria tributária de recursos em que o produto da arrecadação está vinculado, diretamente, ao custeio da atividade que fundamentou sua instituição.[150] Ou seja, aqueles recursos ingressam no tesouro do Município e, na sequência, são destinados para o pagamento da contraprestação devida ao parceiro privado.

Outro exemplo interessante de concessão administrativa envolvendo a atividade infraestrutural é a de um determinado município que necessite de investimentos para promover o tratamento integral do esgotamento sanitário (algo absolutamente alarmante por todo o país).[151] A Administração

---

[150] Nesse sentido, *vide* ATALIBA, Geraldo. *Hipótese de incidência tributária*. 6. ed. São Paulo: Malheiros Editores, 2018, p. 183.

[151] De acordo com o "24º Diagnóstico dos Serviços de Água e Esgotos elaborado pelo Sistema Nacional de informações sobre Saneamento", há 705 municípios brasileiros em que o índice de tratamento de esgoto é inferior a 30%, ao passo que há 1.523 municípios em que sequer há informação a respeito, a quase totalidade, nas regiões Norte e Nordeste, notoriamente as mais carentes de investimento em saneamento. Cf. BRASIL. Ministério do Desenvolvimento Regional. Secretaria Nacional de Saneamento – SNS. *Sistema Nacional de Informações sobre Saneamento*: 24º Diagnóstico dos Serviços de Água e Esgotos – 2018. Brasília: SNS/MDR, 2019, p. 70. Disponível em: <http://www.snis.gov.br/downloads/diagnosticos/ae/2018/Diagnostico_AE2018.pdf≥>. Acesso em: 9 mar. 2020.

Municipal delega a provisão, a operação e a manutenção do ativo (estação de tratamento de esgoto) para o particular (ou para uma empresa pública), que ficará responsável por promover o tratamento do esgoto recebido pelas redes coletoras municipais. Nesse caso, não há prestação de qualquer serviço público específico e divisível. Embora seja possível que a cobrança se dê pelo volume tratado, não há referência exata de qual unidade usuária contribuiu com tal quantidade de esgotos. De todo modo, o tratamento é realizado de molde a promover a disposição final de água tratada nos rios, evitando a proliferação de doenças, ampliando o bem-estar da coletividade e promovendo uma drástica redução com os recursos públicos destinados à saúde pelo município.

Essa é uma das questões fundamentais que a presente obra procura apontar como contribuição efetiva para o desenvolvimento econômico e social. Para tanto, é fundamental que se ofereça segurança jurídica às partes nos contratos administrativos que têm como objeto a delegação dessa atividade. O correto enquadramento da atividade realizada ao modelo jurídico a ser conduzido pelo Estado possibilita que a execução dos contratos possa ser realizada sem sobressaltos e adversidades, porque permite a incidência do correto regime jurídico aplicável, sem qualquer contrafação.

É possível verificar, rotineiramente, a confecção de modelos contratuais pela Administração que não se amoldam ao instrumento jurídico próprio para delegação de tais atividades. Muitos tentam fazer do "quadrado o redondo" e com isso, acabam por promover uma série de invalidades que defraudam a segurança jurídica dos projetos. Essa prática causa efeitos desastrosos, tanto para o poder público, que não conseguirá atender ao interesse público reclamado, quanto para os investidores, que não terão o retorno do capital investido, num círculo vicioso que prejudica sobejamente o avanço desenvolvimentista.

Equacionar com clareza essa questão é fundamental para que os projetos possam ser exitosos e que haja uma colaboração efetiva entre o setor público e privado, respeitando-se as trincheiras do princípio da legalidade.

CAPÍTULO 5 - DA DELEGAÇÃO DA ATIVIDADE DE INFRAESTRUTURA

5.4 Concessão Patrocinada

É possível, ainda, promover-se a delegação da atividade de infraestrutura por outro instrumento jurídico: a *concessão patrocinada*. Consoante o disposto no § 1º, do artigo 2º, da Lei das Parcerias Público-Privadas, "concessão patrocinada é a concessão de serviços públicos ou de obras públicas de que trata a Lei n. 8.987, de 13 de fevereiro de 1995, quando envolver, adicionalmente à tarifa cobrada dos usuários contraprestação pecuniária do parceiro público ao parceiro privado". Pela leitura do aludido dispositivo legal e depois de considerarmos os meandros da concessão de obra pública, não parece haver a necessidade de enumerar argumentos mais robustos para demonstrar que a atividade de infraestrutura pode ser delegada por meio da concessão patrocinada.

Isso porque a Lei das Parcerias Público-Privadas, ao estabelecer que a concessão patrocinada é a própria *concessão de obras públicas* de que trata a Lei 8.987/95 (reconhecendo, aliás, expressamente, a validade dessa figura no ordenamento jurídico, a despeito de alguns doutrinadores a questionarem), acaba por autorizar a delegação da atividade de infraestrutura por meio do instituto.

Conforme sobejamente ressaltado, a *concessão de obra pública* é substituída pela noção de *concessão de infraestrutura*, sendo essa a leitura adequada que se deve fazer do aludido dispositivo. O que se altera em relação à concessão comum de infraestrutura prevista na Lei 8.987/95, além da incidência das normas que disciplinam as parcerias público-privadas, é a composição da cesta remuneratória do parceiro privado, que será composta por um pagamento direto do beneficiário (pagamento esse que tem natureza jurídica de preço público, tal como explanado anteriormente) à qual se soma uma contraprestação pecuniária do parceiro público.

Ocorre que, como regra geral, o modelo da concessão patrocinada se volta para suprir a chamada "lacuna de viabilidade"[152], ou seja, os

---

[152] O conceito de "lacuna de viabilidade" aqui empregado é aquele proposto pelo Guia de PPPs elaborado sob a liderança do Banco Mundial: "A concessão enquanto meio

casos em que toda a receita esperada de uma dada parceria público-privada não é integralmente coberta pelos pagamentos dos usuários (lembrando que, na fruição de obras públicas, o pagamento é um preço público, e não uma tarifa).

Para ilustrar, vale citar como exemplo um modelo que possa tencionar a promover a delegação de uma infraestrutura ferroviária. Nesse modelo, não há prestação de qualquer serviço público; ao contrário, o parceiro privado deverá prover, operar e manter o ativo público ferroviário existente ou planejado, seja ele longitudinal, transversal ou diagonal, e receberá do Estado uma contraprestação para tanto, aliado a possíveis beneficiários que queiram se valer da ferrovia para satisfazer seus interesses econômicos ou sociais. Não há qualquer óbice em se conceber um modelo dessa natureza: o parceiro privado não fica responsável pelo transporte ferroviário (isso é serviço público) e sim, pela provisão, manutenção e operação da ferrovia, de molde a assegurar sua trafegabilidade, qualidade e atendimento desenvolvimentista. Elas, por excelência, não são geralmente viáveis apenas com a cobrança dos usuários e, por isso, há necessidade de algum tipo de contraprestação pública para que os respectivos projetos sejam comercialmente viáveis.[153]

---

de contratação e financiamento de nova infraestrutura demanda a existência de uma margem ou benefício em termos de receitas em comparação com os custos de O&M, isto é, o projeto deve gerar um superávit de receitas sobre os custos de O&M que poderá ser usado para amortizar o financiamento aplicado no ativo e gerar um retorno para o investidor privado. Entretanto, as receitas, e, portanto, esse superávit, poderão não ser suficientes para compensar as obrigações financeiras e proporcionar um retorno sobre o *equity*. Essa situação é denominada lacuna de viabilidade. Esta lacuna é normalmente preenchida por recursos públicos, e com frequência na forma de contribuições de capital (*grant financing*) (arranjos de cofinanciamento) ou por meio de pagamentos governamentais complementares vinculados ao desempenho. ADB, EBRD, IDB, IsDB, MIF e WBG. *Parceria público-privada:* introdução e perspectiva geral. Tradução de Augusto Neves Dal Pozzo et al. *In:* _____. Guia de certificação de parcerias público-privadas (PPPs) da APMG. Washington, 2019, p. 40. Disponível em: <www.ppp-certification.com/files/documents/Capítulo%201%20-%20Parceria%20 Público-Privada%20-%20Introdução%20e%20Perspectiva%20Geral%20-%20Aug%20 2019.pdf>. Acesso em: 9 mar. 2020.

[153] Cf. ADB, EBRD, IDB, IsDB, MIF e WBG. *Parceria público-privada*: introdução e perspectiva geral. . Tradução de Augusto Neves Dal Pozzo et al. *In:* _____. Guia de

CAPÍTULO 5 - DA DELEGAÇÃO DA ATIVIDADE DE INFRAESTRUTURA

Nesse caso evidencia-se o que os americanos chamam de *unbundling*, ou seja, a provisão, operação e manutenção das ferrovias ficam dissociadas do desempenho específico da atividade, essa sim, serviço público, de transporte ferroviário de cargas e passageiros. Dentro desse modelo, é possível, então, delegar-se a atividade de infraestrutura ferroviária e promover também a delegação do serviço público de transporte, de forma dissociada.

---

certificação de parcerias público-privadas (PPPs) da APMG. Washington, 2019, p. 40. Disponível em: <www.ppp-certification.com/files/documents/Capítulo%201%20-%20 Parceria%20Público-Privada%20-%20Introdução%20e%20Perspectiva%20Geral%20 -%20Aug%202019.pdf>. Acesso em: 9 mar. 2020.

CAPÍTULO 6

PRINCÍPIOS DO DIREITO ADMINISTRATIVO DA INFRAESTRUTURA

6.1 Considerações introdutórias

Os acontecimentos das últimas décadas revelam um aumento exponencial na complexidade das relações que envolvem o Poder Público.[154] Tem sido árdua a tarefa de compreender em que posição está o Estado nesse momento de intensas transformações.[155] Diversas teorias procuram identificar quais são as missões do Estado em face de uma nova realidade que se impõe, em especial com o inexorável avanço tecnológico. Em muitas dessas teorias, persistem compreensões extremadas que ora pretendem negar o estado de transformações, brandindo-se a permanência de tradições insuperáveis, ora defendem a ruptura completa com o passado.

Nas discussões que envolvem as diversas formas de atuação estatal, a atenção está na eventual superação do modelo de Estado Social diante de críticas por muitos lançadas no período final do século XX em diferentes doses e em variados locais do mundo. A análise desse momento é bem delineada por Sabino Cassese em sua obra *La crisis del Estado*.[156] Forsthoff, em abordagem mais radical, chega a sustentar o fim do Estado enquanto instituição e sua substituição por outra organização política.[157]

---

[154] *Vide*, por todos, CASTELLS, Manuel. "Para o Estadorede: globalização econômica e instituições políticas na era da informação". *In:* BRESSER-PEREIRA, Luiz Carlos ; WILHEIM, Jorge; SOLA, Lourdes (Coords.). *Sociedade e Estado em transformação*. São Paulo: UNESP, 1999, p. 148.

[155] *Vide* GASPARDO, Murilo. "Transformações no Estado e relações EstadoSociedade no século XXI". *Revista de Direito do Terceiro Setor* – RDTS, Belo Horizonte, ano 5, n. 9, pp. 9-21, jan./jun. 2011. Disponível em: <http://www.bidforum.com.br/bid/PDI0006.aspx?pdiCntd=73162>. Acesso em: 12 nov. 2019; WIMMER, Miriam. "Pluralismo jurídico e as transformações do Estado contemporâneo". *Revista de Direito Público da Economia* – RDPE, Belo Horizonte, ano 5, n. 20, p. 183207, out./dez. 2007.

[156] CASSESE, Sabino. *La crisis del Estado*. Buenos Aires: Abeledo Perrot, 2003, p. 49 *et seq.*

[157] FORSTHOFF, Ernst. *Der Staat der Indusrtiegesellschaft*. 2. ed. Munique: Beck, 1971, pp. 24-25.

Entretanto, de maneira geral, o debate está centrado, de um lado, na defesa da permanência de um Estado Social nos mesmos moldes daquele que vigeu em alguns países da Europa Ocidental, a despeito das intensas transformações que afetaram as relações travadas entre Estado e cidadãos, sobretudo em face dos movimentos de integração econômica e social.[158] Em outra banda, cogita-se de um novo momento liberal (neoliberalismo) que postula a radical diminuição da atuação estatal, notadamente, em ambiente econômico, com propostas acentuadas de desregulamentação.[159]

Porém, a partir da premissa postulada anteriormente no sentido de que a atividade de infraestrutura é um pressuposto do Estado moderno, os debates retratados acima perdem em importância. Não há como pretender sustentar que, malgrado a perda de terreno em protagonismo na cena econômica, o Estado deixou de se comprometer com o desenvolvimento da infraestrutura, necessária ao melhor desempenho econômico e social de um país.

Nem mesmo o mais liberal dos modelos de organização econômica parece alijar o Estado de algum grau de envolvimento com o desenvolvimento da infraestrutura pública.[160] Esta investigação já demonstrou essa

---

[158] Cf., nesse sentido, NUNES, António José Avelãs. "O estado regulador nunca existiu". *Revista Internacional de Direito Público* – RIDP, São Paulo, ano 4, n. 4, pp. 35-57, 2015.

[159] Sobre o pensamento neoliberal, costuma-se apontar o austríaco Freidrich August von Hayek como grande mentor desse movimento. Em sua obra *O caminho da servidão* o autor critica o intervencionismo estatal proposto por Keynes, vendo-o como um risco à liberdade econômica e política (cf. HAYEK, Freidrich August von. *O caminho da servidão*. São Paulo: LVM Editora, 2010).

[160] Apenas para ficarmos em um exemplo bastante elucidativo, os Estados Unidos, país de reconhecida tradição liberal, em que a própria noção de "serviço público" é praticamente inexistente à luz da tradição francesa, a infraestrutura tem espaço de enorme protagonismo. *Vide*, por exemplo, o programa capitaneado pelo *Transportation Infrastructure Finance and Inovation Act* (TIFIA), criado por Lei Federal em 22 de julho de 1998. Trata-se de uma Lei Federal inserida no Capítulo 6 do Título 23 – Rodovias do Código Federal de Regulamentos, cujos §§ 601 a 610 prescrevem um programa intensivo focado na disponibilização de financiamento, garantias e seguros por parte do Governo Federal para projetos de modernização ou implantação de quaisquer modais de transporte, tais como rodovias ou ferrovias e até mesmo pontes e túneis internacionais. Logo se vê que há,

CAPÍTULO 6 - PRINCÍPIOS DO DIREITO ADMINISTRATIVO...

íntima relação de que o alcance dos fins de um Estado requer a promoção de atividade de infraestrutura.[161] Para o desenvolvimento econômico e social, enfim, infraestrutura é um pressuposto.

Por outro lado, pontuar a relação entre Estado e infraestrutura não significa negar as profundas mudanças que afetaram a organização dos modelos estatais e os papéis por eles desempenhados nesse novo momento da história mundial, da chamada "quarta revolução industrial". O Estado Social erigido após a Segunda Guerra Mundial, que fomentou o desenvolvimento de alguns países em escalas jamais vistas até então[162], não é mais o mesmo – por uma série de razões. Houve, sem dúvida, o aumento da complexidade das relações em que o Estado se envolve, a gerar novas interpretações sobre a própria compreensão do núcleo conceitual de Estado enquanto instituição em seu aspecto político-jurídico.

Fala-se, numa tentativa de classificação que, nem sempre, compreende a realidade presente em todos os países, de um "Estado pós-social" ou

---

mesmo em países tradicionalmente muito liberais, protagonismo do Estado no desenvolvimento da infraestrutura. Disponível em: <https://uscode.house.gov/view.xhtml?path=/prelim@title23/chapter6&edition=prelim>. Acesso em: 31 out. 2019.

[161] Aliás, uma nota muito relevante tem cabimento a propósito do debate sobre a atualidade da função do Estado. Já no limiar do encerramento desta pesquisa, o mundo foi acometido pela pandemia global declarada pela Organização Mundial de Saúde (OMS), em 11 de março de 2020, em decorrência da propagação de uma cepa letal de vírus denominada "COVID-19". Disponível em: <https://www.who.int/dg/speeches/detail/who-director-general-s-opening-remarks-at-the-media-briefing-on-covid-19---11-march-2020>. Acesso em: 24 mar. 2020. Nessa crise, ficou evidente o papel do Estado, inclusive, para fomentar a continuidade da economia e a verdadeira impossibilidade de se cogitar de sua extinção enquanto instituto presente nas relações humanas. Tanto é verdade que a Organização para a Cooperação e Desenvolvimento Econômico (OCDE) publicou recomendações que, justamente, reforçam e enaltecem o papel de protagonismo do Estado, restando claro que não há como cogitar de seu apagamento. De acordo com a OCDE, "um programa de investimento bem planejado – e coordenado entre os países – notavelmente em pesquisa médica, desenvolvimento e infraestruturas, deve ser priorizado após o pico da crise". Disponível em: <http://www.oecd.org/coronavirus/en/>. Acesso em: 24 mar. 2020. Tradução nossa.

[162] Fala-se em "Era de Ouro do Capitalismo" (1950-1973). *Vide*, por todos, SAES, Flávio Azevedo Marques de; SAES, Alexandre Macchione. *História econômica geral*. São Paulo: Saraiva, 2013, p. 441 *et seq.*

"Estado pós-moderno", o qual, sem abandonar algumas características do Estado social – inclusive o compromisso com o desenvolvimento de infraestruturas (públicas) –, empenha-se em vencer novos desafios, ante as necessidades atuais do convívio social. Vasco Pereira da Silva elenca alguns indicativos desse novo momento, dentre os quais destacamos "o crescimento do Estado e das funções por ele desempenhadas, procurando reequacionar o papel do Estado e redimensionar a extensão do seu aparelho" e "a defesa da participação dos indivíduos no processo de tomada de decisões, quer política, quer administrativa".[163]

O autor alude a um "novo pacto social" que, em suma, "implica o reequacionamento do papel do Estado na sociedade, assim como a necessidade de proteção integral e eficaz do indivíduo perante e qualquer forma de poder ('velha' ou 'nova', pública ou privada)."[164] Jacques Chevallier também enfrenta o dilema contemporâneo. Segundo o autor:

> O Estado pós-moderno se traduz pelo questionamento de seus atributos clássicos, mas sem que seja possível traçar com mão firme os contornos de um novo modelo estatal: o Estado pós-moderno é um Estado cujas feições permanecem precisamente, como tal, marcadas pela incerteza, pela complexidade, pela indeterminação: e esses elementos devem ser considerados como os elementos estruturais, constitutivos do Estado contemporâneo. Para analisar isso, é desde já necessário abandonar o universo das certezas, sair dos caminhos bem marcados da ordem, abandonar a ilusão de uma necessária coerência, de uma absoluta completude; somente é possível discernir um certo número de aspectos que, em contraste com os atributos tradicionais do estado, são a marca, o indício, o sinal tangível dessa nova indeterminação.[165]

---

[163] SILVA, Vasco Manuel Pascoal Dias Pereira da. *Em busca do acto administrativo perdido*. Coimbra: Almedina, 2003, p. 124.

[164] SILVA, Vasco Manuel Pascoal Dias Pereira da. *Em busca do acto administrativo perdido*. Coimbra: Almedina, 2003, p. 126.

[165] CHEVALLIER, Jacques *L'État postmoderne*. Paris: LGDJ, 2004, p. 16. Tradução nossa.

CAPÍTULO 6 - PRINCÍPIOS DO DIREITO ADMINISTRATIVO...

Muitos propugnam que o horizonte vindouro revelará transformações ainda mais desafiadoras na sociedade e, consequentemente, na maneira de se compreender o Estado. Consoante observa Harari,

> (...) assim como as convulsões da Revolução Industrial deram origem às novas ideologias do século XX, as próximas revoluções na biotecnologia e na tecnologia da informação exigirão novas visões e conceitos. As próximas décadas serão, portanto, caracterizadas por um intenso exame de consciência e pela formulação de novos modelos sociais e políticos.[166]

O Professor Mangabeira Unger destaca, de maneira vigorosa, estarmos diante de um tempo cuja alternativa desenvolvimentista para as nações deve ser compreendida a partir da denominada "economia do conhecimento" ou "economia experimental". Essa nova prática de produção, emergida das maiores economias do mundo, traz consigo a promessa de transformar, em nosso benefício, a vida econômica, impulsionando, dramaticamente, a produtividade e o crescimento. Ela, atualmente, permanece confinada a vanguardas produtivas, empregando poucos e sendo controlada por elites empresariais e tecnológicas. Propugna, nesse sentido, um vanguardismo includente, que possibilite a ampliação da economia do conhecimento para uma maior abrangência global.[167]

Revela o Professor de Harvard que esse modelo vanguardista acomoda uma "produção experimentalista", em que a descoberta científica e a invenção tecnológica se traduzem imediatamente e continuamente em atividade produtiva. Há, dessarte, um encurtamento da distância entre atividade produtiva e ciência experimental, por meio de tecnologia de ponta. Uma impressora 3D, por exemplo, permite ao utilizador mover-se rápida e continuamente entre a concepção e a materialização de um produto, e revisar a concepção mediante descobertas feitas no

---

[166] HARARI, Yuval Noah. *21 lições para o século 21*. São Paulo: Companhia das Letras, 2018, p. 26.

[167] UNGER, Roberto Mangabeira. *Economia do Conhecimento*. São Paulo: Autonomia Literária, 2018, Edição Kindle, pos. 50.

decorrer da materialização. A inteligência artificial vai além, possibilita que as máquinas façam por nós aquilo que já tenhamos aprendido a repetir, de tal maneira que, com seu auxílio, possamos avançar sobre o terreno do ainda não repetível.[168]

Essa nova prática de produção encontradiça na economia do conhecimento, tão impactante quanto os modelos preconizados por Adam Smith, John M. Keynes e Karl Marx impõem um profundo debate acerca do papel atual do Estado. A industrialização convencional, como garantia de crescimento econômico e convergência com as economias mais prósperas, certamente deixou de ser o modelo dominante. Contudo, a alternativa de uma fórmula abrangente da economia do conhecimento parece inacessível, já que nem mesmo as economias mais ricas, com as populações mais escolarizadas atingiram-na. Como os Estados devem se portar diante dessa inexorável realidade?

Não é por outra razão que Mariana Mazzucato observa, em estudo que virou best-seller, o relevante papel protagonizado pelo Estado em relação ao desenvolvimento de inovações. Ela salienta que a maioria das inovações radicais, revolucionárias, que alimentaram a dinâmica do capitalismo – das ferrovias à internet, até a nanotecnologia e farmacêutica modernas – aponta para o Estado na origem dos investimentos empreendedores. Segundo nos revela, todas as tecnologias que tornaram o iPhone de Steve Jobs tão inteligente foram financiadas pelo governo, desde o GPS, a internet, as telas sensíveis ao toque até o recente comando de voz conhecido como Siri.[169]

Esse é um dos principais debates contemporâneos acerca da temática, em que, novamente, verifica-se que os aspectos econômicos

---

[168] UNGER, Roberto Mangabeira. *Economia do Conhecimento*. São Paulo: Autonomia Literária, 2018, Edição Kindle, pos. 50.

[169] Anota a autora: "Foi a mão visível do Estado que fez essas inovações acontecerem. Inovações que não teriam ocorrido se ficássemos esperando que o 'mercado' e o setor comercial fizessem isso sozinhos – ou que o governo simplesmente ficasse de lado e fornecesse o básico. Esses desafios exigiram visão, a ideia de missão e acima de tudo confiança em relação ao papel do Estado na economia" (MAZZUCATO, Mariana. *O Estado empreendedor*: desmascarando o mito do setor público vs. setor privado. São Paulo: Portfólio, 2014, pp. 26-27).

CAPÍTULO 6 - PRINCÍPIOS DO DIREITO ADMINISTRATIVO...

influenciam o modelo institucional estatal, espraiando seus efeitos para todos os campos das ciências sociais aplicadas, tal como o Direito. Todo esse conjunto de imbricadas questões, naturalmente, conduz a novas perspectivas de atuação da Administração Pública – e, por conseguinte, novos meandros de análise do Direito Administrativo. Mais que necessidades eminentemente prestativas, concretas, que se dirigem aos indivíduos de forma mais imediata, realizadas pela Administração Pública, exige-se uma postura conformadora, ordenadora, equilibrada, prospectiva, mediadora; demanda-se a concretização dos diversos interesses que emergem em uma nova dinâmica social, incumbida de realizar projeções para o atendimento amplo dos integrantes da sociedade, e que se dedica a ações que alcançam não somente um destinatário específico.

A essa nova configuração da Administração Pública, muitos autores, à luz dos contornos que lhe parecem específicos, procuraram atribuir uma definição. Jean Rivero, por exemplo, refere-se a uma Administração "prospectiva".[170] Na doutrina alemã, por seu turno, prefere-se o termo "Administração planificadora".[171] Por fim, usa-se a expressão – especialmente a doutrina espanhola – "Administração infraestrutural".[172]

Parece-nos que a expressão "Administração infraestrutural" designa melhor essa marca da Administração Pública que emerge das transformações do mundo moderno, a justificar, por consequência, a concepção do Direito Administrativo da Infraestrutura. Isso porque, nela estão compreendidas a prospectividade, abordada, mais detalhadamente, em 6.3.4, *infra*, e a planificação. A Administração infraestrutural envolve planejamento, visão de longo prazo, regulação e prestação reunidos sob

---

[170] RIVERO, Jean. *Droit administratif*. 13. ed. Paris: Dalloz, 1990, p. 37.

[171] *Vide*, por todos, BROHM, Winfried. "Die Dogmatik des Verwaltungsrechts vor den Gegenwartsaufgaben der Verwaltung". In: BROHM, Winfried (Coord.). *Veroeffentlichungen der Vereinigung der Deutschen Staatsrechtsleher*. Berlin: Walter de Gruyter, 1972, p. 261.

[172] Cf. PAREJO ALFONSO, Luciano. "El, Desarrollo y Consolidación del Derecho Administrativo". *In:* PAREJO ALFONSO, Luciano; JIMÉNEZ-BLANCO, Antonio; ORTEGA ÁLVAREZ, Luis. *Manual de Derecho Administrativo*. 1. ed. Barcelona: Ariel, 1990, p. 29.

um único eixo. Ela é a marca de um momento de maior complexidade e de interdisciplinaridade que alcança as relações administrativas.

Luciano Parejo Alfonso trata, assim, da Administração infraestrutural como o novo eixo de orientação do Direito Administrativo, justamente na linha de que as ações administrativas cada vez mais são dedicadas ao atendimento de um interesse geral[173], e não apenas prestações individuais. Aliás, essa é a marca da atividade administrativa de infraestrutura, diversa da atividade de serviço público, conforme salientado anteriormente. Essa também é a linha seguida por Mario Nigro, para quem "a Administração opera cada vez mais através de disposições de caráter genérico, em particular através de diretivas, das quais os planos são as formas mais significativas e complexas e, sobretudo, mais difundidas em certos setores econômicos".[174]

A atividade administrativa de infraestrutura não se encaixa em nenhum dos moldes tradicionais conceituados pela doutrina administrativista[175], sendo, por isso, de rigor, necessário lhe conferir tratamento autônomo, com a apresentação dos princípios que lhe são informadores.

Conforme já destacado, ao tratar do exercício de tipificação no âmbito jurídico, a individualização de certa atividade administrativa deve

---

[173] PAREJO ALFONSO, Luciano. "El, Desarrollo y Consolidación del Derecho Administrativo". *In:* PAREJO ALFONSO, Luciano; JIMÉNEZ-BLANCO, Antonio; ORTEGA ÁLVAREZ, Luis. *Manual de Derecho Administrativo.* 1. ed. Barcelona: Ariel, 1990, p. 29.

[174] No original, "La Administrazione opera sempre più attraverso disposizioni generiche, in particolare tramite direttive, di cui i piani sono le forme più significative e complesse e, soprattutto, diffuse in alcuni settori economici" (NIGRO, Mario. "Transformazioni dell' Amminazione e Tutela Giurizionale Differenziata". *Revista Trimestrale di Diritto e Procedura Civile*, vol. 34, n. 1, mar. 1980, p. 22, tradução nossa).

[175] Cf. BANDEIRA DE MELLO, Celso Antônio. *Curso de direito administrativo.* 32. ed. São Paulo: Malheiros Editores, 2015, pp. 713-715; JUSTEN FILHO, Marçal. *Curso de Direito Administrativo.* 13. ed. São Paulo: Ed. Revista dos Tribunais, 2018, p. 429 *et seq.*; CAETANO, Marcello. *Manual de Direito Administrativo.* vol. II. Coimbra: Almedina, 1994, p. 1065 *et seq.*; ALESSI, Renato. *Sistema Instituzionale del Diritto Amministrativo Italiano.* Milano: A. Giuffrè, 1953, p. 217; GARRIDO FALLA, Fernando; PALOMAR OLMEDA, Alberto; LOSADA GONZÁLEZ, Herminio. *Tratado de Derecho Administrativo.* vol. II: Parte General: Conclusión. 12. ed. Madrid: Tecnos, 2005, p. 149 *et seq.*

CAPÍTULO 6 - PRINCÍPIOS DO DIREITO ADMINISTRATIVO...

levar em consideração traços jurídico-positivos que permitam reconhecer a sua intimidade conformadora. Tais traços foram coligidos a partir de aspectos das teorias econômica e contábil. Nada obstante, também foram avaliados alguns aspectos jurídicos fundamentais da infraestrutura, em especial, o objetivo nacional do *desenvolvimento*.

Mais do que uma declaração programática, ela ostenta conteúdo deôntico. Viu-se que há um dever jurídico positivo de promover o desenvolvimento nacional e que esse dever é realizado a partir do planejamento estatal. Mas, quais seriam, então, os princípios informadores do Direito Administrativo da Infraestrutura? Ao ler a Constituição Federal, ponto de partida e fundamento de validade de toda e qualquer norma jurídica e da interpretação a respeito de seus conteúdos, não se encontram, expressamente, princípios jurídicos arrolados para tanto. Tais princípios estão implícitos e decorrem da interpretação da disposição constante do artigo 3º, inciso II, da Constituição: "garantir o desenvolvimento nacional".

O objetivo fundamental da República acerca da implementação de *desenvolvimento nacional*, portanto, é uma finalidade a ser perseguida por todos: Estado, por meio das funções do poder, sociedade e mercado. Todos se unem sob o manto soberano da Constituição sob um único propósito socioeconômico. Porém, interessa-nos estudar, mais detidamente, um desses atores: o Poder Executivo, com total ênfase no conjunto orgânico da Administração Pública.

Cabe, à Administração, promover o desenvolvimento por meio do exercício da função administrativa. Existe *função*, como bem anota Celso Antônio Bandeira de Mello, "quando alguém está investido no *dever* de satisfazer dadas finalidades em prol do *interesse de outrem*, necessitando, para tanto, manejar os poderes requeridos para supri-las".[176] O exercício da função administrativa está disciplinado preponderantemente pelo artigo 37 da Constituição Federal. Destacamos, especialmente, os princípios jurídicos que ali foram engastados pelo constituinte como

---

[176] BANDEIRA DE MELLO, Celso Antônio. *Curso de direito administrativo*. São Paulo: Malheiros Editores, 2015, p. 72.

um ourives: legalidade, impessoalidade, moralidade, eficiência e proporcionalidade, além, obviamente, dos princípios maiores que conformam o alicerce nuclear do regime jurídico-administrativo concernente a supremacia do interesse público sobre o privado e o da indisponibilidade do interesse público.

A partir desses e dos fundamentos econômicos, contábeis e sociológicos já estudados nos capítulos precedentes, é que postulamos os princípios implícitos do Direito Administrativo da Infraestrutura: *indisponibilidade, indivisibilidade, inespecificidade, intergeracionalidade, prospectividade, multilateralidade, planejamento estratégico, setorialidade, sustentabilidade e inovação tecnológica.*

Como visto, por mais que o pensamento moderno revolva em torno de conjecturar o papel do Estado, esse papel foi definido e tracejado pelo Constituinte originário ao fundar o objetivo desenvolvimentista. Até aqui, não se dedicou reflexão suficiente para se reconhecer que existe uma atividade administrativa autônoma dedicada à provisão de infraestrutura, menos ainda, a perscrutar seus princípios jurídicos, mormente diante da ausência de qualquer menção expressa nesse sentido.

Vale registrar que os princípios ora expostos, tal como ocorre com outros institutos jurídicos, não são *exclusivos* da atividade de infraestrutura. Tais princípios são depreendidos do sistema constitucional e conferem unidade e coerência à atividade administrativa de infraestrutura, não sendo, todavia, reservados *unicamente* a ela, já que podem incidir em outros campos jurídicos.

Importante, nesse aspecto, resgatar algumas noções já alinhavadas: quando se postula o regime jurídico de um determinado *instituto* ou mesmo, em maior espectro, de uma *disciplina jurídica*, em verdade, está-se perquirindo o conjunto sistematizado de normas jurídicas (princípios e regras) que conferem identidade àquele *nomen iuris*, dando-lhe *harmonia e coerência*, de maneira a compor um sistema ou regime. Por isso, fala-se em regime jurídico-administrativo para se designar o conjunto de normas jurídicas (de princípios e regras) que delineiam a compostura do Direito Administrativo; ou mesmo o regime jurídico-tributário para qualificar, por exemplo, as normas que disciplinam o Direito Tributário.

CAPÍTULO 6 - PRINCÍPIOS DO DIREITO ADMINISTRATIVO...

Todavia, é possível falar-se também no regime jurídico que disciplina determinado instituto, como, por exemplo, o *regime jurídico do serviço público*; o *regime jurídico da licitação*, ou mesmo, dentro do Direito Tributário, o *regime jurídico das taxas* ou o *regime jurídico dos impostos*.[177]

Quer-se chamar a atenção para a circunstância de que determinado instituto, portanto, é fundado pelo regime jurídico ínsito àquele ramo do Direito (por isso, fala-se em *regime jurídico geral*) e, também, pelas normas jurídicas que conferem unidade e coesão a ele próprio (valendo-se da expressão "regime jurídico específico"). Ainda nessa ordem de raciocínio e para ilustrar, tomemos, como exemplo, o instituto do *processo administrativo*: nesse rótulo jurídico, incide o *regime jurídico geral* de Direito Administrativo (princípios que conferem unidade e coerência a essa disciplina, também chamado de *regime jurídico-administrativo*) e o *regime jurídico específico*, com princípios e regras que afetam diretamente o instituto e que lhe conferem identidade, diferenciando-se de outros (nesse exemplo, o princípio da revisibilidade, da oficialidade, da acessibilidade, dentre outros).

O fato de incidirem princípios específicos a determinado instituto não significa que sejam a eles *exclusivos*, repita-se, uma vez que também incidirão em outras categorias jurídicas em maior ou menor grau. Para exemplificar, vale citar o *princípio do julgamento objetivo*, que praticamente toda a doutrina afirma recair sobre o instituto da licitação. Não parece haver dúvida quanto à aplicação dele às licitações, conformando seu regime jurídico específico. Todavia, tal princípio não é *exclusivo* do instituto da licitação; ele pode ter aplicação em qualquer processo administrativo em que se instaure uma competição, tal como ocorre, por exemplo, em chamamentos públicos ordinários decorrentes de Procedimento de Manifestação de Interesse ou na seleção de entidades do terceiro setor para celebração de convênios.

---

[177] É interessante notar como se apresenta o processo de formulação de uma trabalho científico, em que se expõe durante o seu desenvolvimento uma série de conceitos e pressupostos metodológicos adotados, para que sejam devidamente resgatados em momentos posteriores, mais conclusivos, de forma a tentar demonstrar sua coerência lógica. A essa altura da exposição, espera-se que tal fenômeno ocorra de maneira absolutamente cristalina.

Essa ordem de ideias permite concluir que os princípios jurídicos que perfazem o regime jurídico de determinado instituto não são *exclusivos*, eles se esparramam por todo o ordenamento jurídico. Porém, a reunião de determinados princípios permite, justamente, diferenciar um instituto que pode, então, ser resumido e identificado por um rótulo que presumirá a presença de todos eles, no caso desta postulação, a atividade de infraestrutura.

A enumeração doutrinária dos princípios que regem a atividade de infraestrutura confere a ela unidade e coesão sendo, portanto, imperativos ao seu exercício, mas jamais a ela *exclusivos*. A conclusão que parece irrefutável é de que nenhum princípio jurídico se encontra restrito a apenas um determinado instituto jurídico, podendo também incidir sobre outros. Por isso, então, a importância de se identificar princípios nucleares que conformam o regime jurídico da atividade de infraestrutura, imputando as consequências jurídicas que decorrem de seu exato conteúdo jurídico.

Em nossa leitura, portanto, dez são os princípios e todos eles implícitos no texto constitucional.[178] Todavia, ainda que a menção a eles intuitivamente demonstre que são princípios específicos em relação, especialmente, aos do que informam o serviço público em sua feição clássica, é necessário confrontá-los com aqueles arrolados na Lei Federal 8.987/95 para que reste clara sua autonomia: regularidade, continuidade, eficiência, segurança, atualidade, generalidade, cortesia e modicidade.

6.2 Considerações necessárias acerca de normas, princípios e regras

A partir das proposições assentadas no capítulo 1, em especial no item 1.3, *supra*, o cerne desta investigação teórica consiste em decodificar

---

[178] Geraldo Ataliba aclara: "Ou a Constituição é norma e, pois, preceito obrigatório, ou não é nada; não existe; não tem eficácia. O que não pode o jurista é atribuir-lhe a singela função de lembrete ou recomendação. A Constituição, lei máxima, sagrada e superior, ordena, manda determina, impõe. A tarefa do intérprete é, exatamente, desvendar o que a norma está impondo em cada caso". (ATALIBA, Geraldo. *Hipótese de incidência tributária*. 6. ed. São Paulo: Malheiros Editores, 2009, p. 160).

CAPÍTULO 6 - PRINCÍPIOS DO DIREITO ADMINISTRATIVO...

o regime jurídico da atividade administrativa de infraestrutura como uma das atividades estatais sujeitas à incidência do regime jurídico de Direito Administrativo.

Para se alcançar esse objetivo, é preciso, então, sucintamente, retomar alguns dos conceitos jurídicos mais elementares, tais como, normas, princípios e regras, para que se tenha clareza das premissas teóricas que conferem arrimo ao presente trabalho. A Teoria Geral do Direito funciona sempre como um arquétipo de sustentação para a construção prodigiosa dos ramos do direito. Há de se ter uma correlação lógica e racional entre tais premissas e o posicionamento jurídico que se adota, sem isso, o discurso fica vazio e desprendido de argumentação robusta. Construir o direito fora de terreno sedimentado pela teoria geral é como edificar em terra infértil, que não prospera, que rui de maneira avassaladora. Por isso vale a pena o breve escorço que ora se apresente, de forma a apresentar tais pressupostos metodológicos.

Um regime jurídico nada mais é do que um conjunto de regras incidente sobre um dado objeto recortado pelo Direito e a menor unidade de regulação é, justamente, a norma jurídica. Norma jurídica, para Goffredo Telles Junior, é o "imperativo autorizante": de um lado, há um comando, um mandamento e, de outro, a faculdade do direito de reação ao detentor de um direito violado.[179]

Paulo de Barros Carvalho apresenta seu conceito de norma a partir do construtivismo lógico-semântico segundo o qual a norma é uma relação lógica de implicação condicional entre uma conduta descrita no antecedente e um efeito descrito no consequente.[180] Ricardo Marcondes Martins, por sua vez, anota que a diferença entre a norma jurídica e a norma natural é a causalidade: se decorrente de uma lei natural, é uma "norma natural"; se decorrente da imputação, é norma jurídica e autoriza a obtenção de tutela jurisdicional para seu cumprimento.[181]

---

[179] TELLES JÚNIOR, Goffredo. *Direito quântico*: ensaio sobre o fundamento da ordem jurídica. 8. ed. São Paulo: Juarez de Oliveira, 2006, p. 292.

[180] CARVALHO, Paulo de Barros. *Direito tributário, linguagem e método*. 6. ed. São Paulo: Noeses, 2015, pp. 140-142.

[181] MARTINS, Ricardo Marcondes. *Efeitos dos vícios do ato administrativo*. São Paulo: Malheiros Editores, 2008, pp. 25-26.

Naturalmente, o Direito Administrativo da Infraestrutura, enquanto objeto de estudo do Direito Administrativo, é regido por normas jurídicas. Tais normas, por sua vez, serão princípios ou regras. Como bem aponta Ricardo Marcondes Martins, "legislar, administrar e julgar consiste em editar normas jurídicas",[182] sendo certo que norma é a "padronização, por meio da abstração, da ocorrência de determinado fenômeno".

A norma sempre obedece a um esquema lógico em que o consequente, que descreve o efeito jurídico que deve incidir, é condicionado a um antecedente, que descreve uma conduta a ser regulada, de forma que 'H → C' ("se há hipótese, então, há consequência").[183] Assim, "a norma jurídica é uma norma de comportamento, mas, ao contrário das normas morais e religiosas, ela autoriza a obtenção de uma tutela jurisdicional".[184]

Para efeitos do presente trabalho, perfilha-se a corrente que classifica princípios e regras como espécies de norma jurídica. O conceito de regra, por sua vez, embora corresponda a uma padronização de conduta humana, distingue-se do conceito de princípio adotado. Para compreender essa questão, no entanto, é preciso traçar uma breve digressão.

Como bem anotado por Ricardo Marcondes Martins, o conceito de princípio pode ser descrito a partir de sua evolução histórica. Num primeiro momento, reservou-se o uso desse termo para designar aquilo que correspondia ao significado mais próximo da linguagem natural: os

---

[182] MARTINS, Ricardo Marcondes. *Efeitos dos vícios do ato administrativo*. São Paulo: Malheiros Editores, 2008, p. 105.

[183] MARTINS, Ricardo Marcondes. *Efeitos dos vícios do ato administrativo*. São Paulo: Malheiros Editores, 2008, p. 25. Importante registrar que a estrutura lógica das normas jurídicas foi estudada com profundidade por Lourival Vilanova, em sua obra *As estruturas lógicas e o sistema de Direito positivo*. A partir desta estrutura básica, dada a hipótese então deve ser a consequência, o jurista aprofundou o estudo e promoveu a divisão da primeira parte da norma em *norma primária dispositiva* e *norma primária sancionadora*, e a segunda parte da norma em *norma secundária*.

[184] MARTINS, Ricardo Marcondes. *Efeitos dos vícios do ato administrativo*. São Paulo: Malheiros Editores, 2008, pp. 25-26.

CAPÍTULO 6 - PRINCÍPIOS DO DIREITO ADMINISTRATIVO...

fundamentos de uma disciplina.[185] Ou seja, o verbete não correspondia a norma jurídica. Já no segundo momento histórico, aponta o jurista, passaram "a ser determinados enunciados do direito positivo, dotados de extraordinária importância para o entendimento de todo o sistema, diante da alta carga valorativa a eles atribuída".[186] Passam a ser identificados, então, como vetores interpretativos imbuídos de força deôntica, mas sem a estrutura típica "hipótese-consequência".[187] Essa, inclusive, é a corrente até hoje defendida pelo Professor Celso Antônio Bandeira de Mello.[188]

É na terceira etapa, no entanto, que os princípios passam a ser identificados, plenamente, como norma jurídica, como comandos de proibição, obrigação ou faculdade. Como aponta Ricardo Marcondes Martins, vigeria, hoje, na ciência jurídica, o entendimento no sentido de que princípios são "comandos de otimização" que expressam a positivação de valores que devem ser realizados na máxima medida possível.[189] Tal construção é fruto de sua orientação científica fundada na teoria dos princípios de Robert Alexy, para quem princípios são normas justamente porque "dizem o que deve ser", e tais deveres podem ser "formulados por meio das expressões deônticas básicas do dever, da permissão e da proibição".[190]

---

[185] MARTINS, Ricardo Marcondes. *Efeitos dos vícios do ato administrativo*. São Paulo: Malheiros Editores, 2008, p. 27.

[186] MARTINS, Ricardo Marcondes. *Efeitos dos vícios do ato administrativo*. São Paulo: Malheiros Editores, 2008, p. 28.

[187] MARTINS, Ricardo Marcondes. *Efeitos dos vícios do ato administrativo*. São Paulo: Malheiros Editores, 2008, p. 28.

[188] Princípio, como leciona Celso Antônio Bandeira de Mello, consiste no "mandamento nuclear do sistema, verdadeiro alicerce dele, disposição fundamental que se irradia sobre diferentes normas compondo-lhes o espírito e servindo de critério para sua exata compreensão e inteligência" (Cf. BANDEIRA DE MELLO, Celso Antônio. *Curso de direito administrativo*. 32. ed. São Paulo: Malheiros Editores, 2015, pp. 990-991).

[189] MARTINS, Ricardo Marcondes. *Efeitos dos vícios do ato administrativo*. São Paulo: Malheiros Editores, 2008, p. 29.

[190] ALEXY, Robert. *Teoria dos direitos fundamentais*. 2. ed. Tradução de Virgílio Afonso da Silva. São Paulo: Malheiros Editores, 2017, p. 87.

Como aponta o Professor da PUC de São Paulo, isso pavimenta o caminho para se compreender o conceito de regras, uma vez que princípios elegem fins a cumprir, regras estabelecem meios de cumprimento de fins.[191] Daí a afirmação clássica de Norberto Bobbio no sentido de que as regras são proposições prescritivas sujeitas à incidência por subsunção.[192] Regras, portanto, incidem por subsunção; princípios, por ponderação.

Não se pretende, aqui, no entanto, manifestar irrestrita adesão à teoria concretista de Alexy sob a perspectiva da fórmula do peso. Entendemos que o principal aspecto da teoria dos princípios é seu caráter argumentativo, algo sustentado pelo próprio Alexy,[193] o que requer do aplicador a demonstração racional da relação de precedência condicionada em concreto de um princípio sobre outro ou sobre uma regra.[194] Daí que, como regra, os princípios postulados na obra se identificam muito mais com o conceito de princípios da chamada "segunda geração", representado pelo indelével conceito magistralmente lapidado por Celso Antônio Bandeira de Mello, ou seja, como núcleos aglutinadores de significado que atribuem unidade jurídica à atividade de infraestrutura.

6.2.1 Diferenciando regimes jurídicos: os princípios do serviço público

Como mencionamos em 1.3, 3.2 e 6.1, *supra*, o Direito Administrativo da Infraestrutura estuda a *atividade de infraestrutura* que não se confunde com as atividades administrativas de *prestação de serviços públicos*, *fomento*, *poder de polícia*, ordenação e gestão de bens públicos, dentre outras possíveis classificações.

---

[191] MARTINS, Ricardo Marcondes. *Efeitos dos vícios do ato administrativo*. São Paulo: Malheiros Editores, 2008, p. 29.

[192] BOBBIO, Noberto. *Teoria da norma jurídica*. 5. ed. São Paulo: Edipro, 2014, pp. 71-74.

[193] ALEXY, Robert. *Teoria dos direitos fundamentais*. 2. ed. Tradução de Virgílio Afonso da Silva. São Paulo: Malheiros, 2012, p. 548 *et seq*.

[194] ALEXY, Robert. *Teoria dos direitos fundamentais*. 2. ed. Tradução de Virgílio Afonso da Silva. São Paulo: Malheiros, 2012, p. 96 *et seq*.

CAPÍTULO 6 - PRINCÍPIOS DO DIREITO ADMINISTRATIVO...

A partir do conceito proposto no capítulo 4, *supra*, é possível afirmar que a atividade de infraestrutura, conceitualmente, tem muitos pontos de contato com a noção de serviço público em sentido estrito, mas a principal diferença está no que lhe caracteriza: justamente, sua *divisibilidade* e a *identificação* de um usuário concreto.[195]

Nesse contexto, para espancar qualquer tipo de dúvida que sobrevenha, é curial aquilatar a diferença entre os princípios específicos do serviço público daqueles ora postulados para o Direito Administrativo da Infraestrutura. Os primeiros são, basicamente, aqueles arrolados na Lei 8.987/95: *regularidade, continuidade, eficiência, segurança, atualidade, generalidade ou universalidade, cortesia* e *modicidade*. Pretendemos retomar seus conceitos para sustentar a distinção desse regime mais específico em relação à atividade de infraestrutura que está no cerne de nossa investigação.[196]

Os princípios da *regularidade, continuidade, atualidade* e *generalidade* correspondem, basicamente, às célebres "Leis de Rolland", teórico fundamental do serviço público na França e discípulo de León Duguit, pai da escola do serviço público.[197] O cerne jurídico desses princípios consiste em meios de impor, à Administração, certas normas e disciplinas de funcionamento, para garantir que os usuários usufruam individualmente um serviço de qualidade.[198]

Em síntese, por *regularidade,* entende-se que o serviço público deve ser disponibilizado ou prestado em padrão homogêneo ao longo do

---

[195] Cf. BANDEIRA DE MELLO, Celso Antônio. *Serviço público e concessão de serviço público.* São Paulo: Malheiros Editores, 2017, p. 81.

[196] Retoma-se, ainda, o que já escrevemos a respeito dos princípios do serviço público: DAL POZZO, Augusto Neves. *Aspectos fundamentais do serviço público.* São Paulo: Malheiros Editores, 2012, p. 95 *et seq.*

[197] ROLLAND, Louis. *Précis de droit administratif.* 10. ed. Paris: Librairie Dalloz, 1928, pp. 14-16.

[198] Consoante as lições de Stéphane Braconnier: "Tous les services publics sont soumis, quels que soient leur nature ou leur mode de gestion, à un corps de príncipes appelés 'Lois du Service Public' ou 'Lois de Rolland', que leur sont applicables, même sans texte. L'égalité, la continuité e la mutabilité constituent ainsi les piliers traditionnels de l'organisation de tout service public, les 'lois réelles' du service public" (BRACONNIER, Stéphane. *Droit des services publics.* 2. ed., Paris, PUF, 2003, p. 299).

tempo.[199] Ou seja, diz respeito à materialidade da prestação, que se deve apresentar de modo consistente ao usuário sempre que houver sua fruição.

Não se trata de continuidade. Para facilitar, pense-se num exemplo prático: toda vez que se abre a torneira da cozinha, espera-se que a água esteja tratada e no mesmo padrão físico-químico. Por esse princípio, não se admite, por exemplo, que, num dia, a água esteja turva, no seguinte, cristalina, no seguinte com odor de cloro *etc.*

Continuidade, por outro lado, diz respeito ao aspecto temporal da disponibilidade. A Administração deverá garantir que o serviço esteja sempre e a qualquer tempo disponível para ser fruído.[200] No caso do exemplo acima, o serviço seria de fato contínuo, mas irregular. Todo dia, no exemplo, havia água, portanto, havia continuidade, mas não em condições de regularidade. Aproveitando-se o exemplo, haverá ruptura da continuidade se, apesar da água estar nas mesmas condições físico-químicas nos momentos em que está disponível, essa disponibilidade seja intermitente.[201]

---

[199] Segundo Ana Maria Goffi Flaquer Scartezzini, em trabalho monográfico dedicado ao princípio da continuidade, a regularidade se diferencia da continuidade em razão de que continuidade significa funcionamento contínuo, enquanto regularidade significa a preservação da cadência do serviço. (Cf. SCARTEZZINI, Ana Maria Goffi Flaquer. *O princípio da continuidade do serviço público*. São Paulo: Malheiros Editores, 2006, p. 99).

[200] Para Ana Maria Goffi Flaquer Scartezzini, tal princípio sustenta as prerrogativas atribuídas à Administração para garantir a prestação do serviço público, inclusive mediante ocupação de bens afetos para assegurar que não haja quebra em sua disponibilidade. (Cf. SCARTEZZINI, Ana Maria Goffi Flaquer. *O princípio da continuidade do serviço público*. São Paulo: Malheiros Editores, 2006, p. 99).

[201] Consoante assevera Renato Alessi: "Será sublinhado mais adiante, realmente (e aqui bastará um simples aceno) o fato de que a noção de prestações, devido à aproximação e integração acima mencionadas, deva ser submetida a uma limitação necessária, no sentido que se deverá dar-lhe por conteúdo não mais todas e quaisquer atitudes da administração, aptas a satisfazer um interesse de um determinado cidadão, embora objeto de uma verdadeira e própria relação jurídica (por exemplo: um subsídio una tantum [1] imposto por uma norma), mas aquelas prestações as quais possam ser consideradas como realização de um verdadeiro e próprio serviço público, no sentido acima acenado, vale dizer, tendo o caráter de uma certa continuidade, ao menos por parte da administração prestadora, de modo a constituir, no tempo, um complexo de prestações, realizadas principalmente com base num complexo de meios materiais a tanto

CAPÍTULO 6 - PRINCÍPIOS DO DIREITO ADMINISTRATIVO...

O princípio da *eficiência* impõe ao aplicador buscar a melhor prestação de serviço público, como aponta Emerson Gabardo, em quatro aspectos: *racionalização, produtividade, economicidade* e *celeridade*.[202] Segundo o autor, o primeiro (*racionalização*) se relaciona à otimização entre os meios e os custos; a *produtividade*, por sua vez, expressa a soma de duas proporções: eficácia, representada pela relação entre produto e meta, e eficiência, que consiste na relação proporcional entre o resultado ou o produto e seus meios e custos de produção; *economicidade* busca maximização de resultados com menor gasto de recursos. Por fim, a *celeridade* adiciona o fator tempo à análise da aplicação do princípio.[203] Paulo Modesto, pioneiro nos escritos sobre a eficiência, vislumbra-a como "princípio pluridimensional", que representa a busca pela racionalidade e otimização no emprego de meios em relação à satisfatoriedade dos resultados.[204]

Trata-se, aqui, do aspecto material, qualitativo, do serviço público: de nada adianta, por exemplo, ter água tratada a custo zero se ela não estiver em padrões físico-químicos adequados sendo produzida em uma relação adequada de custo e remuneração.

---

predispostos, que servem a eles de objeto ou de instrumento: limitação necessária, repito, para o escopo de fazer servir a teoria das prestações administrativas aos privados como integração, no sentido acenado, à teoria dos serviços públicos." (ALESSI, Renato. *Le prestazioni amministrative rese ai privati*: teoria generale. 2. ed. Milão: A. Giuffrè, 1956, p. 10: V. tradução nossa).

[202] GABARDO, Emerson. Princípio da eficiência. Enciclopédia jurídica da PUC/SP. Celso Fernandes Campilongo, Alvaro de Azevedo Gonzaga e André Luiz Freire (Coords.). Tomo: Direito Administrativo e Constitucional. Vidal Serrano Nunes Jr., Maurício Zockun, Carolina Zancaner Zockun, André Luiz Freire (Coord. de tomo). 1. ed. São Paulo: Pontifícia Universidade Católica de São Paulo, 2017. Disponível em: <https://enciclopediajuridica.pucsp.br/verbete/82/edicao-1/principio-da-eficiencia>. Acesso em: 7 jan. 2020.

[203] GABARDO, Emerson. Princípio da eficiência. Enciclopédia jurídica da PUC/SP. Celso Fernandes Campilongo, Alvaro de Azevedo Gonzaga e André Luiz Freire (Coords.). Tomo: Direito Administrativo e Constitucional. Vidal Serrano Nunes Jr., Maurício Zockun, Carolina Zancaner Zockun, André Luiz Freire (Coord. de tomo). 1. ed. São Paulo: Pontifícia Universidade Católica de São Paulo, 2017. Disponível em: <https://enciclopediajuridica. pucsp.br/verbete/82/edicao-1/principio-da-eficiencia≥. Acesso em: 7 jan. 2020.

[204] MODESTO, Paulo. "Notas para um debate sobre o princípio da eficiência". *Revista de Direito Administrativo e Constitucional*, Curitiba, ano 51, n. 2, pp. 105-120, 2002, p. 35.

Já os princípios da segurança e da atualidade requerem menos esforço para serem compreendidos: dizem respeito à adoção de técnicas e métodos tão modernos quanto possível cujo potencial de causar danos aos usuários seja passível de mitigação e compatíveis com as condições econômicas do poder público.[205] A grande questão da segurança, no caso da atividade de infraestrutura, está no princípio da prospectividade, que será desenvolvido proximamente.

Generalidade ou *Universalidade* corresponde à "Lei da igualdade" postulada por Rolland.[206] É o princípio que positiva a ideia de que o serviço público pode ser exigido por todos, indistintamente. É exatamente o comando normativo que confere ao usuário, o direito de exigir do Estado o atendimento a um determinado serviço público, para que possa usufrui-lo singularmente, de maneira a integrá-lo socialmente. Por meio de sua diretiva, sobressai-se o dever legal de atuação do Estado para atendimento de todos os usuários que desejam o serviço público.

O princípio da *cortesia* literalmente diz respeito ao tratamento a ser dispensado aos usuários do serviço e diz respeito, sobretudo, ao acesso à informação. *Modicidade* é o mandamento nuclear que sustenta a necessidade de que a remuneração do serviço, cobrada na forma de taxa ou tarifa, seja a menor possível para cobrir custos de investimento, operação de modo, sempre conectada ao volume de serviços efetivamente usufruídos, de modo a não alijar os usuários. O serviço público, já foi enaltecido, é "o patrimônio dos que não têm patrimônio".[207]

Curioso notar que o princípio da cortesia tem recebido bem pouco espaço na produção científica brasileira, apesar de haver certo

---

[205] Cf. BANDEIRA DE MELLO, Celso Antônio. *Serviço público e concessão de serviço público*. São Paulo: Malheiros Editores, 2017, p. 84. Ricardo Marcondes Martins aponta que a mutabilidade significa a abertura a novas tecnologias. Contudo, também alerta que novas tecnologias agregam custos que exigem uma ponderação no sentido de sua efetiva necessidade no caso concreto. (Cf. *Regulação administrativa à luz da Constituição Federal*. São Paulo: Malheiros Editores, 2011, pp. 285-286).

[206] ROLLAND, Louis. *Précis de droit administratif*. 10. ed. Paris: Librairie Dalloz, p. 15.

[207] Emir Sader, "Mercado contra o Estado – Les Dossiers de la Mondialisation", Carta Maior de 27.1.2007.

CAPÍTULO 6 - PRINCÍPIOS DO DIREITO ADMINISTRATIVO...

consenso no sentido de que o usuário é o "epicentro", a figura estelar do serviço.[208] Uma das poucas obras que lhe dispensa atenção mais detalhada é a de César Guimarães Pereira, que busca apoio nas normas de direito comunitário europeu para propor que o citado princípio se materializa na forma de "standards" de atendimento, ou seja, formas de relacionamento concreto entre usuários e prestadores.[209]

A necessidade de se empreender esse rápido sobrevoo dos princípios que informam o regime jurídico do serviço público consiste em assinalar a diferença entre eles e aqueles que serão objeto de exame a seguir, próprios da atividade de infraestrutura. A pergunta que o leitor pode estar se fazendo é se seria possível imaginar que se postulasse a aplicação de tais princípios à atividade de infraestrutura?

A resposta é que tais princípios podem incidir, mas quando isso ocorre, é de maneira totalmente ancilar. Conforme explicitado, não há instituto que possa reclamar para si, princípios *exclusivos*, que o conformam e a mais ninguém. Aqui, a situação é exatamente a mesma, secundariamente pode-se admitir a aplicação dos princípios do serviço público na atividade de infraestrutura, mas não serão eles que conferem unidade e autonomia à essa atividade.

O provimento da atividade de infraestrutura, pode ter, em algum grau, conexão com alguns dos princípios do serviço público, todavia, é

---

[208] Na inexcedível lição de Celso Antônio Bandeira de Mello, "realmente, a figura estelar em tema de serviço público só pode mesmo ser o usuário, já que o serviço é instituído unicamente em seu prol. Aliás, de fora parte a promoção da ordem e da paz social, a justificativa substancial para a existência do próprio Estado é, precisamente, a de oferecer aos administrados as utilidades e comodidades que se constituem nos serviços públicos" (BANDEIRA DE MELLO, Celso Antônio. *Serviço público e concessão de serviço público*. São Paulo: Malheiros Editores, 2017, p.108). No mesmo sentido, *vide* PEREIRA, César Guimarães. *Usuários de serviços públicos*: usuários, consumidores e os aspectos econômicos dos serviços públicos. São Paulo: Saraiva, 2008, pp. 4-5), e Marçal Justen Filho segue nessa linha também ao defender, de modo intransigente, a impossibilidade de interrupção dos serviços considerados essenciais, dado que eles são condição para a dignidade da pessoa humana (Cf. JUSTEN FILHO, Marçal. *Teoria geral das concessões de serviço público*. São Paulo: Dialética, 2003, pp. 310-311).

[209] Cf. PEREIRA, César Guimarães. *Usuários de serviços públicos*: usuários, consumidores e os aspectos econômicos dos serviços públicos. São Paulo: Saraiva, 2008, pp. 4-5.

exatamente por força de sua natureza, de seu regime próprio, que lhe atribui características jurídicas autônomas e por objetivarem finalidades distintas (a primeira, satisfazer o usuário individualmente considerado, e, a segunda, satisfazer a coletividade em geral para impulsionar o desenvolvimento econômico e social), é que postulamos que a atividade de infraestrutura orienta-se por princípios que lhe são próprios, alheios aos princípios do serviço público.

Resta agora examiná-los para que se possa identificar e compreender, com clareza, essas relevantes e sobrepujadas discrepâncias.

6.3 Princípios do Direito Administrativo da Infraestrutura

6.3.1 Princípio da Indisponibilidade da Atividade de Infraestrutura

Como corolário do princípio reitor de todo o regime jurídico-administrativo, o princípio da indisponibilidade do interesse público, encontra-se insculpido no princípio da indisponibilidade da atividade de infraestrutura.

O conteúdo jurídico desse princípio explicita o dever da Administração Pública em exercer a atividade administrativa de infraestrutura, de maneira subordinada à lei, exatamente em face do comando prescrito no inciso II, do artigo 3º, da Constituição Federal concernente ao desenvolvimento nacional.

Consoante repetido inúmeras vezes, não há forma de se alcançar o desenvolvimento nacional sem que se desempenhe, obrigatoriamente, o exercício da atividade de infraestrutura, seja diretamente, seja com a participação privada por meio dos modelos concessórios e, em menor intensidade, de contratação pública tradicional, colocados à disposição do administrador.

O administrador público exerce função e tem o dever de velar pelo interesse público, não podendo se desfazer dessa nuclear missão. A consequência jurídica desse entendimento concerne à possibilidade de controle de potencial omissão do Estado nesse desiderato.

CAPÍTULO 6 - PRINCÍPIOS DO DIREITO ADMINISTRATIVO...

Trata-se de um controle que não pode ser tutelado individualmente, por configurar um direito coletivo, mas que deve ser promovido pelos órgãos competentes, como, por exemplo, o Ministério Público. É a mesma situação de controle que se pode fazer quando o Estado deixa de exercer seu poder de polícia, como atividade de interesse geral que deve ser exercida pelo Estado.

6.3.2 Princípio da Indivisibilidade e Princípio da Inespecificidade

Para que não haja qualquer desvio de compreensão, serão abordados no presente tópico dois princípios: o da indivisibilidade e o da inespecificidade, haja vista o alto grau de complementariedade que ambos ostentam.

O princípio da indivisibilidade encontra-se, claramente, inserido em posição diametralmente oposta ao núcleo do conceito de serviço público em sentido estrito.[210] A doutrina de Renato Alessi influenciou, sobremaneira, o conceito de serviço público, que, no Brasil, recebeu elevada consagração pela lavra do professor Celso Antônio Bandeira de Mello. O publicista italiano postulou que somente há prestação administrativa quando há um usuário concreto com o qual se aperfeiçoa um vínculo jurídico pelo qual ele recebe a prestação de uma atividade estatal.[211]

---

[210] Segundo Celso Antônio Bandeira de Mello, "serviço público é a atividade material que o Estado assume como pertinente a seus deveres em face da coletividade para satisfação de necessidades ou utilidades públicas singularmente fruíveis pelos administrados cujo desempenho se entende que deva se efetuar sob a égide de um regime jurídico outorgador de prerrogativas capazes de assegurar a preponderância do interesse residente no serviço e de imposições necessárias para protegê-lo contra condutas comissivas ou omissivas de terceiros ou dele próprio gravosas a direitos ou interesses dos administrados em geral e dos usuários do serviço em particular" (BANDEIRA DE MELLO, Celso Antônio. *Serviço público e concessão de serviço público*. São Paulo: Malheiros Editores, 2017, p. 81).

[211] Cf. ALESSI, Renato. *Le prestazioni amministrative rese ai privati*: teoria generale. 2. ed. Milão: A. Giuffrè, 1956, p. 20 *et seq.*

161

Diante dessa indiscutível realidade jurídica, a verdade é que, nos serviços públicos, a *divisibilidade* integra seu conceito; nas atividades de infraestrutura, por sua vez, a *indivisibilidade* é um de seus núcleos conformadores: o destinatário da infraestrutura é a sociedade, de modo difuso. Como regra, não é possível definir quem é o "usuário" e, em muitos casos, sequer haverá referência a um usuário, seja ele efetivo ou potencial.

É o que se infere da Constituição Federal, que em seu artigo 145, inciso II, estabelece que a União, os Estados, o Distrito Federal e os Municípios poderão instituir taxas em razão da utilização de serviços públicos *específicos* e *divisíveis*. Ora, se a atividade administrativa de serviço público deve ser específica e divisível, ensejando inclusive a cobrança de taxa pelo Poder Público, e modelo tarifário quando se promove sua concessão (artigo 175, Constituição Federal), a *contrario sensu*, a atividade administrativa de infraestrutura não deve ser nem específica e nem divisível, extraindo-se, portanto, como princípios implícitos constitucionais, o da inespecificidade e o da indivisibilidade, comandos normativos obrigatórios que conformam seu regime jurídico e produzem uma série de efeitos decorrentes.

Nesse sentido, é possível identificar, no texto constitucional, diversos deveres que são colocados sob o influxo da Administração Pública que não carregam as características de *divisibilidade* e *especificidade*, forçando o reconhecimento de uma *novel* atividade administrativa típica, a postulada atividade de infraestrutura, que não carrega tais elementos nucleares, mas que, obrigatoriamente, deve ser objeto de salvaguarda do Estado para se conquistar o impulso desenvolvimentista.

Podemos exemplificar atividades inespecíficas e indivisíveis arrolando as atividades de serviços de provisão, operação e manutenção da iluminação pública, infraestrutura aeroportuária, infraestrutura rodoviária, drenagem de águas pluviais, coleta, transbordo e disposição final de resíduos sólidos, dentre outros. O que todas têm em comum é o que as diferencia do conceito de serviço público: embora sejam comodidades ou utilidades materiais fruíveis por qualquer interessado, não há como individualizar sua utilização a usuários específicos.

CAPÍTULO 6 - PRINCÍPIOS DO DIREITO ADMINISTRATIVO...

A postulação do *princípio da indivisibilidade*, então, tem o propósito de distinguir aquilo que particulariza o regime jurídico do Direito Administrativo da Infraestrutura, ou seja, a impossibilidade de fracionamento da atividade em relação ao usuário. Essa marca fundamental deve ser vista sob a ótica de princípio jurídico, de forma a condicionar a interpretação e aplicação do regime jurídico subjacente. O *princípio da indivisibilidade*, portanto, aglutina todo o conjunto de normas que deve incidir sobre a atividade de infraestrutura: provimento obrigatório, pelo poder público, de utilidades ou comodidades postas a favor de beneficiários não singulares, que propiciam condições para o desenvolvimento da sociedade.

A postulação do *princípio da inespecificidade* caminha em uníssono com a do *princípio da indivisibilidade*. Novamente, por contraposição: serviços públicos em sentido estrito são serviços específicos e divisíveis. São prestados a um destinatário certo ou, ao menos, identificável. Atividades de infraestrutura são indivisíveis e, a reboque, inespecíficas: são destinadas à coletividade em geral, a toda a sociedade, não sendo relevante identificar a quantidade efetiva de serviço usufruído pelo particular.

Postula-se, então, que a indivisibilidade está atrelada ao aspecto *objetivo* da atividade de infraestrutura, ela é materialmente indivisível; já a inespecificidade está relacionada ao aspecto *subjetivo*: não é possível identificar o usuário ou destinatário da prestação.

É possível se aventarem inúmeras consequências jurídicas que decorrem do reconhecimento da juridicidade dos aludidos princípios como, por exemplo, a impossibilidade de cobrança de taxa ou tarifa do usuário pelo exercício da atividade de infraestrutura; a impossibilidade jurídica de se quantificar a fruição individual da atividade; a identificação do correto mecanismo de composição do valor do preço público a ser arrecadado do beneficiário (quando isso ocorrer), em que deve ser considerado apenas os custos decorrentes da provisão, operação e manutenção dos ativos públicos e não da quantidade de serviço usufruída.

A conduta do administrador que se desviar da aplicação dos aludidos princípios ao editar atos administrativos que os contrariem ensejará a respectiva invalidação, bem como o sujeitará à incidência das sanções decorrentes da esfera de responsabilidade dos agentes públicos. Se considerarmos, ainda, a delegação da atividade de infraestrutura aos particulares, a observância a tais ditames reveste-se de ainda maior importância, porque a invalidação do modelo jurídico preconizado pelo agente público, além de ensejar a paralisação de atividade nuclear para salvaguarda do interesse público desenvolvimentista, ensejará o pagamento de indenização ao concessionário em valores expressivos, uma vez que tais megaprojetos, como regra geral, demandam capital intensivo.

Portanto, fundamental a observância dos princípios da inespecificidade e da indivisibilidade para que a atividade seja realizada em absoluta consonância com o regime jurídico que é próprio da provisão de infraestrutura.

6.3.3 Princípio da Intergeracionalidade

As infraestruturas são, por definição e por vocação, objetos intergeracionais[212], ou seja, materializam-se e produzem efeitos necessariamente ao longo de diversas gerações, de tal sorte que podem durar mais do que a vida do homem médio. Essa circunstância não é de dimensão menor ou destituída de efeitos jurídicos. Ao contrário, a intergeracionalidade é um traço jurídico-positivo implícito no ordenamento jurídico da mais alta relevância e que interfere no exame da validade da atividade de provisão de infraestrutura. Em outras palavras, diferentemente de outras atividades administrativas, as infraestruturas impõem um juízo complexo de natureza intergeracional que condiciona a validade do exercício da respectiva competência administrativa.

Postulamos, aliás, que ela se faz sentir já no preâmbulo do texto maior, quando a Assembleia Nacional Constituinte assim declarou: "nós, representantes do povo brasileiro, reunidos em Assembleia Nacional Constituinte para instituir um Estado Democrático". Fundar uma ordem

---

[212] Cf. LAAK, Dirk Van. *História da infraestrutura. In:* BERCOVICI, Gilberto (Coord.). *Direito, infraestrutura e desenvolvimento:* o debate alemão. São Paulo: Editora Contracorrente, 2021 (no prelo).

CAPÍTULO 6 - PRINCÍPIOS DO DIREITO ADMINISTRATIVO...

constitucional democrática não é algo efêmero, é um compromisso social destinado a perpassar gerações.

Não se perde de vista que, muito provavelmente, o preâmbulo não disponha de caráter deôntico.[213] Mesmo assim, a intergeracionalidade se faz sentir logo no artigo 1º, que é o produto imediato da mensagem transmitida no preâmbulo: "a República Federativa do Brasil, formada pela união indissolúvel dos Estados e Municípios e do Distrito Federal, constitui-se em Estado Democrático de Direito". Aqui, há o deôntico.

Sendo norma, o artigo 1º se lê: se há República Federativa do Brasil, ela deve ser formada pela união indissolúvel de seus entes federados e deve se pautar pelos fundamentos que são enunciados, em seguida, nos incisos I a V: soberania, cidadania, dignidade da pessoa humana, valores sociais do trabalho e livre iniciativa e pluralismo político.

Para sustentar a incidência dessa norma, extrai-se, de modo implícito, a intergeracionalidade: somente mediante provimento de infraestrutura é possível que a República e a Federação existam e possam observar, cumprir e realizar seus fundamentos.

Nos artigos 3º e 4º, há mais duas normas que apontam para a intergeracionalidade da infraestrutura. No artigo 3º, ao determinar os objetivos, todos eles requerem a provisão de infraestrutura destinada a perpassar gerações, em especial, o objetivo do desenvolvimento nacional constante do inciso III. No artigo 4º, há os princípios das relações internacionais. Novamente, a intergeracionalidade se faz sentir, com muito vigor, no inciso I, que trata da *independência nacional*. Somente com infraestrutura perene um país pode ser independente (e, postula-se, soberano).

Também se extrai a importância da intergeracionalidade de modo direto do inciso IX do citado artigo 4º, que determina o *princípio da*

---

[213] *Vide*, por todos, CARVALHO, Paulo de Barros. "O preâmbulo e a prescritividade constitutiva dos textos jurídicos". *Revista Direito GV*, São Paulo, vol. 6, n. 1, pp. 295-312, jan. 2010. Disponível em: <http://bibliotecadigital.fgv.br/ojs/index.php/revdireitogv/article/view/24229/22994>. Acesso em: 1 jul. 2020.

cooperação entre os povos para o progresso da humanidade. Assumir compromissos internacionais dessa natureza, entendemos, requer que um país tenha suporte em sua infraestrutura, dado que o tempo das relações internacionais está radicalmente divorciado do tempo de uma vida humana: elas representam gerações e gerações que materializam a feição de seus países de origem e moldam o futuro da cooperação internacional através do tempo.

A reflexão sobre intergeracionalidade é antiga e a encontramos, por exemplo, nos escritos de Thomas Jefferson, que manifestava séria preocupação com a possibilidade de que as escolhas de uma geração pudessem vincular ou restringir as gerações posteriores.[214] A intergeracionalidade, mesmo no que concerne à atividade de infraestrutura, possui uma base filosófica mais densa. Fala-se em uma "justiça intergeracional" (*intergenerational justice*), cuja problematização está colocada em outros debates – exemplos notórios onde esse debate também está posto são os da previdência social e da questão ambiental.[215] No campo da atividade de infraestrutura, nosso entendimento é no sentido de que a noção de "justiça intergeracional" está voltada à realização do valor do desenvolvimento nacional.

A incorporação do princípio ao universo jurídico, porém, é mais recente[216], motivada, especialmente, por discussões ambientais e, no

---

[214] JEFFERSON, Thomas. *The portable Thomas Jefferson. In*: PETERSON, Merril D. (Coord.). *The Portable Thomas Jefferson.* New York: Penguin Books, 1977, p. 445, *apud* WOLF, Clark. "Justice and Intergenerational Debt". *Intergenerational Justice Review,* vol. 2, pp. 13-17, 2008. Disponível em: https://lib.dr.iastate.edu/cgi/viewcontent.cgi?article=1017&context=philrs_pubs.

[215] Nesse sentido, Christopher Bertram pontua: "A justiça intergeracional é agora uma parte importante da teoria da justiça. Isto porque, agora, nós temos consciência de problemas relativos a poupanças, pensões e questões ambientais tais como aquecimento global (...)" (BERTRAM, Christopher. *Exploitation and intergenerational justice. In:* GOSSERIES, Axel; MEYER, Lukas H. *Intergenrational justice.* Oxford: Oxford University, 2002, p. 147, tradução nossa).

[216] Pode-se colher nos estudos a respeito do direito à solidariedade a origem do que chamamos de intergeracionalidade. Sobre o tema, merece destaque a obra clássica de Léon Bourgeios. Segundo o autor, a solidariedade é o elo que comunica os integrantes de uma sociedade complexa. Em suas palavras: "(...) não é um ser isolado, tendo fora

CAPÍTULO 6 - PRINCÍPIOS DO DIREITO ADMINISTRATIVO...

Brasil, está explicitamente consagrada no artigo 225 da Constituição Federal, no qual se estabelece que "todos têm direito ao meio ambiente ecologicamente equilibrado, bem de uso comum do povo e essencial à sadia qualidade de vida, impondo-se ao Poder Público e à coletividade o dever de defendê-lo e preservá-lo para as presentes e *futuras gerações*". Embora a questão ambiental seja, de fato, a que melhor demonstre preocupação com a justiça intergeracional, o tema não se esgota nela, mas alcança, como sustenta Paulo Modesto, diversas dimensões da vida pública.[217]

Afora a questão filosófica mais latente acerca da matéria, fato é que a atividade de infraestrutura, enquanto vocacionada para estabelecer segurança em relações de longo prazo, que beneficia indistintamente a todos, tem por marca fundante a intergeracionalidade. O desempenho de atividades de infraestrutura, insista-se, é projetado para atender a demandas socioeconômicas perenes que, portanto, não se esgotam em uma única prestação a indivíduos determinados. Prover e administrar infraestruturas é um esforço conjunto de gerações e, de modo mais evidente, de ciclos políticos.

A intergeracionalidade é bem revelada como característica da infraestrutura, sobretudo, quando se observa que o esforço de instalação de infraestruturas, geralmente, ocorre em um momento e os frutos providos por elas apenas serão aproveitados futuramente, muitas vezes, pelas gerações seguintes.

---

dos indivíduos que a compõem uma existência real e podendo ser o sujeito de direitos particulares e superiores ao direito dos homens. Não é, então, entre o homem e o Estado ou a sociedade que se põe o problema do direito e do dever; é entre os homens eles mesmos, mas entre os homens concebidos como associados a uma obra comum e obrigados uns com os outros pelos elementos de um objetivo comum" (BOURGEOIS, Léon. *Solidarité*. 7. ed. Paris: Armand Colin, 1911, p. 90, tradução nossa). Destaque-se, ainda, sobre o direito à solidariedade o estudo de José Fernando de Castro Faria, o qual contém detalhada abordagem sobre a origem do direito de solidariedade, e como tal compreensão chegou ao Brasil depois do desenvolvimento inicial da matéria na França a partir do início do século XX.

[217] MODESTO, Paulo. "Uma Introdução à Teoria da Justiça Intergeracional e o Direito". *Revista Eletrônica de Direito do Estado*, n. 281, 20 out. 2016. Disponível em: <http://www.direitodoestado.com.br/colunistas/paulo-modesto/uma-introducao-a-teoria-da-justica-intergeracional-e-o-direito>.

A noção de intergeracionalidade, destarte, possibilita formular uma reflexão a respeito do equilíbrio por meio do qual, por um lado, a Administração Pública deve "superar a miopia temporal (atribuição de valor demasiado ao que está perto de nós no tempo)", ou seja, planejar com olhos voltados não apenas para momento atual, mas considerar os direitos das gerações futuras (= intergeracionalidade), e, por outro, deve evitar que recaia sobre si a "hipermetropia temporal (atribuição de um valor excessivo ao amanhã, em prejuízo das demandas e interesses correntes)"[218], ou seja, desconsiderar por completo a geração presente e pensar apenas na geração futura.

Na linha de que a atividade administrativa de infraestrutura implica ações que são dedicadas ao estabelecimento de condições que permitam um futuro (econômico e social) seguro e estável a indivíduos indistintamente considerados, a intergeracionalidade significa o elo entre os que, de modo sucessivo e ao longo do tempo, serão beneficiários da implementação, manutenção e operação de ativos públicos. A atividade de infraestrutura, voltada para o futuro, não se preocupa apenas com os destinatários imediatos de seus atos. Pelo contrário: ela é desenvolvida para estabelecer relações duráveis e de caráter geral.

Daí postularmos que a intergeracionalidade é princípio jurídico. Ela aglutina um regime jurídico que determina o planejamento estatal ótimo da infraestrutura, orienta o intérprete sobre as balizas do regime jurídico da escolha pública da infraestrutura e propugna que o aplicador do Direito encontre um equilíbrio entre o investimento para as próximas gerações sem comprometer as gerações atuais. De acordo com esse valor, busca-se tutelar as gerações futuras, portanto. O elemento deôntico está, justamente, em buscar meios concretos de se realizar a escolha pública, de molde a salvaguardar o interesse das próximas gerações, que não podem ser aniquiladas por uma decisão ilegal que não a considera. Há, nesse sentido, o dever do administrador público enumerar robustamente todos os elementos que informam a sua decisão administrativa, sob pena de invalidação.

---

[218] GIANNETTI, Eduardo. *O Valor do amanhã*: ensaio sobre a natureza dos juros. São Paulo: Companhia das Letras, 2005, pp. 12-13.

CAPÍTULO 6 - PRINCÍPIOS DO DIREITO ADMINISTRATIVO...

Para ilustrar, vale a pena citar a decisão do administrador público em relação a atividade de provisão, manutenção e operação de uma infraestrutura rodoviária. A decisão pela duplicação de um trecho da rodovia, com a inclusão de uma segunda ou terceira pista, deve considerar a projeção de crescimento de demanda dos anos vindouros, de forma a garantir que as gerações futuras possam se locomover eficientemente. De nada adianta decidir pela provisão de apenas uma pista para salvaguardar um interesse público efêmero, olvidando-se em garantir a trafegabilidade das gerações futuras; é fundamental que em marcha com a realização da atividade de provisão, operação e manutenção do ativo haja a incidência do referido princípio de molde que as decisões dos administradores públicos no exercício da atividade de infraestrutura somente sejam consideradas válidas quando efetivamente produzidas à luz das gerações futuras, inclusive com o propósito de evitar o desperdício de recursos financeiros e humanos.

O princípio da intergeracionalidade opõe-se à imprevidência e à desprevenção que sempre toldou a visão de muitos que comandaram a Administração. Por essa razão, a duplicação das principais estradas de rodagem terá um custo proibitivo, pelas desapropriações necessárias: a incúria dos responsáveis não lhes permitiu ver, quando construíram a estrada original, que gerações futuras precisariam de maior espaço de circulação, prejudicando sobranceiramente a atividade de infraestrutura. Hoje, certamente, poder-se-á questionar um planejamento que não leve em conta a intergeracionalidade da provisão do ativo público sobre a qual incidirá a atividade de infraestrutura. A atividade de infraestrutura é que exige essa previsibilidade.

6.3.4 Princípio da Prospectividade

Outro princípio jurídico que orienta a atividade de provisão de infraestrutura e que guarda íntima relação com o princípio da *intergeracionalidade* é o da *prospectividade*.

Na linguagem corrente, a definição do termo "prospectivo" está atrelada à ideia de um sujeito que busca enxergar o futuro na tomada de decisões presentes. Associa-se, assim, prospectividade à projeção segura de medidas que devem ser tomadas para atender a demandas que, no longo prazo, continuarão a existir. Há, nesse sentido, uma preocupação para além das demandas atuais.

No verbo de Hinnerk Wißmann, "o direito das infraestruturas públicas poderá contribuir, de sua maneira, para a transformação do futuro por meio do direito público".[219] Dirk Van Laak, por sua vez, afirma que as infraestruturas "são consideradas, *per definitionem*, elementos de orientação para o futuro".[220] Estas manifestações teóricas apontam para o fato de que a atividade de provisão de infraestrutura sempre tem um olhar no futuro, uma vocação irresistível de transformação ou conformação da realidade social.

Reiterou-se, ao longo do presente trabalho, que a infraestrutura é condição indispensável ao desenvolvimento social e econômico de um país. Mais que isso: infraestrutura é um pressuposto do Estado moderno. Historicamente, países possuem melhores indicadores socioeconômicos conforme melhor exerçam a atividade de infraestrutura por eles desenvolvidas.[221]

Com efeito, postulamos ser inerente à concepção de infraestrutura (econômica e jurídica) a premissa de que ela é voltada à solução de questões de longo prazo, e não apenas as imediatas. A instalação de infraestruturas está intimamente conectada às projeções futuras de demanda da sociedade. São o suporte necessário para o empreendimento de atividades relevantes ao longo do tempo, permitindo-se a manutenção de condições de competitividade dos países em busca de melhorar as perspectivas socioeconômicas de suas populações.

---

[219] WIßMANN, Hinnerk. "Requisitos de um direito infraestrutural sustentável". *In:* BERCOVICI, Gilberto (Coord.). *Direito, infraestrutura e desenvolvimento:* o debate alemão. São Paulo: Editora Contracorrente, 2021 (no prelo).

[220] LAAK, Dirk Van. "História da infraestrutura". *In:* BERCOVICI, Gilberto (Coord.). *Direito, infraestrutura e desenvolvimento:* o debate alemão. São Paulo: Editora Contracorrente, 2021 (no prelo).

[221] Cf., por todos, CALDERÓN, César; SERVÉN, Luis. "The Effects of Infrastructure Development on Growth and Income Distribution". *World Bank, Policy Research Working Paper*, Washington, n. 3400, 2004. Disponível em: https://openknowledge.worldbank.org/bitstream/handle/10986/14136/WPS3400.pdf?sequence=1&isAllowed=y.

CAPÍTULO 6 - PRINCÍPIOS DO DIREITO ADMINISTRATIVO...

Enquanto outras atividades administrativas visam à conservação do estado de coisas atual, adotando, pois, uma postura *retrospectiva*, de que é exemplo eloquente a atividade administrativa sancionatória, as infraestruturas sempre implicarão uma visão orientada ao futuro, uma previsão de custos, benefícios e riscos a determinar uma intervenção atual na realidade.[222] Paulo Otero, ao abordar a Administração de infraestruturas, também encarece a prospectividade como um dos traços da infraestrutura. Eis suas palavras:

> A Administração de infraestruturas, visando conjugar o fornecimento de serviços básicos e o propósito de alterar a realidade social para além de cada caso concreto, desenvolve uma atuação conformadora ou transformadora, numa visão renovada do bem-estar, segundo uma postura prospectiva e de composição ponderativa de interesses públicos e privados (...).[223]

O raciocínio é o mesmo para considerar a prospectividade como princípio da atividade administrativa de infraestrutura. Tal atividade exige, da Administração Pública, o desempenho de uma tarefa complexa, qual seja, a de se organizar no presente para gestar um futuro mais seguro da coletividade.

Não se trata, enfim, de atividade meramente prestadora de utilidades a indivíduos determinados em um contexto atual. A atividade de infraestrutura não é destinada apenas a sujeitos não identificados de modo imediato, mas, também, àqueles que virão a integrar um determinado conjunto social. Nisso, está a generalidade da atividade de infraestrutura. Conforme pondera Vasco Pereira da Silva:

> Assiste-se, assim, à proliferação de actuações administrativas de caráter geral, ou de medidas individuais de alcance não limitado aos imediatos destinatários, ou ainda ao surgimento de formas de

---

[222] SFESZ, Lucien. *L'Administration prospective*. Paris: Librarie Armand Colin, 1970.

[223] OTERO, Paulo. *Manual de Direito Administrativo*, vol. I. Coimbra: Almedina, 2013, p. 215.

actuação de carácter misto, que combinam aspectos genéricos com individuais, e que só muito dificilmente se enquadram nos esquemas tradicionais.[224]

Nesse sentido, também, é que Heiko Faber dirá que, ante um quadro de aumento das complexidades nas relações envolvendo o Poder Público, a atividade de infraestrutura não pode ser enquadrada como parte da Administração agressiva, nem na de Administração prestadora.[225]

Marcada pela prospectividade, a atividade de infraestrutura reúne todas essas características: ela é gestora, prestadora e reguladora. Ou, como resume Rivero, a Administração assume uma função "conformadora"[226], uma vez que ela "não se limita a gerir o presente: a ela compete preparar o futuro. Esta atitude prospectiva exige instrumentos novos – planos de desenvolvimento, de urbanismo, diretivas, etc. – e põe em questão um grande número de soluções adquiridas".[227]

A atividade administrativa de infraestrutura é, por essência, prospectiva. A administração de infraestruturas visa ao futuro; jamais ao passado e nunca exclusivamente o presente. A necessidade atual de infraestruturas serve para proporcionar um futuro melhor. Trata-se de atividade que é desempenhada tendo em vista a durabilidade e a estabilidade das relações sociais.

Nesse sentido, os contratos relacionados à infraestrutura, quando essa atividade é delegada aos particulares – referenciados acima – devem ser projetados para se estenderem por um longo prazo, não somente para a recuperação dos vultosos investimentos iniciais aportados por um parceiro, mas porque eles causarão ampla repercussão sobre os que, durante esse período, vierem a utilizar tais infraestruturas. Nisso está o olhar para o futuro da atividade administrativa de infraestrutura. As ações presentes também devem estar atentas ao futuro.

---

[224] *Em busca do acto administrativo perdido, op. cit.,* p. 128.

[225] FABER, Heiko. *Verwaltungsrecht.* 3. ed. Tuebingen: Mohr Siebrek Ek, 1992, p. 140.

[226] RIVERO, Jean. *Droit Administratif.* 13. ed. Paris: Dalloz, 1990, p. 31.

[227] RIVERO, Jean. *Droit Administratif.* 13. ed. Paris: Dalloz, 1990, p. 31.

CAPÍTULO 6 - PRINCÍPIOS DO DIREITO ADMINISTRATIVO...

Aqui, pode-se notar uma consequência jurídica altamente relevante que decorre do *princípio da prospectividade*. Se o Estado convida, por meio da instauração de um processo de licitação, a participação da iniciativa privada para, em convergência com ele, prestar uma atividade de infraestrutura por longo prazo, é porque, certamente, ele não dispõe dos recursos suficientes para promover os investimentos necessários, de forma a socorrer-se dos investidores privados. Essa decisão administrativa, haja vista seu caráter prospectivo, vincula o Poder Público a manter o contrato em andamento até que o setor privado tenha amortizado o capital investido.

Isso porque o ente privado tem o *direito subjetivo* de amortizar os investimentos realizados, especialmente, se o Poder Público não detiver condição financeira de indenizá-lo. Dessa forma, qualquer processo de retomada da concessão pelo Poder Público obriga a se indenizar, previamente, o concessionário pelos investimentos realizados e, mesmo nos casos de culpa grave do contratado, a incidência da caducidade também resulta no dever de indenizar investimentos.[228] Em compasso com o princípio da boa-fé, seria absolutamente defraudador da segurança jurídica permitir o encerramento do contrato e submeter o concessionário ao regime de precatórios para receber a amortização dos investimentos aportados.

Mas o princípio da prospectividade opera, também, em face do concessionário, que estabelece uma longa aliança com o poder concedente para, juntos e convergentemente, executarem a atividade de infraestrutura da maneira benéfica à coletividade. É passível de invalidação a conduta intempestiva do Poder Público que rompa tal vínculo duradouro sem que todos os investimentos realizados pelo setor privado se encontrem amortizados, haja vista o direito público subjetivo que nasce dessa relação, advindo e protegido pela prospectividade.

Assinala-se, ainda, que dele decorre a indispensabilidade do *planejamento* na atividade de infraestrutura. Como nos ensina Eros Grau, "a natureza *prospectiva* do planejamento, assim, quando as definições

---

[228] Na atual sistemática da Lei Federal n. 8.987/95, a única hipótese em que a indenização não é devida previamente à retomada do serviço é a de caducidade, mas, mesmo nela, conforme dispõe o § 5º do artigo 38, a indenização será devida, mas, nesse caso, mediante a reversão da atividade concedida.

através dele consumadas assumem forma normativa, implica uma ruptura da técnica ortodoxa da elaboração do Direito, tradicionalmente retrospectiva".[229] O princípio da prospectividade impõe, ao administrador público, a obrigação de antecipar escolhas, de forma a diminuir o grau de discricionariedade reservado às decisões administrativas vindouras, que ficarão adstritas àquela.

Essa característica é fundamental porque ela retira a evidência política de algumas decisões administrativas correlacionadas à atividade de infraestrutura, levando-as ao campo eminentemente técnico, de forma a garantir, especialmente quando a atividade é delegada, a continuidade dos projetos. Em decorrência disso, concretizam-se valores nucleares do sistema jurídico como segurança jurídica, confiança legítima, boa-fé e estabilidade das relações jurídicas.

O regime jurídico que disciplina a atividade de infraestrutura prescreve obediência inequívoca ao *princípio da prospectividade* pelo administrador público, de sorte que as alterações posteriores de suas decisões decorrem muito mais de uma invalidação do ato jurídico praticado do que por uma mera revogação do ato, evitando a invocação de razões insuficientes (e até muitas vezes fabricadas) de proteção ao interesse público. O ônus argumentativo para a revogação, considerando o princípio da prospectividade, deve ser muito robusto, enérgico, o que enseja, sem dúvida alguma, efeito jurídico importante concernente à diminuição substancial do nível de discricionariedade do agente público.

Em síntese, o plano expressa, prospectivamente, antecipações que orientam a ação administrativa, de modo que infraestrutura e planejamento sempre constituirão categorias indissociáveis.

6.3.5 Princípio da Multilateralidade

O traço seguinte das infraestruturas é a chamada multilateralidade, para cujo exame impõe-se uma observação preliminar. A unilateralidade,

---

[229] GRAU, Eros Roberto. *Planejamento econômico e regra jurídica*. São Paulo: Ed. Revista dos Tribunais, 1978, p. 74.

CAPÍTULO 6 - PRINCÍPIOS DO DIREITO ADMINISTRATIVO...

bilateralidade ou multilateralidade podem dizer respeito à *formação da norma jurídica* – introdução de uma norma jurídica no sistema por apenas um sujeito de direito, com a concorrência da declaração de mais de um sujeito de direito ou de vários para veiculação de uma norma jurídica – ou ao *conteúdo da norma jurídica* – em que a *unilateralidade* significa a criação de posições jurídicas ativas e passivas para apenas um sujeito de direito, enquanto a *bilateralidade* representa a constituição de posições jurídicas ativas e passivas para dois sujeitos de direito e a *multilateralidade* para diversos sujeitos de direito.[230]

A multilateralidade presente nas infraestruturas atina ao conteúdo das normas jurídicas, ou seja, delas emergem, direta ou indiretamente, posições jurídicas ativas e passivas para uma generalidade de sujeitos. Alguns autores têm considerado a multilateralidade uma marca da Administração contemporânea, a isso denominando "Administração multipolar". Assinala, a esse respeito, Eurico Bitencourt Neto:

> No primeiro caso, tem-se o fenômeno da multipolaridade quando a Administração atua de modo genérico, no campo da chamada atividade reguladora ou infraestrutural, na medida em que as decisões administrativas atingem um número muitas vezes indeterminado de pessoas. Para além disso, boa parte das decisões da Administração infraestrutural, embora dirigidas a um destinatário ou a alguns destinatários determinados, no âmbito de uma relação bilateral, tem seus efeitos, direta ou indiretamente, estendidos a uma multiplicidade de destinatários. Avultam-se, nesses casos, as chamadas relações jurídicas administrativas multipolares ou poligonais, que se revelam aptas para regular situações complexas, com a presença de múltiplos interesses concorrentes e uma interpenetração de interesses públicos e privados.[231]

O quadro é contrastante com o momento anterior. Durante o caminhar do século XX, houve, inequivocamente, um agigantamento

---

[230] VALIM, Rafael. *A subvenção no direito administrativo brasileiro*. São Paulo: Editora Contracorrente, 2016, p. 129.

[231] BITENCOURT NETO, Eurico. "Transformações do Estado e a Administração Pública no século XXI". *Revista de Investigações Constitucionais*, Curitiba, vol. 4, n. 1, jan./abr. 2017, pp. 214-215.

175

da participação da Administração Pública nos mais diversos tipos de relacionamentos sociais. No âmbito econômico, essa presença da Administração foi bastante intensa, em especial, no desempenho de atividades econômicas propriamente ditas e na prestação de serviços públicos. Ainda que de maneira não deliberada, a ampla presença da Administração tornava os relacionamentos menos complexos.

Não havia, de modo geral, interesses diversos contrapostos a serem arbitrados pelo Poder Público. Um exemplo, talvez, seja interessante para melhor visualização do quadro: entre os anos de 1930 e 1980, no Brasil, houve massiva intervenção do Estado no domínio econômico. Não se via, com facilidade, em setores econômicos importantes, a participação de agentes privados. A concessão de serviço público, nesse período, enquanto clássico instrumento de emparceiramento entre o Poder Público e os particulares, não foi frequentemente utilizada. O instituto renasce, por assim dizer, no Direito brasileiro, a partir dos anos 1990, com a edição da lei geral de concessões e de outros diplomas que de alguma forma tratam da matéria (telefonia, petróleo e gás etc.).

Em diversos setores econômicos, por exemplo, o que se assistiu foi a utilização da chamada "concessão imprópria"[232], mecanismo pelo qual o poder concedente delegava uma atividade a pessoa do aparelho estatal (da mesma unidade federal ou não). Os financiadores dos projetos eram, em regra, bancos públicos.

Ou seja, basicamente, tudo estava concentrado nas mãos do Estado, que resolvia eventuais conflitos dentro de suas próprias estruturas. Essa situação acabou por beneficiar uma visão a partir do Estado que, nem sempre, prestigiou interesses de outros atores envolvidos em relações administrativas.

---

[232] Cf., por todos, SOUZA, Rodrigo Pagani de. *A experiência brasileira nas concessões de saneamento básico*. *In:* SUNDFELD, Carlos Ari (Coord.). *Parcerias público privadas*. São Paulo: Malheiros Editores, 2006, pp. 355-356; TRINDADE, Karla Bertocco. "A Construção de um Novo Modelo Institucional para o Saneamento no Estado de São Paulo". *In:* MOTA, Carolina Mota (Coord.). *Saneamento básico no Brasil*: aspectos jurídicos da Lei Federal n. 11.445/07. São Paulo: Quartier Latin, 2010, p. 291.

CAPÍTULO 6 - PRINCÍPIOS DO DIREITO ADMINISTRATIVO...

Hodiernamente, com a retomada da concessão propriamente dita, a emparceirar o Poder Público e particulares, os interesses (legítimos) a serem arbitrados, a despeito de convergirem no alcance do fim, são diversos no meio: os interesses dos concessionários, dos usuários, dos financiadores dos projetos, dentre outros. A título exemplificativo, interessa observar, ainda, que dos grandes projetos de infraestrutura defluem, como regra, graves impactos para as comunidades locais, fazendo emergir um sem-número de posições jurídicas. Estabelece-se, pois, um diálogo entre os direitos humanos e as infraestruturas, que é observado por Michael Likosky:

> Estratégias de mitigação em relação aos direitos humanos são, então, adotadas pelos projetistas. Eles são também atores estratégicos. Suas estratégias de mitigação são, geralmente, táticas defensivas, e abordam os direitos humanos em função de ONGs e grupos organizados da sociedade civil. Por exemplo, se uma ONG logra êxito em montar um acampamento para denunciar que um projeto não incluiu comunidades indígenas no processo de tomada da decisão, os projetistas podem responder por meio da inclusão de tais comunidades.[233]

O traço da multilateralidade, conforme veremos, atrairá a incidência de certos princípios jurídicos, moldando a atividade de provisão de infraestrutura. Ante as mudanças transformadoras do Estado (pós-social), perdem terreno as relações impostas pela Administração ou meramente bilaterais. As relações se encontram muito mais complexas e multifacetadas, a exigir da Administração a compreensão de um novo momento. Nisso, está o princípio da multilateralidade.

---

[233] "Human rights mitigation strategies are in turn employed by this group of project planners in the context of infrastructure projects. Planners are also strategic actors. Their mitigation strategies are often defensive tactics, responding to human rights by NGOs and community groups. For example, if an NGO successfully mounts a camping claiming that a project does not include indigenous communities in its decision making, project planners might respond by including members of these communities" (LIKOSKY, Michael B. *Law, infrastructure and human rights*. Nova Iorque: Cambridge, pp. 47-48, tradução nossa.

A multilateralidade, no contexto ora abordado, significa a capacidade de a Administração, no exercício da atividade de infraestrutura, compreender que as ações por ela executadas não se limitam a posições jurídicas unilaterais ou bilaterais, elas extrapolam esse campo para atender a uma *multiplicidade* de posições. Muitas vezes, não é possível sequer antecipar, racionalmente, todas as posições jurídicas que poderão ser evidenciadas pela atividade de infraestrutura; não raro, elas acabam sendo conhecidas *a posteriori* em sua concretude. O que é inexorável é que as ações de infraestrutura gozam desse caráter de amplo alcance (generalidade), e com isso geram uma multiplicidade de posições jurídicas no seio da coletividade que devem ser consideradas pelo administrador público.

A consequência jurídica do reconhecimento do princípio da multilateralidade é o dever do administrador público de promover, por exemplo, audiência e consulta públicas para ouvir previamente a sociedade e os setores envolvidos e, com isso avaliar, no caso concreto, a melhor decisão administrativa a ser tomada no tocante ao exercício da atividade de infraestrutura. É o que se espera, hodiernamente, com a chamada administração participativa, em que todos aqueles que podem ser afetados (e aqui estamos falando de uma gama enorme de atores, conhecidos e desconhecidos) possam se manifestar previamente acerca das questões que os envolvem e, com isso, conquistar maior transparência no manejo da atividade de infraestrutura. A falta da realização de tais procedimentos pode fulminar de invalidade os atos administrativos posteriores, algo nefasto, especialmente, se a decisão optar pela concessão de infraestrutura, num ambiente de defraudação da segurança jurídica.

A multilateralidade impõe transparência no exercício da atividade de infraestrutura, especialmente, quando se está diante da preparação e condução de um processo concessório. Ela impõe, à Administração Pública, o acesso universal (e, de preferência, digital) aos processos administrativos que a envolvam, inclusive no tocante a consultas e audiências públicas; a realização das chamadas rodadas de "Market Sounding" (para testar a habilidade do mercado em assumir riscos e a atratividade do projeto como geração de negócio); o aperfeiçoamento do processo de financiamento do projeto por meio de "Roadshows" (visando à atenção de potencial

CAPÍTULO 6 - PRINCÍPIOS DO DIREITO ADMINISTRATIVO...

investidores nacionais e estrangeiros); enfim, uma série de iniciativas do Poder Público para escrutinar o projeto que está sendo levado a efeito, para que, não apenas os interessados na contratação efetiva, mas também a sociedade como um todo possa ter acesso às informações preventivamente, haja vista o enorme impacto em variadas posições jurídicas que a decisão da atividade de infraestrutura causará na coletividade.

Procurando diferenciar a Administração de infraestruturas da Administração prestadora, Heiko Faber indica que os atos expedidos no âmbito da atividade de infraestrutura não têm relação com "medidas, ou mesmo decisões vinculativas, em situações concretas relativamente a pessoas determinadas, antes criam as condições gerais (premissas) para tais medidas".[234] A compreensão de multilateralidade identifica-se, portanto, com o que consignamos anteriormente: a atividade de infraestrutura é, em regra, não pontual, como nas prestações de serviço público.

6.3.6 Princípio do Planejamento Estratégico

Embora exista margem intuitiva larga para reconhecer que o planejamento é uma atividade intelectual ínsita a qualquer sociedade minimamente organizada, o que se postula é que, a partir do texto constitucional, há uma prescrição que deve nortear o intérprete da norma e, acima de tudo, o gestor público. O texto constitucional não contém um princípio expresso com tal rótulo, mas o artigo 174 já traz um importante ponto de partida: ele comanda que o Estado deve exercer a *função de planejamento*, que é *determinante* para o setor público. Já tivemos a oportunidade de sustentar, mais de uma vez, a importância e, mais que isso, a essência do dever jurídico do planejamento estatal: "tradicionalmente, o substrato material que fundamentava a existência do Estado consistia na legitimação dessa entidade jurídica para uso exclusivo da força e coação, de um lado, e da garantia das liberdades, de outro (...)".

---

[234] FABER, Heiko. *Verwaltungsrecht*. 3. ed. Tuebingen: Mohr Siebrek Ek, 1992 , p. 163 *apud* SILVA, Vasco Manuel Pascoal Dias Pereira da. *Em busca do acto administrativo perdido*. Coimbra: Almedina, 2003., p. 140.

Porém, com o avanço da civilização, a concepção de Estado foi paulatinamente alargada para que se incumbisse o estado de mais e mais deveres prestacionais destinados a prover comodidades e utilidades aos cidadãos, de modo que o Estado deixou de ser apenas um exercente de poder, para se tornar um prestador de comodidades à sociedade. Enfim, apontamos que "nesse contexto, a *atividade de planejamento*, mais do que uma faculdade, exsurge como verdadeiro dever jurídico, por força do disposto no § 1º do artigo 174 da Constituição [...]".[235]

Em outra ocasião, ao tratarmos, especificamente, da prestação dos serviços de saneamento básico, apontamos que o "poder Público está imbuído do dever de não apenas prestar os serviços de saneamento básico, mas também de planejá-los, o que exige, inexoravelmente, o desenvolvimento de ações nesse sentido".[236] Em função disso, postulamos que:

> (...) a *atividade de planejamento* é um dever do Estado, que, antes de tudo, deve primar por diagnosticar as necessidades daquilo que se ressente o interesse público sob sua tutela e propor metas e programas efetivos de ação aptos a atender e, principalmente, a superar as expectativas e se antecipar, tanto quanto possível, às conjunturas futuras para que não haja solução de continuidade na prestação dos serviços a seu encargo.[237]

Pois bem, o constituinte se valeu do termo "planejamento" e, no § 1º, remeteu à competência legislativa a edição de norma destinada a

---

[235] DAL POZZO, Augusto Neves. "O dever de planejamento estatal e a efetividade na prestação do serviço público de saneamento básico". *In:* BERCOVICI, Gilberto; VALIM, Rafael (Coords.). *Elementos de direito da infraestrutura.* São Paulo: Editora Contracorrente, 2015, p. 209 *Idem, ibidem,* p. 53.

[236] DAL POZZO, Augusto Neves. "O dever de planejamento estatal e a efetividade na prestação do serviço público de saneamento básico". *In:* BERCOVICI, Gilberto; VALIM, Rafael (Coords.). *Elementos de direito da infraestrutura.* São Paulo: Editora Contracorrente, 2015, p. 209.

[237] DAL POZZO, Augusto Neves. "O dever de planejamento estatal e a efetividade na prestação do serviço público de saneamento básico". *In:* BERCOVICI, Gilberto; VALIM, Rafael (Coords.). *Elementos de direito da infraestrutura.* São Paulo: Editora Contracorrente, 2015, pp. 209-210.

CAPÍTULO 6 - PRINCÍPIOS DO DIREITO ADMINISTRATIVO...

estabelecer as diretrizes e bases do planejamento do desenvolvimento nacional equilibrado. Essa norma ainda não foi editada, muito embora haja referência a ela na novel Lei Federal 13.874/19, conhecida como a Lei de Liberdade Econômica.

Ocorre que, embora seu artigo 1º faça expressa referência à função do estado como agente normativo e regulador nos termos do parágrafo único do artigo 170 e do *caput* do artigo 174 da Constituição, a Lei, de modo geral, está focada na atuação do Estado em situações de sujeição geral, ou seja, em que os administrados dependem do Estado para obtenção de providências para o exercício de atividades econômicas. No contexto desta pesquisa, enfoca-se a atividade de infraestrutura como um dever estatal de provimento de certas categorias de comodidades que, embora indivisíveis, são disponibilizadas à sociedade sob regime de sujeição especial. Isso atrai o regime de direito público de modo muito intenso.

Aliás, até mesmo o dever geral de elaboração de análise de impacto regulatório previsto no *caput* do artigo 5º da nova Lei parece ter pouca ou nenhuma aplicabilidade direta à atividade de infraestrutura, na medida em que está focado, novamente, na atividade econômica, essencialmente distinta da atividade de infraestrutura.

Retomando, o termo adotado pelo Constituinte foi "planejamento". Trata-se de um princípio na medida em que revela uma viga mestra, um ponto de aglutinação axiomático que desvenda um regime jurídico. Trata-se de uma prescrição nuclear que busca sujeitar a atividade de infraestrutura a um processo racional prévio de organização de informações e de produção de decisões administrativas tendentes a prover uma dada atividade de infraestrutura.

Mas, ainda é possível ir além. Postulamos não apenas o planejamento estatal, mas o princípio do *planejamento estratégico*. A adição desse termo não é em vão: ela pretende realçar a visão sistêmica de modo a maximizar, não apenas uma determinada atividade de infraestrutura, mas a potencialidade de sua integração em rede com outras atividades.

Ou seja, postulamos que a máxima efetividade do princípio do planejamento estratégico requer que o gestor não se contente apenas em

181

planejar, por exemplo, uma rodovia, mas em buscar a maior integração possível com outras infraestruturas de transporte existentes ou que estejam sendo consideradas. Lembre-se de que cada ente federativo possui competência para promover a atividade de infraestrutura, muitas vezes de forma concorrente, como é o caso das infraestruturas de transporte, como rodovias, ferrovias e hidrovias.

Para ilustrar, imaginemos o caso de um município que planeje a provisão, operação e manutenção de uma rodovia para favorecer o deslocamento das pessoas que moram em um bairro afastado dentro de seu extenso território. Em paralelo, o Estado intende empreender uma rodovia de sua titularidade que, a despeito de ser motivada para conectar vários municípios circunvizinhos, coincidentemente propiciará uma via de deslocamento eficiente para as pessoas que residem no aludido bairro distante do município. Não há qualquer racionalidade que possa sustentar a realização simultânea da atividade de infraestrutura por ambas as entidades federativas, já que o interesse público a ser protegido acaba por ser coincidente.

A qualificação "estratégico" do princípio do planejamento exige a conformação de um verdadeiro e real cooperativismo federativo, de maneira que os beneficiários sejam plenamente atendidos, evitando o dispêndio desnecessário de recursos públicos. Essa colaboração recíproca entre os entes federativos é de natureza mandatória diante do princípio do planejamento estratégico, de maneira que possa otimizar a organização das tarefas públicas.

A imposição do planejamento estratégico demanda, outrossim, que, em processos concessórios, sejam realizados todos os estudos operacionais, financeiros e jurídicos que consubstanciam a decisão pela concessão da infraestrutura. Tais estudos devem ser estruturados dentro da fase de planejamento para que a execução dos contratos possa ser harmoniosa, com obtenção dos resultados perquiridos. Infelizmente, contudo, a Administração Pública planeja pouco e planeja mal e, por isso, está sujeita ao princípio em questão, que se não observado, resultará na invalidade irrefutável da decisão administrativa.

Há um ciclo de externalidades positivas quando tal comando é observado pelo administrador, com incidência dos respectivos efeitos

CAPÍTULO 6 - PRINCÍPIOS DO DIREITO ADMINISTRATIVO...

jurídicos: melhor eficiência operacional da atividade; redução de dispêndios públicos pela antecipação discriminada de intervenções (parafraseando o brocardo "quem paga mal paga duas vezes", a verdade é que "quem planeja mal, paga duas vezes"); distribuição adequada e racional de riscos contratuais; abordagem eficiente de questões que envolvem reequilíbrio econômico-financeiro; estipulação do correto modelo jurídico de delegação da atividade propiciando estabilidade jurídica nas relações decorrentes; dentre outras.

Infelizmente, pode-se observar, no Brasil, a necessidade da edição de uma pluralidade de normas jurídicas (tal como a Lei 13.448/17) prevendo remédios como a *relicitação* e a *prorrogação antecipada*, ambos frutos indesejados de um planejamento estratégico desastroso promovido pelo Estado brasileiro. É preciso levar o planejamento a sério no país. Esse é o caminho da virtuosidade: sem planejamento estratégico não há infraestrutura.

A edição de tais figuras anômalas no Direito brasileiro é o atestado de que muitos projetos não foram seriamente estudados e planejados. Não raro, os contratos deles decorrentes não foram adequadamente cumpridos, mas não poderiam ser extintos pela caducidade, dado que a culpa não foi dos parceiros privados. Daí que o princípio que se extrai do ordenamento jurídico tem o condão exatamente de impor ao administrador a realização de tarefa fundamental para que a vivacidade da infraestrutura possa operar-se, e com isso, concretizar-se o objetivo desenvolvimentista de maneira impoluta.

6.3.7 Princípio da Setorialidade

Outro princípio reitor da atividade administrativa de infraestrutura é o da setorialidade. Dentre outros significados, a palavra "setor", em vernáculo, significa "aspecto particular de um conjunto de atividades; esfera de ramo de atividade". Portanto, designa uma área específica de determinado campo do conhecimento ou de atividade, que se agrupam pela unidade de escopo.

A noção de subdivisão setorial foi feita, em primeiro lugar, no campo da economia – onde se fala em *setor primário* (o que se utiliza da exploração de recursos naturais – como o setor agrícola); *setor secundário* (que designa a produção por transformação – setor da metalurgia); *setor terciário* (circulação de mercadorias – setor do comércio varejista) e assim por diante. Na esfera das organizações sociais, é possível falar em *primeiro setor* (Estado), *segundo setor* (mercado) e *terceiro setor* (entidades sem fins lucrativos). A conotação que devemos enfocar é a jurídica, sendo esse o ponto de partida para compreensão do aludido princípio.

Os chamados *ordenamentos setoriais* foram concebidos em tempos recentes por força de delineamentos mais precisos dos setores econômicos, consoante alude Alexandre Santos de Aragão, a partir das assim chamadas teorias "ordenamentais" desenvolvidas por Santi Romano e Giannini.[238] Essa tendência mais moderna aponta para uma preocupação cada vez maior em buscar a especialização do regramento jurídico voltado à disciplina de determinados setores sem, contudo, perder a vinculação às regras e princípios gerais reguladores da atividade geral à qual o setor pertence, no caso, em relação à infraestrutura pública. Esse é o ponto central a ser enfrentado.

Postula-se que é possível extrair um regime jurídico próprio da atividade de infraestrura consubstanciado pelos princípios e regras jurídicas que se encontram enumerados no presente capítulo, todos implícitos no texto constitucional e que conferem unidade e harmonia a essa atividade. Todavia, é inegável que os chamados setores que envolvem cada campo em que essa atividade infraestrutural se desenvolve possuem particularidades próprias, inclusive, com o uso de linguagem técnica específica. Há no Brasil, para cada intitulado campo da infraestrutura, uma legislação específica que lhe confere arrimo, como, por exemplo, o "setor de rodovias" ou o "setor de portos".

O que se defende, incisivamente, é que esse regime geral da atividade de infraestrutura recaia sobre a legislação setorial, de maneira que se possa compreendê-lo sob uma perspectiva sistemática, tal como se exige em qualquer construção científica. Detectada, pelo intérprete,

---

[238] Cf. ARAGÃO, Alexandre Santos de. *Agências reguladoras*: e a evolução do Direito Administrativo Econômico. Rio de Janeiro: Forense, 20, p. 179 *et seq.*

CAPÍTULO 6 - PRINCÍPIOS DO DIREITO ADMINISTRATIVO...

qualquer contradição ao regime geral extraído do texto constitucional, deve, ela, ser interpretada adequadamente no contexto da legislação setorial, se se tratar de norma especial a par da geral. Não há outra forma de enxergar essa realidade, senão pela incontrastável via da sistematização, dado que somente ela permite a intepretação racional do "sistema administrativo da infraestrutura".

Por esse sistema, enraiza-se os fundamentos gerais, de maneira a espraiá-los aos especiais, alcançando-se, por conseguinte, plena harmonia e coerência.[239] Para ilustrar, vamos utilizar, como exemplo, os portos. A chamada legislação setorial dos portos, marcada por seu ordenamento especial que discrimina e singulariza suas particularidades, encontra-se condicionada ao regime geral da atividade de infraestrutura, de molde a compor o "sistema do direito administrativo da infraestrutura". Esse é o caminho que consagra os reclamos de estabilidade do direito firmado no primado da segurança jurídica, de sorte a evitar a desorientação do sistema normativo, pela produção de efeitos jurídicos que podem ser desastrosos, ensejadores de contrafações e invalidações sucessivas.

Para que se possa ter uma ideia dos importantes reflexos jurídicos que o regime geral da infraestrutura pode ensejar em relação a sua incidência em leis setoriais, de forma a reforçar a importância da aplicação do princípio da setorialidade, passaremos a tracejar algumas consequências jurídicas relevantes, sem qualquer pretensão de exauri-las, tendo em vista sua enorme multiplicidade. No tocante ao setor de transporte, que congrega os setores de rodovia, ferrovia, portos, hidrovias e aerovias, podemos identificar a incidência da seguinte legislação

---

[239] Mangabeira Unger notavelmente observou que a sistematização é fundamental para o avanço da ciência. Ressalta nesse trecho como funciona sua sempre brilhante construção científica: "*Quero pensar o Brasil da maneira como penso tudo, mas nem sempre posso: sistematicamente. Escreveu Friedrich Schlegel que há duas coisas fatais para o espírito: ter sistema e não ter. Neste livro. O impulso sistemático resulta de meu temperamento intelectual. A complicação antissistemática vem de meu tema, o Brasil. O Brasil mói sistemas não só porque nele o sincretismo parece ser sempre ao mesmo tempo problema e solução, mas também porque ele transborda de vida*" (UNGER, Roberto Mangabeira. *Depois do colonialismo mental*: repensar e reorganizar o Brasil. São Paulo: Autonomia Literária, 2018, p. 7, *grifo nosso*).

setorial: a Lei 5.917/73, que aprovou o Plano Nacional de Viação, e a Lei 12.379/11, que dispôs sobre o Sistema Nacional de Viação (SNV) e sobre o Sistema Federal de Viação (SFV).

Consoante o disposto no artigo 1º, desse diploma legal, "o sistema nacional de Viação é constituido pela **infraestrutura física** e **operacional** dos vários modos de transporte de pessoas e bens, sob jurisdição dos diferentes entes da Federação". Aqui, verifica-se de plano que a legislação setorial encontra-se em absoluta consonância com o quanto defendido acerca da atividade de infraestrurura. A lei se utilizou da expressão *infraestrutura física*, para designar a provisão de ativos públicos, e a denominação, *infraestrutura operacional*, para intitular, exatamente, os recursos envolvidos na realização das atividades de manutenção e operação de ativos compreendidos no subsistema nacional rodoviário, ferroviário, aquaviário e aeroviário, consoante o disposto no seu artigo 3º.

Mais à frente, novamente de modo harmonioso, o artigo 5º determina que a União exercerá suas competências junto ao Sistema Federal de Viação, que "compreende o planejamento, a construção, a manutenção, a operação e a exploração dos respectivos componentes". Ora, essa é a atividade administrativa de infraestrutra em sua cabal pureza, devidamente positivada e em absoluta consonância com seu regime jurídico específico. Aqui, há a aplicação inequívoca do *princípio da setorialidade*, em que o regime jurídico geral depreendido dos ditames constitucionais se encontra absolutamente abarcado pela legislação setorial, de maneira irreparável.

Na sequência da lei, em seu artigo 6º, há uma adversidade: determina, o dispositivo, que a União exercerça suas competências relativas ao SFV diretamente ou mediante "concessão, autorização ou arrendamento a empresa pública ou privada". Mais à frente, em seu § 2º, manifesta que os "Estados, o Distrito Federal e os Municípios poderão explorar a infraestrutura delegada, diretamente ou mediante concessão, autorização ou arrendamento a empresa pública ou privada, respeitada a legislação federal". O desdobramento que se coloca aqui se refere a saber se a figura do *arrendamento* poderia ser utilizada para efeito de delegação

CAPÍTULO 6 - PRINCÍPIOS DO DIREITO ADMINISTRATIVO...

da atividade, uma vez que a Constituição Federal não o menciona, tal como faz expressamente em relação ao instituto da concessão e permissão, em seu artigo 21, inciso XII.

Não parece existir essa possibilidade, visto que a delegação de atividade administrativa típica (*tal como a delegação da atividade de infraestrutura ou mesmo de serviço público*) por meio do instituto do *arrendamento* não encontra respaldo no texto constitucional. Essa é uma aplicação prática importante do princípio da setorialidade, pois fulmina de invalidade potenciais contratos delegatórios que não encontrem amparo no regime maior. Isso confirma a utilidade da sistematização proposta, que espraia consequências jurídicas nucleares para correta harmonia do sistema, de molde a favorecer o impulso desenvolvimentista.

Isso não quer dizer que seria inválida a utilização de uma discricionariedade sistêmica por parte do gestor público em promover modelos atípicos que colaborem com a atividade de infraestrutura ou de serviço público, mas que não implique sua delegação, como o caso, por exemplo, da chamada "locação de ativos". Nesse modelo não há uma delegação da atividade administrativa, mas a construção física dos ativos por meio de um sistema de investimento privado, que gera o vínculo obrigacional de locação mensal do ativo edificado por largo período de tempo. Com isso, entregue o ativo ao particular, a Administração poderá exercer a correspectiva atividade, sem qualquer problema. Casos como esse demonstram a possibilidade de criatividade do gestor, dentro das trincheiras da legalidade, sem implicar inválida delegação de atividade pública, apenas de provisão do ativo físico.[240]

Para citarmos outro setor, vale registrar que a Lei de Portos (Lei 12.815/13), por seu turno, é enfática ao tratar do tema sob a perspectiva da infraestrutura, sendo possível verificar que seu texto contém nove

---

[240] Sobre o modelo de locação de ativos, *vide* MARQUES NETO, Floriano de Azevedo; CUNHA, Carlos Eduardo Bergamini. "Locação de ativos". *Revista de Contratos Públicos – RCP*, Belo Horizonte, ano 3, n. 3, pp. 99129, mar./ago. 2013; MILESKI, Helio Saul. "Locação de ativos: uma nova alternativa para o Poder Público realizar investimentos em infraestrutura". *Interesse Público – IP*, Belo Horizonte, ano 15, n. 82, pp. 119-132, nov./dez. 2013.

AUGUSTO NEVES DAL POZZO

menções ao termo. O artigo 3º, inciso I, dá referência do sentido empregado para infraestrutura na Lei de Portos. Segundo o dispositivo:

> Art. 3º A exploração dos portos organizados e instalações portuárias, com o objetivo de aumentar a competitividade e o desenvolvimento do País, deve seguir as seguintes diretrizes:
> I – expansão, modernização e otimização da infraestrutura e da superestrutura que integram os portos organizados e instalações portuárias (…)

Aqui, novamente, é confirmado o caminho certo do regime geral da atividade de infraestrutura em relação aos portos organizados e as instalações portuárias. Todavia, mais à frente, novamente, a utilização do *arrendamento* como mecanismo de delegação de bem público destinado à atividade portuária, em flagrante descompasso com esse regime, ensejando a necessidade de correção para efeito da hermeticidade do sistema. É exatamente nessas oportunidades, em que se nota um aparente conflito entre normas setoriais que disciplinam setores de infraestrutura, que entra em cena o Direito Administrativo da Infraestrutura, como a disciplina a orientar e unir os diversos direitos setoriais de infraestrutura, de forma a escapar, ainda, do que denominamos de "armadilha da setorização".

Infelizmente, essa legislação setorial, que insiste, a todo custo, defraudar o regime público, gera um efeito terrível de insegurança jurídica de molde a desfavorecer o objetivo desenvolvimentista. A ordenação é sempre do geral para o especial: o que ocorre, infelizmente, em alguns diplomas setoriais, é a pura inversão dessa inexorável realidade. Conformam-se figuras jurídicas absolutamente desformes, que não se amoldam ao regime geral, espalhando um verdadeiro caos hermenêutico.

Não há dúvida de que uma das finalidades do presente trabalho é, exatamente, expor e compreender essas figuras anômalas, que prejudicam o avanço da atividade de infraestrutura. Esse verdadeiro pandemônio, causado por diplomas setoriais desconformes ao regime geral da infraestrutura, é absolutamente nefasto, causa desconforto geral e coloca em xeque a estabilidade do sistema.

CAPÍTULO 6 - PRINCÍPIOS DO DIREITO ADMINISTRATIVO...

Sustenta-se, pois, a consolidação de um Direito Administrativo da Infraestrutura – de caráter geral – a partir de aspectos colhidos da Constituição Federal e de normas jurídicas de caráter geral que se espraiam por todo o sistema. Em análise sobre como se compõem os sistemas na atualidade, Silvia Díez Sastre aponta que a parte geral – para nós, o Direito Administrativo da Infraestrutura – é composto de regras que regem os setores da parte especial e é distinta de possíveis teorias gerais que tenham uma aspiração sistemática.[241]

Em função disso é que se postulam, aqui, os princípios do Direito Administrativo da Infraestrutura e, em especial, neste tópico, o princípio da setorialidade. Trata-se, aqui, de um nítido mandamento nuclear, uma síntese axiológica que busca a coesão do sistema por meio do reconhecimento de que deve haver harmonia entre princípios gerais aplicáveis à infraestrutura como um todo e os princípios específicos de cada setor, surgidos da constante especialização do conhecimento humano.

Diante dessas considerações, estatui-se que o comando normativo contido no princípio da setorialidade é cogente, sendo imperiosa uma compreensão sistemática da atividade de infraestrutura, de sorte a reparar eventuais desvirtuamentos acometidos por legislações setoriais, que por vezes criam figuras anômalas que não se encaixam adequadamente a esse regime, espraiando um efeito nocivo de instabilidade dessa atuação estatal, que podem se tornar ainda mais maléficos, sob a égide da segurança jurídica, se a atividade é delegada a particulares, evitando interpretações desconformes e proclamando, com enorme vitalidade, o impulso desenvolvimentista.

6.3.8 Princípio da Sustentabilidade

Cumpre agora encarecer a sustentabilidade como princípio específico do Direito Administrativo da Infraestrutura. Como se sabe, a ideia

---

[241] DÍEZ SASTRE, Silvia. *La formación de conceptos em el Derecho público*: Un estúdio de metodologia acadêmica: definición, funciones y critérios de formación de los conceptos jurídicos. Madrid: Marcial Pons, 2018, p. 166.

189

de *sustentabilidade*, intensamente trabalhada nas discussões sobre meio ambiente e economia,[242] tem origem em uma percepção sobre a necessidade de se encontrar um ponto de equilíbrio entre elementos diversos, muitos dos quais contrapostos entre si. Nisto está o debate permanente da pauta ambiental entre o uso de recursos naturais e a necessidade de desenvolvimento econômico dos países.[243] Trata-se, em suma, de um conflito que opõe as necessidades humanas e a quantidade de recursos que o planeta pode gerar.

De qualquer modo, embora mais bem delineada a partir de meados do século XX, com a maior preocupação mundial a respeito das questões climáticas (notadamente a partir da Conferência de Estocolmo de 1972)[244], há notícia de que o termo *sustentabilidade* teve origem séculos atrás, com o trabalho desenvolvido pelo cientista Hans Carl Von Carlowit (1714).[245] A evolução dos debates a respeito da sustentabilidade permitiu elevá-la à condição de princípio dotado de juridicidade. José Joaquim Gomes Canotilho aduz que o princípio da sustentabilidade recebe uma consagração expressa da Constituição portuguesa, bem como se encontra presente nas normas comunitárias. A partir das lições de Klauss Bosselmann, o autor português destaca:

> O *princípio da sustentabilidade* aponta para a necessidade de novos *esquemas de direção* propiciadores de um verdadeiro *Estado de direito ambiental*. Isto implica que, ao lado dos tradicionais esquemas de ordem, permissão e proibição vasados em atos de poder público, se assista ao recurso a diversas formas de "estímulo" destinadas a promover programas de sustentabilidade (exemplo: política fiscal

---

[242] Cf. VEIGA, José Eli da. *Desenvolvimento sustentável*: o desafio do século XXI. Rio de Janeiro: Garamond, 2005.

[243] Cf. MILARÉ, Édis. *Direito do ambiente*. 7. ed. São Paulo: Ed. Revista dos Tribunais, 2011, p. 75 *et seq.*

[244] *Vide*, por todos, SACHS, Ignacy. *Caminhos para o desenvolvimento sustentável*. São Paulo: Garamond, 2006; SACHS, Ignacy. *A terceira margem*: em busca do ecodesenvolvimento. 1. ed. São Paulo: Companhia das Letras, 2009.

[245] Cf. BOSSELMANN, Klaus. *O princípio da sustentabilidade*: transformando direito e governança. Tradução de Phillip Gil França. São Paulo: Ed. Revista dos Tribunais, 2015, p. 36.

CAPÍTULO 6 - PRINCÍPIOS DO DIREITO ADMINISTRATIVO...

de incentivo a tecnologia limpa, estímulo para a efetivação de políticas de energia à base de recursos renováveis). Nestes "estímulos" ou "incentivos" que, muitas vezes, se traduzem em preferências ou internalizações de efeitos externos, devem observar-se as exigências normativas do Estado de direito ambiental quanto às competências (legislador e executivo) e aos princípios (proibição do excesso, igualdade). Nesse sentido, a transformação do direito e da governação segundo o princípio da sustentabilidade não significa a preterição da observância de outros princípios estruturantes como o princípio do Estado de direito e o princípio democrático.[246]

Assim, o princípio da sustentabilidade está inequivocamente associado à solidariedade intergeracional, mas dotado de autonomia que o individualiza. A noção de sustentabilidade, com efeito, não passa ao largo da atividade administrativa de infraestrutura. Seria, aliás, ilógico não estabelecer uma conexão entre *infraestrutura* e *sustentabilidade.*

Se a infraestrutura pode ser entendida como a rede de suporte necessária para o empreendimento de atividades econômicas (públicas e privadas) de grande impacto socioeconômico e que contribuem, em última instância, para o desenvolvimento nacional, a partir de um dado planejamento estratégico e com olhares para o futuro (intergeracionalidade), tem-se que esse desenvolvimento deve ser obtido mediante uma determinada forma, razoável e equilibrada – isto é, sustentável. Nesse sentido, essa noção vai ao encontro do entendimento da Comissão Mundial sobre Meio Ambiente e Desenvolvimento, que define *desenvolvimento sustentável* como "aquele que atende às necessidades do presente sem comprometer a possibilidade de as gerações futuras atender a suas próprias necessidades".[247]

---

[246] CANOTILHO, José Joaquim Gomes. "O Princípio da sustentabilidade como Princípio estruturante do Direito Constitucional". – *Revista de Estudos Politécnicos*, Barcelos, vol. VIII, n. 13, pp. 07-18, 2010. Disponível em: http://www.scielo.mec. pt/scielo.php?script=sci_arttext&pid=S1645-99112010000100002.

[247] GOLDEMBERG, J. "Energia e Sustentabilidade". *Revista de Cultura e Extensão USP*, São Paulo, vol. 14, pp. 33-43, 2015. DOI: 10.11606/issn.2316-9060.v14i0p33-43. Disponível em: http://www.revistas.usp.br/rce/article/view/108256.

Sem embargo, conforme pondera Thiago Marrara sobre o desenvolvimento sustentável e a necessária regulação das infraestruturas, citando Betânia Alfonsin, "é inegável que ele pressupõe a capacidade de 'atendimento às necessidades das presentes gerações sem comprometer as possibilidades de as gerações futuras atenderem às suas', tal como prescrito pelo Relatório Brundtland de 1987".[248] E, conforme destaca Juarez Freitas:

> Afortunadamente, começa a ser reconhecida a eficácia direta e imediata do princípio da sustentabilidade no campo dos investimentos públicos. Bem observado, o dever ubíquo de incorporar os critérios de sustentabilidade no processo de escolhas do administrador – na linha do que assimilaram, em boa hora, o CNJ e o TCU – decorre do sistema constitucional (CF, arts. 3º, 170, VI e 225) e determina ao Poder Público orientar, induzir, adequar e regular as condutas, para que se mostrem conducentes àquele desenvolvimento hábil a proteger os direitos fundamentais de gerações presentes e futuras.[249]

Significa, destarte, que, ao Poder Público, compete zelar pela forma como são utilizados os recursos destinados aos setores de infraestrutura, sob pena de contribuir para um desenvolvimento que não se sustenta, prejudicando, as gerações vindouras.

6.3.9 Princípio da Inovação Tecnológica

O princípio da inovação tecnológica é de caráter fundamental no exercício da atividade de infraestrutura, como teremos agora a oportunidade

---

[248] MARRARA, Thiago. "Regulação sustentável de infraestruturas". *Revista Brasileira de Infraestrutura* – RBINF, ano 7, n. 1, pp. 95-120, jan./ jun. 2012. Disponível em: <https://www.forumconhecimento.com.br/periodico/141/10661/20328>. Acesso em: 13 nov. 2019.

[249] FREITAS, Juarez. "Direito da Infraestrutura, Investimentos Públicos e o Teste de Sustentabilidade". *In:* MILARÉ, Édis; MORAIS, Roberta Jardim de; ARTIGAS, Priscila Santos; ALMEIDA, André Luís Coentro de (Coords.). *Infraestrutura no Direito do ambiente.* São Paulo: Ed. Revista dos Tribunais, 2016, p. 60.

CAPÍTULO 6 - PRINCÍPIOS DO DIREITO ADMINISTRATIVO...

de demonstrar. Consoante dispõe a Constituição Federal em seu artigo 218, cumpre, ao Estado, a missão de promover e incentivar "o desenvolvimento científico, a pesquisa, a capacitação científica e tecnológica e a inovação". Tal diretiva deve ser promovida tanto pela União, como Estados, Distrito Federal e Municípios, haja vista que no artigo 23 do texto maior prescreve-se competência comum para proporcionar os meios de acesso à ciência, à tecnologia, à pesquisa e à inovação.[250]

A clareza do texto constitucional nos permite concluir, de maneira bastante incontroversa, que a inovação tecnológica encontra-se dentre um dos pilares fundamentais do Estado brasileiro, que deve, por meio de suas unidades federativas, promovê-la e incentivá-la no exercício de suas funções. Se transpusermos essa constatação para a temática ora examinada, não parece também haver maiores disputas para se postular que esse comando constitucional deva interpenetrar a atividade de infraestrutura, que o Estado tem o dever de propagar, especialmente, se considerarmos que ela representa terreno absolutamente fértil para o avanço tecnológico, permitindo, não apenas vislumbrar uma posição de vanguarda no desenvolvimento econômico mas, especialmente, oferecer, aos particulares, indistintamente, as modernidades que qualificam o pleno desenvolvimento social, melhorando a qualidade de vida dos concidadãos.

O desafio que se antevê diante dessa nuclear questão consiste em envolver o administrador público nesse ambiente tecnológico de modo

---

[250] Consoante observa Mariana Mazzucato, em sua obra "O Estado Empreendedor": "O Estado (…) tolamente desenvolvendo inovações? Sim, a maioria das inovações radicais, revolucionárias, que alimentaram a dinâmica do capitalismo – das ferrovias à internet, até a nanotecnologia e farmacêutica modernas – aponta para o Estado na origem dos investimentos empreendedores mais corajosos, incipientes e de capital intensivo. Todas as tecnologias que tornaram o iPhone de Jobs tão inteligente [Smart] foram financiadas pelo governo (internet, GPS, telas sensíveis ao toque e até o recente comando de voz conhecido como SIRI). Tais investimentos radicais – que embutiam uma grande incerteza – não aconteceram graças a investidores capitalistas ou 'gênios' de fundo de quintal. Foi a mão visível do Estado que fez essas inovações acontecerem. Inovações que não teriam ocorrido se ficássemos esperando que o 'mercado' e o setor comercial fizessem isso sozinhos – ou que o governo simplesmente ficasse de lado e fornecesse o básico" (MAZZUCATO, Mariana. *O Estado empreendedor*: desmascarando o mito do setor público vs. setor privado. Tradução de Elvira Serapicos. São Paulo: Portfólio, 2014, p. 26).

que, quando o Estado esteja desenvolvendo diretamente a atividade, ele, obrigatoriamente, cumpra os ditames da inovação tecnológica para prover soluções concretas nessa direção, sob pena de muitos de seus atos, padecerem de invalidade. Outro importante desafio pode ser pressagiado (e na prática é possível trazer muitos exemplos a respeito dessa temática) refere-se, quando há processo de delegação por concessão, às imprescindíveis alterações contratuais para incorporação dessas novas tecnologias a bem da otimização da infraestrutura.

Todos sabem que o sistema dos contratos administrativos tem uma densidade fechada, avessa a alterações, exatamente porque, no Brasil, o mantra da licitação parece impedir qualquer alteração contratual porque pressupõe um suposto benefício indevido ao particular contratado. É possível encontrar inúmeras razões fáticas, sob o ponto de vista sociológico, que acabam influenciando essa compreensão e que trouxeram um efeito jurídico indesejado e inesperado concernente à estagnação das atividades públicas pelo chamado "medo administrativo", o que não encontra guarida no Estado de Direito, em que não se pode presumir o ilícito.

A verdade é que durante a vigência dos contratos de concessão, de longuíssimo prazo, há, no entorno social, a ocorrência de uma questão prática inegável nos tempos atuais: sucessivas ondas tecnológicas que mudam nosso meio rotineiramente. Se essa mudança é positiva e traz inclusive ganhos econômicos, ela não pode ficar de fora dos contratos de concessão, ela deve ser a ele incorporada. É exatamente quando se promove o *design* contratual que se impõe o desafio enorme de construir mecanismos de inclusão dessas tecnologias durante a sua vigência, tendo em conta esse cenário tradicional de densidade de alteração contratual.

Como impor válvulas de segurança em contratos de características mais inflexíveis, que permitam incorporar novas tecnologias, sem que as ameaças dos sistemas controladores possam compreendê-la como violadora do princípio da licitação? Se levarmos a fundo essa questão, proximamente seremos subjugados a utilizar as tecnologias mais arcaicas por puro "medo" de alteração dos contratos, o que não pode se admitir, minimamente, em face da obrigatoriedade da inovação tecnológica, tão bem delineada nos ditames constitucionais.

CAPÍTULO 6 - PRINCÍPIOS DO DIREITO ADMINISTRATIVO...

Um caso concreto pode ilustrar bem o que se alega: uma concessionária de rodovia, que celebrou o respectivo contrato há mais de 10 anos, recebeu a incumbência, do Poder Público, de construir os chamados *call box* por toda a rodovia para segurança dos beneficiários. Portanto, a cada quilômetro, o contrato, em seu texto original, impunha a obrigatoriedade de construir uma caixa telefônica fixa para que o beneficiário da rodovia pudesse se comunicar com o centro de operações. No caso particular desse contrato, o valor para construção desse sistema circulava em torno de 200 milhões de reais, o que, sob o ponto de vista do momento temporal em que o contrato foi celebrado, justificava-se, pois representava, à época, o sistema mais moderno de segurança rodoviário, trazido como uma inovação significativa das grandes autoestradas europeias.

Ocorre que o tempo passou (o cumprimento dessa obrigação somente seria exigido após o pagamento da outorga). No momento da execução dos *call box*, os concessionários já dispunham de uma tecnologia mais avançada: instalaram sistema de câmera por todo o percurso da rodovia dotado da capacidade de detecção, em tempo real, de toda a movimentação ocorrida no ativo, tais como acidentes, paralisações no acostamento, dentre inúmeras outras. Além disso, a telefonia celular, com a propagação do acesso à cobertura de internet banda larga e barateamento dos *smartphones* e seus inúmeros aplicativos, tornou-se extremamente vigorosa, fazendo com que praticamente todas as pessoas tenham um aparelho dessa natureza.

Todo esse custoso suporte de telefonia fixa por mais de 500 quilômetros de rodovia poderia, então, ser facilmente substituído por uma simples imposição da agência reguladora de telecomunicações junto às operadoras do serviço em garantir o sinal por toda a sua extensão, o que, aliás, seria mandatório a elas, haja vista a necessária universalização do serviço. Dessa forma, diante da necessidade de concretização dos aludidos investimentos de *call box* previstos no contrato, não seria uma decisão administrativa mais racional juridicamente retirar a obrigação da construção de tal sistema, já arcaico, para utilizar os recursos em outras melhorias da rodovia, ou mesmo para viabilizar a redução do pedágio? Por força da imposição do princípio da inovação tecnológica, como

195

comando normativo, a decisão do administrador público não poderia ser outra, já que o juízo de ponderação estaria indicar a prevalência desse princípio em detrimento de outros, numa argumentação jurídica absolutamente irreparável.

Há, ainda, outros exemplos que demonstram as importantes implicações jurídicas que decorrem da consagração do princípio da inovação tecnológica. Se falarmos do setor de iluminação pública, por exemplo, o impacto de sua aplicação é absolutamente acachapante. Os benefícios econômicos e sociais decorrentes dos sistemas de iluminação pública vão muito além da simples troca de lâmpadas que tenham maior luminância e que gastem menos energia elétrica (lâmpadas LED são, hoje, a tecnologia mais atual). Tais utilidades são importantes, porque permitem resguardar o valor da segurança pública e da sustentabilidade, mas não para por aí, é possível avançar: o parque de iluminação pública sob responsabilidade dos municípios pode ser utilizado de maneira ainda mais benéfica pela coletividade a partir de um fundamento básico da inovação tecnológica, a denominada *integração*!

Nesse sentido, o operador da infraestrutura de iluminação poderia auxiliar, sobremaneira, o município, especialmente nas grandes capitais, pela integração de outras importantes atividades, tais como a operação de câmeras de vigilância por toda a cidade (claro, aqui apenas a atividade material por se tratar de exclusivo poder de polícia as ações decorrentes da análise das imagens); a operação de semáforos inteligentes de maneira a melhorar a fluência do trânsito e o deslocamento nas cidades (com benefícios econômicos e sociais absolutamente inequívocos); o aterramento de cabos melhorando a qualidade visual das cidades e a segurança por evitar acidentes com cabos de alta tensão; acomodação de radares em locais estratégicos de acidentes fatais para controle de velocidade e atividade preventiva; oferecimento de redes de Wi-Fi social para utilização dos aplicativos que auxiliam a população na melhor movimentação pela cidade, como horários de trens metropolitanos, metrô, transporte coletivo, transporte individual (táxi), aeroportos, bem como avisos de utilidade pública de alagamentos, enchentes e acidentes graves.

O princípio da inovação tecnológica determina que o administrador público consolide modelos integrados de concessão, tendo em vista o

CAPÍTULO 6 - PRINCÍPIOS DO DIREITO ADMINISTRATIVO...

enorme benefício que proporcionam para a coletividade. Infelizmente, tem-se visto alguns Tribunais de Contas entenderem que tais modelos ensejam a suposta "aglutinação indevida de objetos", o que violaria o princípio da licitação na forma da regra que comanda a segregação máxima dos objetos possíveis de contratação.[251] Tal apontamento não demonstra plausibilidade jurídica, exatamente, porque em um juízo de ponderação, a argumentação mais robusta indica que, em muitas situações concretas, a *integração* tecnológica deve prevalecer por enunciar uma proteção mais completa e racional do interesse público insculpido em tais modelos concessórios.

O exercício da atividade administrativa de infraestrutura contém espaço enorme e sadio para o desenvolvimento de inovação, cumpre os aplicadores da lei consolidarem modelos criativos concessórios que possam atender a esse direcionamento, sempre fincado nas trincheiras da legalidade. A diretiva hodierna é exatamente em marcha ao avanço tecnológico que permita dar concretude ao que o Professor Mangabeira Unger chama de vanguardismo inclusivo. Os países que não se atentarem para esse modelo, denominado como já visto, de *economia do conhecimento*, não serão competitivos, não propiciarão uma mudança em seu entorno social.

E toda essa diretiva não é simples conversa sociológica ou econômica, ela influencia radicalmente o fenômeno normativo. Cegar os olhos para essa realidade é o mesmo que apagar as luzes do desenvolvimento, interpretar o direito fora dessa influência é abandonar a evolução científica, é reduzir o direito às trevas, num isolamento inconcebível. A nova Lei Geral de Proteção de Dados (Lei 13.079/18), coqueluche inegável dos dias atuais, está aí para demonstrar concretamente o quanto se assevera.

Ela enseja uma verdadeira revolução na imposição de condutas às pessoas jurídicas de direito público e de direito privado exatamente pela

---

[251] Trata-se da regra constante do § 1º do artigo 23 da Lei de Licitações: "Art. 23. (...) § 1º As obras, serviços e compras efetuadas pela Administração serão divididas em tantas parcelas quantas se comprovarem técnica e economicamente viáveis, procedendo-se à licitação com vistas ao melhor aproveitamento dos recursos disponíveis no mercado e à ampliação da competitividade sem perda da economia de escala".

circunstância de que elas manuseiam e tratam dados pessoais. Se a inovação tecnológica não fosse o caminho inegável do desenvolvimento, certamente, o direito dela não se ocuparia, especialmente de maneira tão detalhada e impositiva como fez. Resta agora, à luz dessas normas jurídicas, interpretá-las de maneira coerente e harmoniosa, de forma que se possa congregar um círculo virtuoso, com benesses para toda a coletividade.

De registrar, ainda, que o princípio da obrigatoriedade de incorporação de inovação tecnológica na atividade de infraestrutura concretiza outro importante valor das relações estatais: a transparência. Pela utilização mandatória de modernos sistemas de controle de investimentos, conhecidos como *Building Information Modeling* (BIM), é possível garantir o gerenciamento e controle eficientes da execução das tarefas relativas à provisão, manutenção e operação de ativos públicos. Por esse instrumento tecnológico, é possível assegurar a qualidade de todos os insumos envolvidos; proporcionar melhor planejamento e organização de colaborações multidisciplinares entre os atores envolvidos; acompanhar em tempo real o cumprimento do cronogramas tracejados e assegurar a economicidade de recursos públicos, evitando desperdícios, ou mesmo a ocorrência de superfaturamento, sobrepreços, dentre outras práticas nocivas.

O Decreto Federal 9.983, editado em 22 de agosto de 2019, dispõe sobre a Estratégia Nacional de Disseminação do *Building Information Modelling* no Brasil e institui o seu Comitê Gestor. Segundo o disposto no parágrafo único do artigo 1º do Decreto, considera-se BIM ou Modelagem de Informação da Construção "o conjunto de tecnologias e processos integrados que permite a criação, a utilização e a atualização de modelos digitais de uma construção, de modo colaborativo, de forma a servir a todos os participantes do empreendimento, potencialmente durante todo o ciclo de vida da construção" (ativo público). A concepção regulamentar é difundir a utilização do BIM dentro das atividades do Executivo, ensejando sua concretização no exercício das atividades estatais que a reclamem, o que encontra respaldo na atividade de infraestrutura, haja vista a enorme capacidade de absorção dessa tecnologia nesse particular.

CAPÍTULO 6 - PRINCÍPIOS DO DIREITO ADMINISTRATIVO...

O uso dessa importante ferramenta tecnológica passa a ser mandatória à luz do princípio da inovação tecnológica, especialmente em processos concessórios, colmatando as diretivas concebidas pelo princípio da transparência, austeridade e *compliance*. Diante do exposto, há espaço inegável no desenvolvimento de inovações pelo Estado no exercício da atividade administrativa de infraestrutura, encontrando-se administradores públicos subjugados ao princípio da inovação tecnológica, de molde que suas decisões o observem atentamente, sob pena de patente invalidação.

CONCLUSÕES

O problema que originou a hipótese desenvolvida nesta obra consiste na ausência de sistematização científica para a atividade de infraestrutura. Postulou-se, então, que o ordenamento constitucional vigente alberga um regime jurídico próprio da infraestrutura configurando-a com natureza de *atividade administrativa*, que não se confunde com as demais.

Infraestrutura, como desenvolvido ao longo do trabalho, consiste numa realidade *dinâmica*, em eterno movimento e mutação. A sua compreensão passa, então, não apenas em apartá-la das demais atividades administrativas, autonomizando-a, mas reconhecendo-a como algo igualmente dinâmico. É preciso clarificar que o regime jurídico da infraestrutura não se confunde, tampouco se limita, ao tradicional conceito *estático* de *obra pública* e nem mesmo na atividade de *prestação de serviços públicos* usufruído individualmente pelo usuário.

Justamente por isso, infraestrutura, para o Direito brasileiro, especialmente à luz das normas constitucionais investigadas acima, é algo mais abrangente. Ela é revelada no *dever estatal* de desempenhar toda a cadeia de *provisão, manutenção e operação de ativos públicos*, com o fim de *promover o desenvolvimento nacional*, sob incidência do *regime jurídico-administrativo*. Ou seja, a visão tradicional apequenadora da infraestrutura como singelo meio físico não se compatibiliza com o desiderato constitucional reservado à infraestrutura como saída para o *desenvolvimento nacional*. Disso, decorrem consequências jurídicas assaz relevantes.

A primeira delas consiste em reconhecer uma *tipologia* implícita na Constituição: uma atividade administrativa com contornos próprios, inconfundível com as demais, que o Estado tem o dever de desempenhar. O ponto central está, justamente, em discernir uma *atividade administrativa* conceitualmente definida para conhecer seu regime jurídico e princípios incidentes. Assim, postulou-se que a atividade de infraestrutura é orientada, particularmente, por dez princípios jurídicos específicos, sem prejuízo, da incidência, dos demais que compõem o regime jurídico-

-administrativo. Tais princípios evidenciam que a atividade de infraestrutura se relaciona com benefícios gerais oferecidos à coletividade nos mais variados setores, de forma *indivisível* e *inespecífica*, que transcendem uma relação jurídica concreta prestacional, focada em um usuário determinado, e quantificável, sob o ponto de vista de sua mensuração.

E mais: reconhecer a atividade de infraestrutura como um *tipo* de atividade administrativa significa conquistar contornos mais claros e bem delimitados em relação a sua necessária execução. Com isso, não apenas há mais segurança jurídica para a sociedade, quanto também há para o gestor no momento da produção de um ato administrativo no contexto da atividade. Por implicação, também se permite conhecer os limites da participação privada no desempenho desse relevante desiderato.

Outra constatação nuclear consiste na demonstração de que a atividade administrativa não se confunde com a atividade de serviço público, que tem como requisito fundamental o estabelecimento de uma relação jurídica concreta com o *usuário*, por meio da prestação de serviços *específicos* e *divisíveis*. O foco da atividade de infraestrutura não reside na fruição singular de serviços (*inespecíficos*) e muito menos na quantificação deles (*indivisíveis*), mas nos benefícios conferidos indistintamente à coletividade pela *provisão, manutenção e operação de ativos públicos*, sendo impossível que seu custeio seja realizado por meio do fracionamento da utilidade percebida individualmente.

Ninguém ousaria dizer, por exemplo, que seria possível cobrar uma taxa ou tarifa de iluminação pública pela quantidade de iluminância fruída por uma dada pessoa. Trata-se de uma atividade, todavia, que consiste em um típico serviço *uti universi* perfeitamente amoldável ao conceito da *atividade de infraestrutura*. Ainda que não haja uma prestação direta em favor de um usuário definido, há uma prestação difusa que gera condições para o desenvolvimento socioeconômico ao se proverem ativos públicos que, corretamente operados e mantidos, produzirão condições adequadas de segurança para que as pessoas possam se locomover pelas cidades. Não se duvida, também, de que isso também possa estar ligado, até mesmo, à diminuição de índices de criminalidade, o que também é um fator favorável ao desenvolvimento.

CONCLUSÕES

Mas o que se reputa central é reconhecer que a sistematização da atividade de infraestrutura gera mais clareza quanto ao regime jurídico incidente. Ao se romper a barreira da visão tradicional das atividades administrativas como um regime jurídico estático, passa-se a ter uma visão de um *direito administrativo* dinâmico, em que a validade das decisões administrativas estará atrelada à observância do respectivo regime jurídico, observando-se os dez princípios postulados e a finalidade de desenvolvimento socioeconômico.

Isso tem impacto direto, por exemplo, na seara de análise de *economicidade* de uma decisão administrativa. Suponha-se uma grande obra pública. Tomada como um produto estático, a análise de sua economicidade se limita, de modo quase míope, a avaliar a aderência do orçamento de capital a tabelas de referência e a parâmetros de Benefícios e Despesas Indiretas (BDI). Ao se deslocar, todavia, o foco para a execução dessa hipotética obra como apenas um elemento da atividade de infraestrutura, o exame de economicidade ganha corpo e passa a considerar a sua efetividade para a geração de benefícios de médio e longo prazos que, inclusive, podem justificar a adoção de critérios de qualidade mais rigorosos para o investimento público, tendo em vista a necessidade de que a operação e manutenção desse ativo sejam otimizadas em favor das futuras gerações.

De outra banda, postulou-se, no aspecto subjetivo que a atividade de infraestrutura é um dever do Estado *ou de quem lhe faça as vezes*. Isso significa a possibilidade de concatenação do sistema jurídico para contemplar, adequadamente, instrumentos jurídicos de emparceiramento com a iniciativa privada na produção da infraestrutura. Nesse contexto, o instituto concessório ganha enorme destaque, inclusive no aperfeiçoamento do antigo sistema de *concessão de obra pública*, revigorada como *concessão de infraestrutura*, necessários para desenvolver setores que detêm alta performance na geração de benefícios coletivos como, por exemplo, transporte, parques de iluminação pública, serviços de drenagem de águas pluviais e, por que não, provisão, gestão e operação de infraestrutura hospitalar, educacional e, até mesmo, carcerária. Em todos esses casos, fica possível discernir a atividade de *provisão, operação e manutenção de ativos públicos* do desempenho das demais atividades administrativas.

Ademais, os princípios específicos regedores da atividade administrativa, extraídos implicitamente do texto constitucional, conferem ao Estado pautas de condutas obrigatórias a serem observadas no desenvolvimento da atividade de infraestrutura. Tais princípios, erigidos como verdadeiros "mandamentos nucleares de um sistema", prescrevem comportamentos que devem ser obrigatoriamente observados, sob pena de invalidação dos atos praticados. A decisão administrativa que recai sobre o impulso da atividade deve considerar, forçosamente, o conteúdo principiológico ora tracejado, que confere harmonia e coerência ao que denominamos Direito Administrativo da Infraestrutura.

Todo esse arquétipo tem sustentação, exatamente porque a finalidade última dessa atividade *nuclear* desempenhada pela Administração Pública reside na obtenção de benefícios concretos à coletividade, absolutamente em linha do quanto se perscruta como objetivo maior da República Federativa do Brasil: a máxima desenvolvimentista. Não há outro sentido e alcance a ser extraído a partir da exegese do texto constitucional, senão com essa proposta finalística, razão de ser da própria existência do Estado. É preciso desconstruir a instrumentalidade burocrática do Estado, enviesado na primazia de posturas de meio, de forma a se alterar diametralmente sua compostura, para uma prospecção propositiva, norte maior para se assegurar a ampliação da atividade econômica interna, o alargamento da relevância do país no cenário de competição econômica internacional de maneira a assegurar a soberania nacional, promover a justiça social, a redução das desigualdades sociais e a proteção indelével da dignidade da pessoa humana.

Diante do quanto desvelado, confirma-se a hipótese que se pretendia demonstrar: o Direito Administrativo hodierno necessita reconhecer, conceitualmente, uma atividade administrativa devidamente particularizada, engendradora de regime jurídico próprio, a chamada *atividade de infraestrutura*, teleologicamente vocacionada a cumprir o desiderato constitucional do desenvolvimento nacional, abrindo espaço para a consolidação do desejado Direito Administrativo da Infraestrutura.

REFERÊNCIAS BIBLIOGRÁFICAS

ALESSI, Renato. *Le prestazioni amministrative rese ai privati*: teoria generale. 2. ed. Milão: A. Giuffrè, 1956.

_____. *Sistema instituzionale del diritto amministrativo italiano*. Milão: A. Giuffrè, 1953.

ALEXY, Robert. *Teoria da argumentação jurídica*. Tradução de Zilda Hutchinson Schild Silva. São Paulo: Landy Editora, 2001.

_____. *Teoria dos direitos fundamentais*. Tradução de Virgílio Afonso da Silva. 2. ed. São Paulo: Malheiros Editores, 2017.

ARAGÃO, Alexandre Santos. *Direito dos serviços públicos*. 3. ed. Rio de Janeiro: Forense, 2013.

_____. *Agências reguladoras*: e a evolução do direito administrativo econômico. Rio de Janeiro: Forense, 2002.

ARIÑO ORTIZ, Gaspar. *Principios de Derecho público económico*. 3. ed. Madrid: Comares, 2004.

ATALIBA, Geraldo. *Hipótese de incidência tributária*. 6. ed. São Paulo: Malheiros Editores, 2009.

AUBY, Jean-François; RAYMUNDIE, Olivier. *Le service public*. Paris: Le Moniteur, 2002.

ÁVILA, Humberto. *Teoria dos princípios*: da definição à aplicação dos princípios jurídicos. São Paulo, Malheiros Editores, 2003.

BANDEIRA DE MELLO, Celso Antônio. *Curso de Direito Administrativo*. 32. ed. São Paulo: Malheiros Editores, 2015.

REFERÊNCIAS BIBLIOGRÁFICAS

_____. *Serviço público e concessão de serviço público*. São Paulo: Malheiros Editores, 2017.

_____."O princípio do enriquecimento sem causa em direito administrativo". *Revista de Direito Administrativo*, Rio de Janeiro, vol. 210, pp. 25-35, out./ dez. 1997.

_____."O conteúdo do regime jurídico-administrativo e seu valor metodológico". *Revista de Direito Administrativo*, Rio de Janeiro, vol. 89, pp. 8-33, jul. 1967. Disponível em: <http://bibliotecadigital.fgv.br/ojs/index.php/rda/article/view/30088/28934>. Acesso em: 5 jul. 2020. DOI: http://dx.doi.org/10.12660/rda.v89.1967.30088.

BARBOSA, Rui. *Oração aos moços*. 5. ed. Rio de Janeiro: Casa Rui Barbosa, 1999.

BARROSO, Luis Roberto."Agências reguladoras. Constituição, transformações do Estado e legitimidade democrática". *Revista de Direito Administrativo*, Rio de Janeiro, vol. 229, pp. 285-311, jul./set. 2002.

BASTOS, Celso Ribeiro. *Hermenêutica e intepretação constitucional*. 2. ed. São Paulo: Celso Bastos Editor, 1997.

BERCOVICI, Gilberto (Coord.). *Direito, infraestrutura e desenvolvimento*: o debate alemão. São Paulo: Editora Contracorrente, 2021 (no prelo).

_____. *Constituição econômica e desenvolvimento*: uma leitura a partir da Constituição de 1988. São Paulo: Malheiros Editores, 2005.

BERCOVICI, Gilberto; VALIM, Rafael (Coords.). *Elementos de Direito da infraestrutura*. São Paulo: Editora Contracorrente, 2015.

BERTHÉLEMY, Henry. *Traité élémentaire de droit administraif*. 9. ed. Paris: Rousseau, 1920.

BIELSCHOWSKY, Ricardo. *Pensamento econômico brasileiro*: o ciclo ideológico do desenvolvimentismo. Rio de Janeiro: Ipea; Inpes, 1988.

BITENCOURT NETO, Eurico."Transformações do Estado e a Administração Pública no século XXI". *Revista de Investigações Constitucionais*, Curitiba, vol. 4, n. 1, p. 207-225, jan./abr. 2017. DOI: 10.5380/rinc.v4i1.49773. Disponível em: https://revistas.ufpr.br/rinc/article/view/49773.

BLACK, Henry Campbell. *Handbook of the construction and interpretation of the laws*. 2. ed. St. Paul: West Publishing Co., 1911.

REFERÊNCIAS BIBLIOGRÁFICAS

BOBBIO, Norberto; MATTEUCCI, Nicola; PASQUINO, Gianfranco. *Dicionário de política*. vol. I. Tradução de João Ferreira *et al*. 11. ed. Brasília: Universidade de Brasília, 1998.

BOBBIO, Norberto. *Teoria da norma jurídica*. Apresentação de Alaôr Caffé Alves. Tradução de Fernando Pavan Baptista; Ariani Bueno Sudatti. 5 ed. São Paulo: Edipro, 2014.

BONAVIDES, Paulo. *Do Estado liberal ao Estado social*. 7. ed. São Paulo: Malheiros Editores, 2004.

BOSSELMANN, Klaus. *O princípio da sustentabilidade*: transformando direito e governança. Tradução de Phillip Gil França. São Paulo: Editora Revista dos Tribunais, 2015.

BOURGEOIS, Léon. *Solidarité*. 7. ed. Paris. Armand Colin, 1911.

BRACONNIER, Stéphane. *Droit des services públics*. 2. ed. Paris: PUF, 2007.

BRAGA, Rodrigo Bernardes. *Manual de energia elétrica*. São Paulo: D' Plácido, 2016.

BRASIL. Ministério do Desenvolvimento Regional. Secretaria Nacional de Saneamento – SNS. *Sistema Nacional de Informações sobre Saneamento*: 24º Diagnóstico dos Serviços de Água e Esgotos – 2018. Brasília: SNS/MDR, 2019. Disponível em: <http://www.snis.gov.br/downloads/diagnosticos/ae/2018/Diagnostico_AE2018.pdf>. Acesso em: 9 mar. 2020.

BRESSER-PEREIRA, Luiz Carlos. "Os primeiros passos da reforma gerencial do Estado de 1995". *Revista Brasileira de Direito Público* – RBDP, Belo Horizonte, ano 6, n. 23, pp. 145-186, out./dez. 2008.

_____. "Modelo de Estado desenvolvimentista". *Revista de Economia*, vol. 40, n. 73, pp. 231-256, 2019.

BRESSER-PEREIRA, Luiz Carlos; WILHEIM, Jorge; SOLA, Lourdes (Coords.). *Sociedade e Estado em transformação*. São Paulo: UNESP, 1999.

BROHM, Winfried. Die Dogmatik des Verwaltungsrechts vor den Gegenwartsaufgaben der Verwaltung. _____. *In: Veroeffentlichungen der Vereinigung der Deutschen Staatsrechtsleher*. Berlin: Walter de Gruyter, 1972.

BUHR, Walter. "What is Infrastructure?" *Volkswirtschaftliche Diskussionsbeiträge*, n. 107-03, 2003. Disponível em: https://econpapers.repec.org/paper/siesiegen/107-03.htm.

REFERÊNCIAS BIBLIOGRÁFICAS

CAETANO, Marcello. *Manual de Direito Administrativo*. Vol. II. Coimbra: Almedina, 1994.

CALDERÓN, C.; SERVÉN, Luis. "The Effects of Infrastructure Development on Growth and Income Distribution". *World Bank, Policy Research Working Paper*, Washington, n. 3400, 2004. Disponível em: https://openknowledge. worldbank.org/bitstream/handle/10986/14136/WPS3400.pdf?sequence =1&isAllowed=y.

CÂMARA, Jacintho Arruda. *Tarifa nas concessões*. São Paulo: Malheiros Editores, 2009.

CANOTILHO, José Joaquim Gomes. "O Princípio da sustentabilidade como Princípio estruturante do Direito Constitucional". *Tékhne – Revista de Estudos Politécnicos*, Barcelos, vol. VIII, n. 13, pp. 07-18, 2010. Disponível em: http://www.scielo.mec.pt/scielo.php?script=sci_arttext&pid =S1645-99112010000100002.

CARDOZO, José Eduardo Martins *et al.* (Coord.). *Curso de Direito Administrativo Econômico*. vol. II. São Paulo: Malheiros Editores, 2006.

CARDOSO, Fernando Henrique; FALETTO, Enzo. *Dependência e desenvolvimento na América Latina*. 8. ed. Rio de Janeiro: Civilização Brasileira, 2004.

CARRAZZA, Roque Antônio. *Curso de Direito Constitucional Tributário*. 32. ed. São Paulo: Malheiros Editores, 2019.

CARVALHO, André Castro. *Direito da infraestrutura*: perspectiva pública. São Paulo: Quartier Latin, 2014.

CARVALHO, Paulo de Barros. *Curso de direito tributário*. 28. ed. São Paulo: Saraiva, 2017.

_____. *Direito tributário, linguagem e método*. 6. ed. São Paulo: Noeses, 2015.

_____. "O preâmbulo e a prescritividade constitutiva dos textos jurídicos". *Revista Direito GV*, São Paulo, vol. 6, n. 1, pp. 295-312, jan. 2010. Disponível em: <http://bibliotecadigital.fgv.br/ojs/index.php/revdireitogv/ article/view/24229/22994>. Acesso em: 1 jul. 2020.

CARVALHOSA, Modesto. *A ordem econômica na Constituição de 1969*. São Paulo: Revista dos Tribunais, 1972.

CASSESE, Sabino. *La crisis del Estado*. Buenos Aires: Abeledo Perrot, 2003.

CASTELLS, Manuel. *Para o Estadorede:* globalização econômica e instituições

REFERÊNCIAS BIBLIOGRÁFICAS

políticas na era da informação. *In:* BRESSER-PEREIRA, Luiz Carlos; WILHEIM, Jorge; SOLA, Lourdes (Coords.). *Sociedade e Estado em transformação.* São Paulo: UNESP, 1999.

CHEVALLIER, Jacques. *O serviço público.* Tradução, estudo introdutório e notas explicativas de Augusto Neves Dal Pozzo; Ricardo Marcondes Martins. Belo Horizonte: Fórum, 2017.

_____. *L'État postmoderne.* Paris: LGDJ, 2004.

COASE, Ronald. "The nature of the firm". *Economica,* vol. 4, issue 16, pp. 386-405, nov. 1937. Disponível em: https://onlinelibrary.wiley.com/doi/full/10.1111/j.1468-0335.1937.tb00002.x. DOI: https://doi.org/10.1111/j.1468-0335.1937.tb00002.x.

DALLARI, Dalmo de Abreu. *Elementos de teoria geral do Estado.* 33. ed. São Paulo: Saraiva, 2018.

DAL POZZO, Antonio Araldo. *Manual básico de direito processual civil.* São Paulo: Oliveira Mendes, 1998.

DAL POZZO, Augusto Neves. *Aspectos fundamentais do serviço público.* São Paulo: Malheiros Editores, 2012.

DAL POZZO, Augusto Neves; VALIM, Rafael; AURÉLIO, Bruno (Coords.). *Parcerias público-privadas:* teoria geral e aplicação nos setores de infraestrutura. Belo Horizonte: Fórum, 2014.

DAL POZZO, Augusto Neves; CAMMAROSANO, Márcio (Coords.). *As implicações da Covid-19 no Direito Administrativo.* São Paulo: Thomson Reuters; Ed. Revista dos Tribunais, 2020.

DÍEZ SASTRE, Silvia. *La formación de conceptos em el Derecho público:* Un estúdio de metodologia académica: definición, funciones y critérios de formación de los conceptos jurídicos. Madrid: Marcial Pons, 2018.

DINAMARCO, Cândido Rangel. *Fundamentos do processo civil moderno:* Tomo II. 5. São Paulo: Malheiros Editores, 2002.

DINIZ, Maria Helena. *Curso de Direito Civil brasileiro:* teoria geral do direito civil. 34. ed. vol. I. São Paulo: Saraiva, 2017.

DI PIETRO, Maria Sylvia Zanella. *Direito Administrativo.* 27. ed. São Paulo: Atlas, 2014.

FABER, Heiko. *Verwaltungsrecht.* 3. ed. Tuebingen: Mohr Siebrek Ek, 1992.

REFERÊNCIAS BIBLIOGRÁFICAS

FARIAS, José Fernando de Castro. *A origem do direito de solidariedade*. Rio de Janeiro, Renovar, 1998.

FAY, Marianne; ANDRES, Luis Alberto; FOX, Charles *et al.* "Repensando a infraestrutura na América Latina e Caribe: melhorar o gasto para alcançar mais". *Banco Mundial* – BIRD, Sumário Executivo, América Latina e Caribe. [*S. d.*]. Disponível em: <https://openknowledge.worldbank.org/bitstream/handle/10986/26390/114110ovPT.pdf?sequence=9&isAllowed=y>. Acesso em: 19 nov. 2019.

FERRARI, Giuseppe Franco. "Direito e infraestrutura no cenário europeu". *Revista Brasileira de Infraestrutura* – RBINF, Belo Horizonte, ano 3, n. 6, pp. 13-36, jul./dez. 2014.

FERRAZ JÚNIOR, Tercio Sampaio. *A ciência do direito*. 2. ed. São Paulo: Atlas, 2010.

FORGIONI, Paula A. *Os fundamentos do antitruste*. São Paulo: Ed. Revista dos Tribunais, 2005.

FORSTHOFF, Ernst. *Der Staat der Indusrtiegesellschaft*. 2. ed. Munique: Beck, 1971.

FRISCHMANN, Brett M. "Infrastructure commons in economic perspective". *First Monday*, [*S. l.*], vol. 12, n. 6, jun. 2007. DOI: https://doi.org/10.5210/fm.v12i6.1901. Disponível em: <https://firstmonday.org/ojs/index.php/fm/article/view/1901/1783>. Acesso em: 14 jan. 2020.

_____. *Infrastructure:* The social value of shared resources. Nova Iorque: Oxford University Press, 2013.

FRISCHTAK, Cláudio. "Infraestrutura e desenvolvimento no Brasil". *In*: VELOSO, Fernando; FERREIRA, Pedro Cavalcanti; GIAMBIAGI, Fabio; PESSÔA, Samuel (Coords.). *Desenvolvimento econômico*: uma perspectiva brasileira. Rio de Janeiro: Elsevier, 2013.

FUX, Luiz; MAGALHÃES, Andréia. "Imprevisão, incompletude e risco: uma contribuição da teoria econômica aos contratos administrativos". *In*: WALD, Arnoldo; JUSTEN FILHO, Marçal; PEREIRA, César Augusto Guimarães. *O direito administrativo na atualidade*: estudos em homenagem ao centenário de Hely Lopes Meirelles (1917-2017). São Paulo: Malheiros Editores, 2017, pp. 760-784.

GABARDO, Emerson. Princípio da eficiência. Enciclopédia jurídica da PUC/SP. Celso Fernandes Campilongo, Alvaro de Azevedo Gonzaga e André Luiz

REFERÊNCIAS BIBLIOGRÁFICAS

Freire (Coords.). Tomo: Direito Administrativo e Constitucional. Vidal Serrano Nunes Jr., Maurício Zockun, Carolina Zancaner Zockun, André Luiz Freire (Coord. de tomo). 1. ed. São Paulo: Pontifícia Universidade Católica de São Paulo, 2017. Disponível em: <https://enciclopediajuridica. pucsp.br/verbete/82/edicao-1/principio-da-eficiencia>. Acesso em: 7 jan. 2020.

GARRIDO FALLA, Fernando; PALOMAR OLMEDA, Alberto; LOSADA GONZÁLEZ, Herminio. *Tratado de Derecho Administrativo*. Vol. II: parte general – conclusión. 12. ed. Madrid: Tecnos, 2005.

GASPARDO, Murilo. "Transformações no Estado e relações EstadoSociedade no século XXI". *Revista de Direito do Terceiro Setor – RDTS*, Belo Horizonte, ano 5, n. 9, pp. 9-21, jan./jun. 2011. Disponível em: <http://www.bidforum. com.br/bid/PDI0006.aspx?pdiCntd=73162>. Acesso em: 12 nov. 2019.

GIAMBIAGI, Fabio; VILLELA, André; CASTRO, Lavinia Barros; HERMAN, Jennifer. *Economia brasileira contemporânea* [1945-2010]. 2. ed. Rio de Janeiro: Elsevier, 2011.

GIANNETTI, Eduardo. *O valor do amanhã*: ensaio sobre a natureza dos juros. São Paulo: Companhia das Letras, 2005.

GOLDEMBERG, J. "Energia e Sustentabilidade". *Revista de Cultura e Extensão USP*, São Paulo, vol. 14, pp. 33-43, 2015. DOI: 10.11606/issn.2316-9060. v14i0p33-43. Disponível em: http://www.revistas.usp.br/rce/article/ view/108256.

GOMIDE, Alexandre de Ávila; PEREIRA, Ana Karine (Coords.). *Governança da política de infraestrutura*: condicionantes institucionais ao investimento. Rio de Janeiro: Ipea, 2018.

GOSSERIES, Axel; MEYER, Lukas H. *Intergenerational justice*. Oxford: Oxford University Press, 2002.

GRAU, Eros Roberto. *Planejamento econômico e regra jurídica*. São Paulo: Ed. Revista dos Tribunais, 1978.

GREMAUD, Amaury Patrick; VASCONCELLOS, Marco Antonio Sandoval de; TONETO JÚNIOR, Rudinei. *Economia brasileira contemporânea*. 8. ed. São Paulo: Atlas, 2016.

GRIGG, Neil S. *Infraestructure finance*: the business of infrastructure for a sustainable future. Hoboken, New Jersey: John Wiley & Sons, 2010.

REFERÊNCIAS BIBLIOGRÁFICAS

GROSSMAN, Sanford J.; HART, Oliver D. "The costs and benefits of ownership: A theory of vertical and lateral integration". *Journal of Political Economy*, vol. 94, n. 4, pp. 691-719, 1986. Disponível em: https://dash.harvard.edu/bitstream/handle/1/3450060/Hart_CostsBenefits.pdf.

HARARI, Yuval Noah. *21 lições para o século 21*. Tradução de Paulo Geiger. São Paulo: Companhia das Letras, 2018.

HAYEK, Freidrich August von. *O caminho da servidão*. São Paulo: LVM Editora, 2010.

HELLER, Hermann. *Teoría del Estado*. Tradução para o espanhol de Luis Tobio. México, D. F.: Fondo de Cultura Económica, 2010.

HERMES, Georg. "Foundations and structure of state responsibility for infrastructure". *Journal of Network Industries*, vol. 1, n. 2, pp. 223-243, jun. 2000. Disponível em: https://journals.sagepub.com/doi/10.1177/178359170000100204.

HÜNNEKENS, Georg. *Rechtsfragen der wirtschaftlichen Infrastruktur*. Köln; Berlin; Bonn; Müchen: Carl Heymanns Verlag, 1995.

INSTITUTO DE PESQUISA ECONÔMICA APLICADA. *Infraestrutura econômica no Brasil*: diagnósticos e perspectivas para 2025. Livro 6, vol. 1. Brasília: Ipea, 2010.

JELLINEK, Georg. *Teoría general del Estado*. Tradução para o espanhol de Fernando de los Ríos. México, D. F.: Fondo de Cultura Económica, 2000.

JOCHIMSEN, Reimut. *Theorie der Infrastruktur*: Grundlagen der marktwirtschaftlichen Entwicklung. Tübingen: Mohr Siebeck, 1966.

JUSTEN FILHO, Marçal. *Teoria geral das concessões de serviço público*. São Paulo: Dialética, 2003.

_____. *Curso de Direito Administrativo*. 13. ed. São Paulo: Ed. Revista dos Tribunais, 2018.

LAAK, Dirk van. "Infra-Strukturgeschichte". *Geschichte und Gesellschaft*, vol. 27, pp. 367-393, 2001.

_____. *História da infraestrutura. In:* BERCOVICI, Gilberto (Coord.). *Direito, infraestrutura e desenvolvimento:* o debate alemão. São Paulo: Editora Contracorrente, 2021 (no prelo).

LABAUDÈRE, André de. *Direito público econômico*. Tradução de Maria Teresa Costa. Coimbra: Almedina, 1985.

REFERÊNCIAS BIBLIOGRÁFICAS

LIKOSKY, Michael B. *Law, infrastructure and human rights*. Nova Iorque: Cambridge University Press, 2006.

MACEDO JÚNIOR, Ronaldo Porto. *Contratos relacionais e defesa do consumidor*. São Paulo: Max Limonad, 1998.

MACNEIL, Ian Roderick. *The new social contract*: An Inquiry Into Modern Contractual Relations. Londres: Yale University Press, 1980.

_____. "Whither Contracts?". *Journal of Legal Education*, vol. 21, n. 4, pp. 403-418, 1969. JSTOR, www.jstor.org/stable/42891974. Acesso em: [inserir data].

MARQUES, M. M. Leitão; MOREIRA, Vital Martins. "Desintervenção do Estado: privatização e regulação dos serviços públicos". *Economia e Prospectiva*, Lisboa, vol. 2, n. 3/4, pp. 133-158, out. 1998/mar. 1999.

MARQUES NETO, Floriano de Azevedo. *Concessões*. 1. ed. Belo Horizonte: Fórum, 2015.

_____. *Bens públicos*: função social e exploração econômica: o regime jurídico das utilidades públicas. Belo Horizonte: Fórum, 2014.

_____. "Algumas notas sobre a concessão de rodovias". *Revista Trimestral de Direito Público*, São Paulo, v. 40, pp. 167-181, 2002.

MARQUES NETO, Floriano de Azevedo; CUNHA, Carlos Eduardo Bergamini. "Locação de ativos". *Revista de Contratos Públicos – RCP*, Belo Horizonte, ano 3, n. 3, pp. 99129, mar./ago. 2013. MARRARA, Thiago. "Regulação sustentável de infraestruturas". *Revista Brasileira de Infraestrutura – RBINF*, Belo Horizonte, ano 1, n. 1, pp. 95-120, jan./jun. 2012. Disponível em: <https://www.forumconhecimento.com.br/periodico/141/ 10661/20328>. Acesso em: 13 nov. 2019.

MARTINS, Ricardo Marcondes. *Efeitos dos vícios do ato administrativo*. São Paulo: Malheiros Editores, 2008.

_____. *Regulação administrativa à luz da Constituição Federal*. São Paulo: Malheiros Editores, 2011.

_____. "Construtivismo ético". *Revista Eletrônica de Direito do Estado*, n. 78, 14 fev. 2016. Disponível em: <http://www.direitodoestado.com.br/colunistas/ricardo-marcondes-martins/construtivismo-etico->. Acesso em: 7 jan. 2020.

_____. "Teoria das contrafações administrativas". A&C – *Revista de Direito*

REFERÊNCIAS BIBLIOGRÁFICAS

Administrativo & Constitucional, Belo Horizonte, ano 16, n. 64, pp. 115-148, abr./jun. 2016.

_____. "Conceito de parceria público-privada à luz da Constituição". *Revista de Direito Administrativo e Infraestrutura*, São Paulo, ano 2, n. 5, pp. 23-47, abr./jun. 2018.

_____. "Coronavírus e ponderação". *In*: DAL POZZO, Augusto Neves; CAMMAROSANO, Márcio (Coord.). *As implicações da Covid-19 no Direito Administrativo*. São Paulo: Thomson Reuters; Ed. Revista dos Tribunais, 2020, pp. 183-200.

MAZZUCATO, Mariana. *O Estado empreendedor*: desmascarando o mito do setor público vs. setor privado. Tradução de Elvira Serapicos. São Paulo: Portfólio, 2014.

MEDEIROS, Edmundo Emerson de. *Infraestrutura energética*: planejamento e regulação do setor elétrico. São Paulo: MP, 2009.

MEIRELLES, Hely Lopes. *Direito de construir*. 9. ed. São Paulo: Malheiros Editores, 2005.

MILARÉ, Édis; MORAIS, Roberta Jardim de; ARTIGAS, Priscila Santos; ALMEIDA, André Luís Coentro de. *Infraestrutura no Direito do Ambiente*. São Paulo: Thomson Reuters; Ed. Revista dos Tribunais, 2015.

MILARÉ, Édis. *Direito do ambiente*. 7. ed. São Paulo: Ed. Revista dos Tribunais, 2011.

MILESKI, Helio Saul. "Locação de ativos: uma nova alternativa para o Poder Público realizar investimentos em infraestrutura". *Interesse Público* – IP, Belo Horizonte, ano 15, n. 82, pp. 119-132, nov./dez. 2013.

MIRANDA, Jorge. *Teoria do Estado e da Constituição*. Rio de Janeiro: Forense, 2002.

MODESTO, Paulo. "Uma Introdução à Teoria da Justiça Intergeracional e o Direito". *Revista Eletrônica de Direito do Estado*, n. 281, 20 out. 2016. Disponível em: <http://www.direitodoestado.com.br/colunistas/paulo-modesto/uma-introducao-a-teoria-da-justica-intergeracional-e-o-direito>.

_____. "Notas para um debate sobre o princípio da eficiência". *Revista do Serviço Público*, vol. 51, n. 2, pp. 105-119, abr./jun. 2000. DOI: 10.21874/rsp. v51i2.328. Disponível em: https://revista.enap.gov.br/index.php/RSP/article/view/328.

REFERÊNCIAS BIBLIOGRÁFICAS

MOLLO, Maria de Lourdes Rollemberg; FONSECA, Pedro Cezar Dutra. "Desenvolvimentismo e novo-desenvolvimentismo: raízes teóricas e precisões conceituais". *Revista de Economia Política*, São Paulo, v. 33, n. 2 (131), pp. 222-239, abr./jun. 2013. Disponível em: https://www.scielo.br/pdf/rep/v33n2/a02v33n2.pdf.

MOREIRA, Egon Bockmann. *O direito administrativo contemporâneo e suas relações com a Economia*. Curitiba: Virtual Gratuita, 2016. Disponível em: http://editoravirtualgratuita.com.br/publicacoes/o-direito-administrativo-contemporeneo-e-suas-relacoes-com-a-economia/.

MOTA, Carolina (Coord.). *Saneamento básico no Brasil*: aspectos jurídicos da lei federal n. 11.445/07. São Paulo: Quartier Latin, 2010.

MULLER, Jerry Z. *The mind and the market*: capitalism in modern European thought. Nova Iorque: Anchor Books, 2006.

MYRDAL, Gunnar. *Teoria econômica e regiões subdesenvolvidas*. Tradução de Ewaldo Correa Lima. Rio de Janeiro: Saga, 1965.

NANNI, Giovanni Ettore. *Enriquecimento sem causa*. 3. ed. São Paulo: Saraiva, 2012.

NIETO, Alejandro. *Derecho Administrativo sancionador*. 4. ed. Madrid: Tecnos, 2005.

NIGRO, Mario. "Transformazioni dell'Amministrazione e Tutela Giurizionale Diffe-renziata". *Revista Trimestrale di Diritto e Procedura Civile*, n.1, mar. 1980.

NOVELLI, Flávio Bauer. "Apontamento sobre o conceito jurídico de taxa". *Revista de Direito Administrativo*, Rio de Janeiro, vol. 189, pp. 1-38, jul./set. 1992. Disponível em: http://bibliotecadigital.fgv.br/ojs/index.php/rda/article/view/45279.

DOI: http://dx.doi.org/10.12660/rda.v189.1992.45279.

NUNES, António José Avelãs. "O estado regulador nunca existiu". *Revista Internacional de Direito Público* – RIDP, São Paulo, ano 4, n. 4, pp. 35-57, 2015.

OLIVEIRA, Gesner (Coord.). *Desafios da infraestrutura no Brasil*. São Paulo: Trevisan Editora, 2018.

OLIVEIRA, José Roberto Pimenta (Coord.). *Direito Administrativo sancionador*: Estudos em homenagem ao Professor Emérito da PUC/SP Celso Antônio Bandeira de Mello. São Paulo: Malheiros Editores, 2019.

REFERÊNCIAS BIBLIOGRÁFICAS

ORTEGA Y GASSET, José. *Que é filosofia?* Rio de Janeiro: Editora Livro Ibero-Americano, 1971.

OSÓRIO, Fábio Medina. *Direito Administrativo sancionador.* 6. ed. São Paulo: Thomson Reuters; Ed. Revista dos Tribunais, 2019.

OTERO, Paulo. *Manual de Direito Administrativo.* vol. I. Coimbra: Almedina, 2013.

PAREJO ALFONSO, Luciano; JIMÉNEZ-BLANCO, Antonio; ORTEGA ÁLVAREZ, Luis. *Manual de Derecho Administrativo.* 1. ed. Barcelona: Ariel, 1992.

PEREIRA, César Guimarães. *Usuários de serviços públicos*: usuários, consumidores e os aspectos econômicos dos serviços públicos. São Paulo: Saraiva, 2008.

PIOVESAN, Flávia. *Direitos humanos e justiça internacional.* 6. ed. São Paulo: Saraiva, 2017.

POPPER, Karl. *Em busca de um mundo melhor.* Tradução Milton Camargo Mota. São Paulo: Martins Fontes, 2006.

RIBEIRO, Diogo Albaneze Gomes. "A natureza jurídica das atividades desenvolvidas no setor de energia elétrica". *Revista Brasileira de Direito Público – RBDP*, Belo Horizonte, ano 15, n. 58, p. 109-123, jul./set. 2017

RIOS, José Arthur. "A tradição mercantilista na formação brasileira". *Revista Brasileira de Economia*, Rio de Janeiro, vol. 26, n. 3, pp. 255-272, jul./set. 1972. Disponível em: http://bibliotecadigital.fgv.br/ojs/index.php/rbe/article/view/85.

RIVERO, Jean. *Droit administratif.* 13. ed. Paris: Dalloz, 1990.

RODRÍGUEZ, Octavio. *La teoria del subdesarrolo de la CEPAL.* Rio de Janeiro: Forense Univsersitária, 1981.

ROLLAND, Louis. *Précis de droit administratif.* 10. ed. Paris: Librairie Dalloz, 1928.

SACHS, Ignacy. *A terceira margem*: em busca do ecodesenvolvimento. 1. ed. São Paulo: Companhia das Letras, 2009.

_____. *Caminhos para o desenvolvimento sustentável.* Rio de Janeiro: Garamond, 2006.

SADDY, André. "Perspectivas do Direito da infraestrutura com o surgimento das novas tecnologias (inovações) disruptivas". *Revista de Direito Administrativo e Infraestrutura*, São Paulo, n. 6/2018, pp. 23-47, jul./set. 2018.

REFERÊNCIAS BIBLIOGRÁFICAS

SADDY, André; LINARES Aurilivi Martinez (Coords.). *Direito das infraestruturas*: um estudo dos distintos mercados regulados. Rio de Janeiro: Lumen Juris, 2011.

SADER, Emir. "Mercado contra o Estado – Les Dossiers de la Mondialisation". *Carta Maior,* 27 jan. 2007.

SAES, Flávio Azevedo Marques de; SAES, Alexandre Macchione. *História econômica geral.* São Paulo: Saraiva, 2013.

SALOMÃO FILHO, Calixto (Coord.). *Regulação e desenvolvimento*: novos temas. São Paulo: Malheiros Editores, 2002.

SALOMONI, Jorge Luis. *Teoria general de los servicios públicos.* Buenos Aires: Ad Hoc, 2004.

SCARTEZZINI, Ana Maria Goffi Flaquer. O *princípio da continuidade do serviço público.* São Paulo: Malheiros Editores, 2006.

SCHNEIDER, Volker; JÄGER, Alexander. "The Privatisation of Infrastructure in the Theory of the State: An Empirical Overview and a Discussion of Competing Theoretical Explanations". *In*: Regulatory Reform at the 29th JOINT SESSIONS OF WORKSHOPS (ECPR), 6-11 abr. 2001, Grenoble, 2001.

SCHWAB, Klaus. "The Global Competitiveness Report 2019". *World Economic Forum,* Genebra, 2019. Disponível em: <http://reports.weforum.org/global-competitiveness-report-2019/economyprofiles/#economy=BRA>. Acesso em: 15 abr. 2020.

SCHWIND, Rafael Wallbach. *Remuneração do concessionário*: concessões comuns e parcerias público-privadas. Belo Horizonte: Fórum, 2010.

SEN, Amartya. *Desenvolvimento como liberdade.* Tradução de Laura Teixeira Motta. São Paulo: Companhia das Letras, 2010.

SFESZ, Lucien. *L'Administration prospective.* Paris: Librarie Armand Colin, 1970.

SILVA, José Afonso da. *Direito urbanístico brasileiro.* 7. ed. São Paulo: Malheiros Editores, 2015.

_____. *Comentário contextual à Constituição.* São Paulo: Malheiros Editores, 2005.

SILVA, Vasco Manuel Pascoal Dias Pereira da. *Em busca do acto administrativo perdido.* Coimbra: Almedina, 2003.

SMITH, Adam. *A riqueza das nações:* investigação sobre sua natureza e suas causas. vol. II. Tradução de Luiz João Baraúna. São Paulo: Nova Cultural, 1996.

REFERÊNCIAS BIBLIOGRÁFICAS

STOHLER, Jacques. "Zur rationalen Planung der lnfrastruktur", *Konjunkturpolitik: applied economics quarterly; Zeitschrift für angewandte Wirtschaftsforschung*, Berlim, vol. 11, n. 5, pp. 279-308, 1965.

SUNDFELD, Carlos Ari. *Direito Administrativo ordenador*. São Paulo: Malheiros Editores, 2003.

_____. *Direito Administrativo econômico*. 1. ed. São Paulo: Malheiros Editores, 2000.

_____. *Parcerias público privadas*. São Paulo: Malheiros Editores, 2006.

TACITO, Caio."A reforma do Estado e a modernidade administrativa". *Revista de Direito Administrativo*, Rio de Janeiro, v. 242, pp. 159-166, out./dez. 2005. Disponível em: http://bibliotecadigital.fgv.br/ojs/index.php/rda/article/view/47299.

DOI: http://dx.doi.org/10.12660/rda.v215.1999.47299.

TELLES JÚNIOR, Goffredo. *Direito quântico*: ensaio sobre o fundamento da ordem jurídica. 8. ed. rev. São Paulo: Juarez de Oliveira Editora, 2006.

TUCHTFELDT, Egon. "lnfrastrukturinvestitionen als Mittel der Strukturpolitik". *In:* JOCHISMEN, Reimut; SIMONIS, Udo Ernst (Coords.). *Theorie und Praxis der Infrastrukturpolitik*. Berlin: Duncker & Humblot, 1970.

UNGER, Roberto Mangabeira. *Depois do colonialismo mental*: repensar e reorganizar o Brasil. 1. ed. São Paulo: Autonomia Literária, 2018. (Edição Kindle).

_____. *Economia do conhecimento*. 1. ed. São Paulo: Autonomia Literária, 2018. (Edição Kindle).

VALIM, Rafael. *A subvenção no Direito Administrativo Brasileiro*. São Paulo: Editora Contracorrente, 2016.

VEIGA, José Eli da. *Desenvolvimento sustentável*: o desafio do século XXI. Rio de Janeiro: Garamond, 2005.

VELOSO, Fernando; FERREIRA, Pedro Cavalcanti; GIAMBIAGI, Fabio; PESSÔA, Samuel (Coords.). *Desenvolvimento econômico:* uma perspectiva brasileira. Rio de Janeiro: Elsevier, 2013.

VILANOVA, Lourival. *As estruturas lógicas e o sistema de direito positivo*. 4. ed. São Paulo: Editora Noeses, 2005.

VILLEGAS, Héctor. "Verdades e ficções em torno do tributo denominado taxa". *Revista de Direito Público*, São Paulo, v. 4, n. 17, pp. 322-339, jul./set. 1971.

REFERÊNCIAS BIBLIOGRÁFICAS

WEBER, Barbara; STAUB-BISANG, Mirjam; ALFEN, Hans Wilhem. *Infrastructure as an asset class*: investment strategy, project finance and PPP. 1. ed. Chichester, West Sussex: John Wiley & Sons, 2011.

WIMMER, Miriam. "Pluralismo jurídico e as transformações do Estado contemporâneo". *Revista de Direito Público da Economia* – RDPE, Belo Horizonte, ano 5, n. 20, pp. 183207, out./dez. 2007.

WITTGENSTEIN, Ludwig. *Investigações filosóficas*. Tradução de Marcos G. Montagnoli. Petrópolis: Vozes, 2004.

WOLF, Clark. "Justice and Intergenerational Debt". *Intergenerational Justice Review*, vol. 2, pp. 13-17, 2008. Disponível em: https://lib.dr.iastate.edu/cgi/viewcontent.cgi?article=1017&context=philrs_pubs.

NOTAS

NOTAS

NOTAS

NOTAS

NOTAS

AUGUSTO NEVES DAL POZZO
Professor de Direito Administrativo e de Fundamentos de Direito
Público na Pontifícia Universidade Católica de São Paulo (PUC-SP).
Professor do Curso de Especialização em Direito Administrativo da
Pontifícia Universidade Católica de São Paulo (PUC-SP). Doutor e Mestre
em Direito Administrativo pela Pontifícia Universidade Católica de
São Paulo (PUC-SP). Especialista em Direito do Estado pela Pontifícia
Universidade Católica de São Paulo (PUC-SP). *Executive Education* em
Infrastructure in *a Market Economy* e *Public Private Partnerships for
Infrastructure* pela *Harvard Kennedy School*. *Corporate Governance*
e *Management Program for Lawyers* pela *Yale School of Management*.
Presidente do Instituto Brasileiro de Estudos Jurídicos da Infraestrutura
– IBEJI. Membro do Foro Iberoamericano de Derecho Administrativo
(FIDA). Membro da American Bar Association (ABA). Membro da
International Bar Association (IBA). Sócio Fundador do Dal Pozzo
Advogados. Advogado e Parecerista.

A Editora Contracorrente se preocupa com todos os detalhes das suas obras. Aos curiosos, informamos que esse livro foi impresso no mês de dezembro de 2020, em papel Pólen Soft 80g, pela Gráfica Copiart.